제4판

AI 시대, 개정 누리과정에 입각한

유아 수학 교육

한유미 지음

창지사

머리말

AI 시대에 적응하기 위해서는 모든 사람들에게 수학적 소양이 필수적으로 요구되고 있다. 이에 유아 수학 교육에서 수학적 지식이나 기술을 전달하기보다 유아 스스로 수학적 지식을 구성하고, 이를 문제 해결 상황에 적용할 수 있는 능력을 길러 주는 것이 강조되는 있다. 이와 같이 유아를 능동적인 학습자로 보는 구성주의 입장에서 수학 교육이 이루어지기 위해서는 교사 역시 지식의 구성자로서, 이미 만들어진 활동을 그대로 따라 하기보다는 창의적으로 수학 활동을 개발하고, 유아의 수학적 지식 구성을 지원할 수 있어야 할 것이다.

이에 본서에서는 이론에 충실하고 이론과 실제의 연결을 강화하고자 하였다. 즉, 유아 수학 교육에 대한 학문적 이해와 현장 적용 능력을 길러주기 위해 수학적 개념의 특성을 상세히 다루고, 이러한 개념의 구성을 촉진할 수 있는 교사의 다양한 지원 방법을 함께 제시하였다. 따라서 본서의 1부 유아 수학 교육의 배경과 2부 유아 수학 교육의 내용, 3부 유아 수학 교육의 방법을 충분히 이해했다면, 유아의 발달 특성에 적합한 수학 교육 내용을 추출하고, 이를 토대로 유아의 능동적 참여를 촉진하는 수학 환경 및 교수-학습 방법을 계획, 실행, 평가하는데 무리가 없을 것이다. 아울러 본서는 학생들뿐 아니라 교수자의 편의도 고려하였다. 예를 들어, 본서의 〈심층탐구〉 부분은 심화 학습뿐 아니라 수업에 활력을 주기 위해 토론이나 발표 활동으로 사용될 수 있고, 혹은 과제나 시험 문제로도 활용될 수 있다.

유아 수학 교육 초판을 출판한지 어느덧 많은 시간이 흘렀다. 그동안 강의하면서 발견한 여러 가지 미흡했던 점들을 수정·보완하고, 2019 개정 누리과정 및 AI 시대의 요구를 반영하여 전폭적인 개정을 하게 되었다. 특히 이번 4판 12장에서는 AI 시대 핵심 역량으로 각광 받는 컴퓨팅 사고력을 키워주기 위해 유아코딩을 유아 수학 교육의 일환으로 접근하고자 했다. 이는 다른 유아 수학 교육 교재들과의 차이점이자 급변하는 시대를 대비하기 위한 본서만의 강점이라고 할 수 있다. 이를 통해 예비교사들의 AI 리터라시가 증진됨으로써 사교육 또는 특별활동 강사가 아닌 담임교사에 의해 정규 수업시간에 누리과정과 연계하여 코딩교육이 이루어지기를 기대한다.

야심 찬 의도로 시작하고 열심히 하기도 했지만, 여전히 부족한 부분이 많다. 부족한 부분은 지속적인 연구를 통해 수정, 보완해 나간다는 다짐과 AI 시대를 살아갈 유아 그리고 이들을 가르칠 예비교사들에게 조금이나마 도움이 되기를 바라는 마음으로 4판을 내놓는다. 유아코딩에 대해 함께 연구하고 고민한 ㈜코딩하루의 신영수 대표님와 ㈜늘품교육 정혜은 대표님 그리고 호서대학교 디지털유아교육사업단 교수님들과 원장님들께 진심으로 감사드린다.

2023년 2월

저자

차례

제1부 유아 수학 교육의 배경 • 9

제2부 유아 수학 교육의 내용 • 73

기하

측정

규칙성

자료분석

유아 수학 교육

제1부
유아 수학 교육의 배경

1부 유아 수학 교육의 배경에서는 유아 수학 교육의 이론과 실제를 학습하기 위해 배경 지식을 습득하는 것을 목적으로 한다. 먼저, 1장 유아 수학 교육의 기초에서는 수학과 수학 교육의 성격, 수학적 지식 및 유아의 수학적 사고의 특성 등을 이해하고, 유아 수학 교육에 대해 바람직한 관점을 형성하도록 한다. 2장 유아 수학 교육의 역사적 배경에서는 과거부터 현재에 이르기까지 주요 유아교육 사상가들의 수학 및 수학 교육에 대한 견해와 수학 교육에 영향을 미친 여러 학자들의 이론을 고찰해 본다. 3장 유아 수학 교육의 이론에서는 현대 유아 수학 교육의 이론적 기초를 제공하고 있는 피아제, 부르너, 비고츠키 이론의 주요 개념과 유아 수학 교육의 내용 및 방법에 부여하는 시사점들을 살펴본다.

CHAPTER 1

유아 수학 교육의 기초

유아 교사는 수학이라는 학문 자체의 특성과 유아에게 적절한 교수 방법에 대한 지식과 더불어 수학의 가치와 중요성을 정확하게 파악해야 한다. 따라서 본 장에서는 먼저 수학 및 수학 교육의 성격을 알아보고, 수학적 지식의 특성과 유아가 갖고 있는 수학적 사고의 특성을 살펴 볼 것이다. 이후 현대 사회에서 바람직한 유아 수학 교육의 방향성에 대해 논의하고, 2019 개정 누리과정에 제시된 수학교육 목표와 내용을 소개하고자 한다.

1 수학 및 수학 교육의 성격

역사적으로 수학은 모든 학문의 기초가 되는 주요 교과목이자 실제적인 문제를 해결하는 중요한 수단이 되어 왔다. 그러나 수학 공포증(math anxiety)이라는 용어가 있을 정도로 수학은 많은 아이들이 가장 싫어하거나 어려워하는 과목이기도 하다(Smith, 1997). 부모나 교사들 역시 자녀의 언어 발달에는 많은 관심을 기울이는 데 비해 수학 발달 과정은 무심히 지나쳐 버리는 경향이 있다. 이러한 현상은 수학은 숫자를 다루어야만 한다든지, 수학 교육은 학교에서 형식적 방법을 통해서만 이루어진다고 생각하는 고정 관념에서 비롯된 것이다. 따라서 유아 수학 교육의 방향을 설정하기 위해서는 먼저 일반적인 수학의 본질과 바람직한 수학 교육의 방향에 대한 정확한 이해가 요구된다. 이러한 입장에서 스미스(Smith, 1997)가 제시한 수학 및 수학 교육에 관해 흔히 갖기 쉬운 잘못된 인식들을 살펴보면 다음과 같다.

◆ 수학은 잘하는 사람과 못하는 사람이 따로 있다?

우리는 대개 남자아이들이 여자아이들보다 수학을 더 잘할 것이라고 생각한다. 그러나 사실 초등학교 때까지는 남녀간에 수학 성적이 거의 차이가 나타나지 않는다. 일부 성인들에게서 발견되는 성차는 여성이 수학적 재능이 부족해서라기 보다는 수학을 훈련받을 기회가 적었기 때문인 것으로 볼 수 있다. 사실 극도로 우수한 수학적 성취를 제외하고는 수학을 하는 데 특별한 재능이 요구되지는 않는다고 한다(김판수·박성택 역, 1996). 또한 수학 문제를 푸는 속도와 수학적 능력도 별다른 관계가 없다. 수학 문제를 푸는 속도는 이해보다는 암기와 관련이 있는 것이기 때문이다.

◆ 수학은 산수와 같은 것이다?

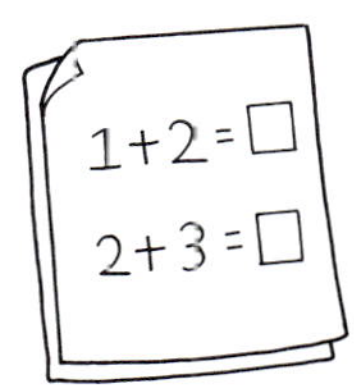

과거 부모 세대는 초등학교에서 산수라는 과목명으로 배웠으나 오늘날에는 수학이라는 용어를 사용한다. '산수'는 협의의 교과로서, 기본적인 사실을 학습하고 계산법을 외우거나 수 기술을 자동차 연비 계산 등에 적용하는 것과 관계 있다. 이에 비해 수학의 관점은 보다 포괄적인 것으로 측정, 기하, 통계, 확률 등 상호 연관된 많은 영역을 포함한다. 따라서 수학 교육은 연필과 종이를 가지고 계산을 하는 것 외에도 다양한 기술을 요한다.

◆ 수학을 가르치려면 교과서가 있어야 한다?

교과서는 학년간의 일관성을 만들어 주고, 교사에게 교육 철학을 알려주는 등 나름대로의 장점이 있다. 그러나 교사가 각 유아의 발달 단계에 적합한 수학적 요소를 준비하는 것보다 더 중요한 것은 없다. 생동감 있는 교육 과정은 교사의 머릿속에서 나온다. 아무리 잘 만든 교과서라고 해도 유아 개개인의 욕구에 꼭 맞을 수는 없으며, 아무리 좋은 교과서가 있어도 교사가 그것을 적절히 사용할 능력이 없다면 무용지물이다. 사실 많은 교사들이 유아기나 초등학교 저학년에서는 교과서가 필요 없다고 생각한다. 수학은 매일매일의 일상적 활동(예 간식 시간)이나 생활 주제(예 가족) 또는 문학(예 배고픈 애벌레)을 통해 학습될 수 있다. 유능한 교사는 교과서가 없으면 수학교육 내용을 충분히 다루지 못할 것이라고 걱정하지 않는다.

◆ 계산기는 머리를 녹슬게 할 것이다?

많은 부모나 교육자들은 계산기를 사용하면 기본적인 수학적 지식과 절차를 숙달하지 못하게 될 것이라고 생각한다. 계산기로 인해 덧셈을 못하는 세대가 생겨날 것이라는 우려는 오래 전부터 있어 왔다. 그러나 많은 연구 결과, 수업과 시험에 계산기를 사용했을 때 오히려 수학적 성취가 향상되고, 자신감이 증진된 것으로 발견되었다.

계산기를 정확히 사용할 수 있으려면 '어림셈(estimate)'을 할 수 있어야 한다. 정답을 찾는 방법을 아는 것은 기계가 아니라 인간의 두뇌이기 때문이다. 또한 유치원이나 초등학교 저학년에서 계산기는 숫자 패턴을 설명하기 위한 도구로 사용될 수 있다. 예를 들어, 같은 숫자를 반복해서 더하는 것은 곱셈의 출발점이 되며, 큰 수에서 어떤 숫자를 반복해서 빼는 것은 나눗셈을 생각하게 만들 수 있다. 더 중요한 것은 계산기를 사용하면 문제를 해결하는 데 필요한 귀중한 시간이 절약됨으로써 보다 의미 있는 수학 주제를 탐구할 수 있다는 것이다.

◆ 셈하기에는 연필과 종이가 필요하다?

학교에서는 주로 연필과 종이를 가지고 하는 셈하기를 배웠다. 그러나 실생활에서는 머리로 어림셈하기, 머리로 정확한 셈하기, 연필과 종이로 어림셈하기, 연필과 종이로 정확히 셈하기 등 다양한 셈하기 기술이 필요하다. '머리로 어림셈하기'는 일상 생활에서 자주 일어난다. 예를 들어, 장

을 본 뒤 카운터 앞에서 대략적인 값을 추정하고 나서 '현금이 충분한가 아니면 카드로 해야 하는가?'를 결정하는 경우이다. '머리로 정확히 셈하기'는 89cm 더하기 89cm는 얼마냐는 질문에 답할 때 사용된다. 이때 대부분의 사람들은 90cm로 어림잡아 계산한 후, 2cm를 뺀다. 혹은 일의 자리 수를 먼저 계산해서 9+9는 18을 만든 후, 10의 자리를 계산할 수도 있다. '연필과 종이로 어림셈하기'는 벽지를 사는 경우를 생각하면 된다. 벽지가 어느 만큼 필요한지 연필로 계산을 해보지만 정확한 수치를 낼 수는 없다. 창문, 문 등 벽지가 필요없는 부분을 고려해야 하기 때문이다. 또한 벽지는 롤 단위로 판매하기 때문에 딱 필요한 만큼만 사는 것도 불가능하다. 초등학교 수학 시간의 대부분은 교과서에 실린 가감승제, 분수, 소수, 퍼센트 등의 문제가 '연필과 종이로 정확히 셈하기' 활동에 소요되고 있지만 이것이 유일한 셈하기 방법인 것은 아니다.

◆ 조작 교구가 수학을 가르친다?

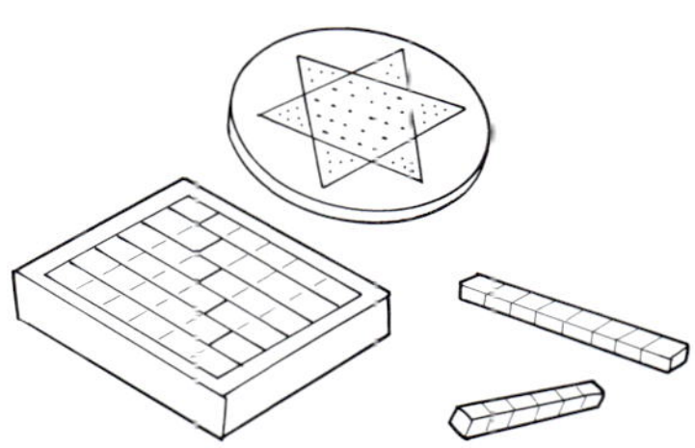

오늘날 많은 유아교육 프로그램들은 지필식 학습을 비판하고, 조작 교구의 사용을 권장하는 '핸즈온(hands-on) 커리큘럼'을 표방하고 있다. 그러나 이러한 수학 활동 자료들 중에는 구체적 조작 활동을 포함하고 있지만, 조작하는 과정에서 유아에게 사고를 자극하거나 사고의 기회를 제공하도록 고안되어 있지 않은 것들이 많다(이경우 외, 1996). 구성주의 학자인 샤이레와 브리테인(Chaille & Britain, 1997)에 의하면, 단순히 물체를 만져보고 조작해 보는 것만으로는 충분하지 않다. 사고와 연결되어 확장되지 않는다면, 조작 행위 그 자체는 의미를 갖지 못하기 때문이다. 따라서 신체적 활동과 물체와의 조작 행위가 '정신 활동(head-on)'의 중요 부분으로 전이될 수 있도록 하는 것이 필요하다.

◆ 연습을 많이 하고 설명을 들으면 수학을 배울 수 있다?

과거 학생들은 교사가 수학 절차를 설명하는 것을 보고 듣는 데 많은 시간을 보냈다. 그리고 교사는 문제를 내고, 교실을 돌아다니면서 어려워하는 몇몇 학생들

을 도와주었다. 그리고 개별 아동에게 정답을 말하게 하는 식으로 숙제 검사를 했다. 답만 맞으면 학생들은 안도했고, 답이 틀려도 그 원인을 알아내기 위해서 많은 시간을 소비하지는 않았다.

오늘날에는 교수-학습 과정이 변화했다. 학생들은 문제에 대해 능동적으로 생각하고 해결하고, 자신이 사용한 방법이 옳음을 입증하고자 한다. 소집단별로 또는 대집단별로 그리고 교사와 토론하면서 '수학을 하는 데(doing mathematics)'에 강조가 주어진다. 미국수학교사협의회(NCTM; The National Council of Teachers of Mathematics)는 시간제한이 있는 시험을 덜 강조하며, 게임이나 적절한 컴퓨터 소프트웨어를 사용함으로써 효율성을 향상시킬 것을 권한다.

◆ 능력별로 집단을 나누어 수학 교육을 해야 한다?

과거 많은 교사들은 수학 수업을 위해 학생들을 소집단으로 나누었다. 이러한 집단은 기본적인 수학적 사실을 암송하는 속도 등과 같은 임의적인 성취를 기준으로 결정되었다. 오늘날에는 집단을 융통성 있게 구성한다. 각각의 단계마다 아동을 능력에 따라 구별해 주는 징표가 있다. 예를 들어, 유치원 단계에서는 수에 대한 보존개념이 있는 유아가 있고 그렇지 않은 유아가 있다. 1학년 단계에서는 이야기 형태로 제시한 복잡한 문제를 해결할 수 있는 아동과 그렇지 않은 아동으로 나누어 볼 수 있다. 각 아동이 모두 도전적인 수학적 경험을 할 수 있도록 집단을 구성하는 것이 가장 중요하다. 어떠한 수학 개념을 다루고 있느냐 하는 것 역시 집단 구분에 영향을 미칠 수 있다. 예를 들어, 패턴 활동은 대개 혼자 하지만 통계 활동은 학급 전체가 함께 하는 경우가 많다.

◆ 실제 활동 중에는 평가를 할 시간이 충분치 않다?

유아를 평가하거나 관찰 기록을 하는 데에는 많은 시간이 소요되는 것이 사실이다. 그러므로 교사들은 대부분 평가에 부담감을 갖고 있으며, 평가에 많은 시간을 투자하고 싶어 하지 않는다. 이는 평가를 교수와 별개의 것으로 생각하기 때문이다. 그러나 계속적인 평가는 효율적인 교수의 열쇠가 된다. 포트폴리오 평가의 관점에서 볼 때 평가와 교수는 별개의 것이 아니다. 교수와 평가는 동시에 일어나며, 결국 이 두 가지는 같은 것으로 볼 수 있다(한유미·오연주 역, 2003). 따라서 교사는 교실 분위기와 유아의 학습을 판단하기 위해 눈과 귀를 늘 열고, 매일의 사건을 기록하기 위해 관찰 기록지를 가까이 두어야 한다.

심층탐구 나의 수학 경험 돌아보기

'배고픈 애벌레'로 유명한 에릭 칼(Eric Carle)은 어린 시절 자신은 수학자라기보다 철학자였다고 회고한다. 그래서 그는 수학에 어려움을 느끼는 아동을 위해서 'Rooster's Off to See the World' 라는 동화를 썼으며, 에필로그에서 다음과 같이 말한다.

> "어린 시절 나는 그릇에 사과가 두 개 있는데 하나를 없애면 사과 몇 개가 남게 되느냐는 문제에 자신이 없었다. 우리는 사과를 정말로 없앨 수는 없다. 우리가 사과로 주스를 만들거나 혹은 바구니 속에 사과를 숨기더라도 여전히 사과는 사과이니 사과가 정말로 없어진 것은 아니지 않은가…"

유아 수학 교육을 공부하기 전에 먼저 수학을 배우던 학생으로서의 자신의 경험이나 수학과 수학 교육에 대한 태도를 돌이켜 볼 필요가 있다. 아래 질문 중 몇 가지를 골라 답해보고 동료들과 토론해보시오.

1. 수학과 관련된 가장 오래된 기억은 무엇인가?

2. 여태까지 받았던 수학 교육에 대해 평가하시오.

3. 수학 수업에 학생으로 참여했을 때 가장 좋았던/나빴던 경험은 무엇인가?
   그리고 이것이 긍정적/부정적인 느낌을 주고 아직까지 기억하게 만든 이유는 무엇인가?

4. 맘에 쏙 드는 이성을 만났는데 그 사람의 직업이 수학자라면 어떤 기분이 들 것 같은가?

출처: Baroody, A. J. & Coslick, R. T.(1998). Fostering Children's Mathematical Power: An Investigative Approach to K-8 Mathematics Instruction. Lawence Elbaum Associates.

2 수학적 지식의 특성

1) 논리 · 수학적 지식

피아제와 까미(Piaget & Kammi)는 지식을 물리적 지식, 논리-수학적 지식, 사회적 지식 등 세 가지 유형으로 나누어 보았다. '물리적 지식(physical-knowledge)'은 외관상으로 나타난 물체에 대한 지식을 말한다. 예를 들어, '공은 물에 뜬다'나 '공은 둥글다'와 같은 물리적 지식은 관찰을 통해 습득되므로 '경험적 추상(empirical abstraction)'이라고도 한다. 물리적 지식은 물체 자체에 지식의 근원이 있다. 따라서, 물리적 지식을 학습하기 위해서는 유아에게 그 물체를 직접 보거나 듣고 만지고 그 변화를 관찰할 수 있는 다양한 기회를 제공해야 한다.

'논리수학적 지식(logico-mathmatical knowledge)'은 '공은 장난감의 일종이다'나 '빨간 공은 까만 공과 (색깔이) 다르다'와 같이 사물과 사물의 관계에 대한 지식이다. 공이 장난감이라는 것은 공 자체만 보아서는 알 수 없으며, 유아가 머릿속에서 공과 장난감의 포함관계를 떠올림으로써 파악된다. 공의 색의 차이도 빨간 공이나 까만 공 각각에 존재하는 것이 아니라 유아가 두 공을 색에 따라 비교함으로써 구성되는 지식이다. 더욱이 색이 아니라 크기에 따라 두 공을 비교한다면 '빨간 공과 까만 공은 (크기가) 같다'고 할 수도 있다. 즉, 보는 관점에 따라 두 공은 다를 수도 있고 같을 수도 있는 것이다. 이와 같이 두 공을 어떤 관계로 연관시키느냐 하는 것은 바로 유아에게 달려 있으므로 논리·수학적 지식의 근원은 물체가 아니라 유아 자신이다. 논리·수학적 지식은 '내성적 추상(reflective abstraction)'으로 얻는 지식으로서 관계성의 지식이라고도 한다.

물리적 지식이 사물에 대한 신체적 행동을 수반하고, 논리·수학적 지식은 정신적 활동을 요구한다는 점에서 두 지식은 차이가 있다. 피아제는 이를 발견과 발명의 차이로 비유하기도 한다. 즉, 물리적 지식은 '발견'에 의해서 습득될 수 있지만 논리·수학적 지식은 '발명'에 의해서만 형성될 수 있다는 것이다. 예를 들어, 물리적 지식은 공을 물 속에 넣어보면 뜨는지 안 뜨는지를 발견할 수 있는 것처럼 유아가 사물에 행동을 취해봄으로써 그 사물의 속성을 발견할 수 있다. 반면에 논리·수학적 지식인 두 공이 같은지 다른지에 대한 유아의 판단은 공에 대한 반응으로부터 발견되기보다는 유아 자신의 인지 활동에 의해 발명되어져야 한다. 그러나 이 두 지식은 밀접한 관련이 있다. 예를 들어, 빨간 공과 까만 공(물리적 지식)의 색깔을 각기 관찰하지 못하면, 두 공의 차이(논리·수학적 지식)도 구성할 수 없다. 또한 빨간색을 다른 모든 색깔들과 구별하는 분류 능력(논리·수학적 지식)이 없이는 그 공이 빨간색(물리적 지식)이라는 사실을 알아낼 수 없다. 따라서 논리·수학적 지식을 습득하기 위해서는 유아가 실제 물체를 다루어 볼 수 있도록 해야 한다.

마지막으로 '사회적 지식(social knowledge)'은 성인(예 교사, 부모)의 직접적인 가르침, 즉 사회적 전달에 의해서 얻어지는 지식을 말한다. 사회적 지식은 유아 외부에 지식의 근원이 있으며, '이 동그란 물체는 공이다'와 같이 대개 사람이 정한 것이라는 특징이 있다. 이 동그란 물체는 공이라고 부르는지에 대해서는 아무런 물리적·논리적 이유가 없다.

〈표 1-1〉 지식의 유형 비교

	물리적 지식	논리 · 수학적 지식	사회적 지식
지식의 근원	사물	유아	성인
습득 방법	사물에 대한 신체 활동	정신적 활동	직접적인 가르침
	경험적 추상	내성적 추상	
	발견	발명	
사례	공은 물에 뜬다. 공은 둥글다. 	공은 장난감의 일종이다. 두 공은 같다(크기). 두 공은 다르다(색깔). 	공 Bal 球 

그렇다면 이 세 가지 지식 중 '수'는 어떤 지식에 속할까? [그림 1-1]은 1, 10, 100 등의 수를 가르치기 위해 흔히 사용하는 블록들이다. 유아가 막대를 '10'으로, 정사각형의 큰 블록을 '100'이라고 부른다고 해서 그 유아가 반드시 10 또는 100이라는 개념을 구성했다고 보기는 어렵다. 단순히 블록의 이름만을 학습한 것일 수도 있기 때문이다. 10은 '막대' 자체가 아니며, '막대와 작은 정육면체 간의 관계'가 바로 수 개념이다. 따라서 10이라는 관계는 유아 자신의 머릿속에서 창조되어야 한다. 이와 같이 볼 때 '수'는 대표적인 논리·수학적 지식이다. 그렇기 때문에 우리는 '1억'과 같은 많은 수의 물체들을 본 적이 없음에도 불구하고 '1억'원이 '99만'원보다는 크다는 것을 이해할 수 있는 것이다.

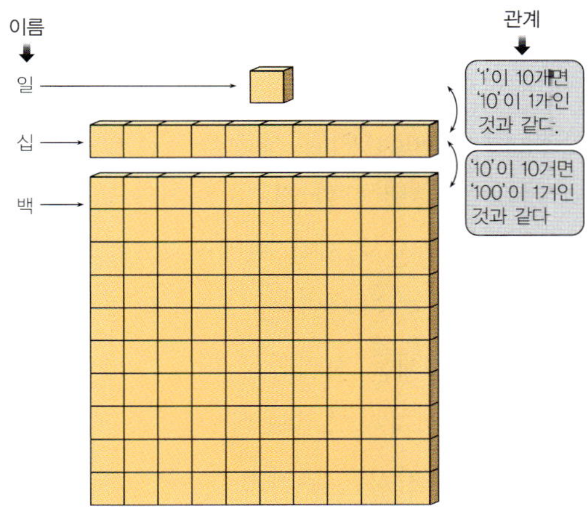

[그림 1-1] 물체와 그 이름은 물체들 간의 관계와 같지 않다(Van De Ville, 2007).

한 가지 예를 더 들자. [그림 1-2]에서 A는 직사각형이다. 그러나 B를 '1' 또는 '전체'라고 한다면, A는 '1/2'이라고 부른다. '반'이라는 개념 역시 A와 B의 관계이다. 이러한 지식은 A나 B 어느 직사각형 안에 존재하지 않으며, 우리의 머릿속에서 구성되어져야 한다. 나아가 C를 '전체'라고 부른다면, A는 직사각형이라는 물리적 특성은 변하지 않았으나 더 이상 '1/2'이 아니며, '1/4'이 되어 버린다(Van De Walle, 2007).

이에 비해 '일, 이, 삼'이나 'one, two, three'와 같은 수의 명칭은 논리·수학적 지식이 아니라 사회적 지식이라 할 수 있다. 수의 명칭도 문화마다 각기 다르게 표현되며, 유아는 자신이 속한 문화에서 사용하는 수의 명칭을 받아들여야 하기 때문이다.

[그림 1-2] 세 가지 모양 그리고 다른 관계(Van De Ville, 2007).

2) 개념적 지식과 절차적 지식

수학 교육자들은 흔히 수학적 지식을 개념적 지식과 절차적 지식으로 구분한다. '개념적 지식(conceptual knowledge)'이란 사물이나 상황의 관계에 관한 지식을 말한다. 예를 들어, 2×3이란 2를 3번 합한 것(2+2+2)과 같음을 이해하는 것이다. 개념적 지식은 현재의 수학적 상황을 자신이 이해하고 있는 과거의 학습 상황과 관련지어 생각해 봄으로써 자발적으로 구성되므로 일종의 '비형식적 지식'이라 할 수 있다. 앞의 예의 경우, 양말 세 켤레를 정리한 경험이 곱셈에 대한 개념적 지식을 형성하는 데 도움이 된다. 유아는 자신이 습득한 개념적 지식을 말로 정확하게 설명하지 못할 수도 있지만 개념적 지식은 유아가 문제를 해결하는 데 많은 도움을 준다(Hiebert & Lindquist, 1990).

'절차적 지식(procedural knowledge)'은 수학 문제를 풀기 위해 필요한 공식이나 절차 혹은 수학 기호에 관한 지식을 의미한다. 예를 들어, '=', '+', '<', '>' 등의 부호나 '53−19'를 계산하기 위해서는 10의 자리에서 1을 빌려와서 13−9를 해서 일의 자리에 4를 쓴 후 십의 자리 5는 4로 바꾼 후 1을 빼서 십의 자리에 3을 쓰는 것을 들 수 있다. 이러한 절차적 지식은 대개 학교 교육을 통해 얻어지며, '형식적 지식'의 성격을 띤다. 절차적 지식은 수학 교육에서 중요한 역할을 한다. 예컨대, 연산기술은 통상적인 수학 문제를 쉽게 풀게 해주고, 보다 중요한 과제에 생각을 집중할 수 있도록 만든다. 그러나 절차적 지식을 아무리 능숙하게 사용한다고 해도 개념적 지식이 저절로 발달하는 것은 아니다. 예를 들어, 소수점 10째 자리까지 기계적으로 나눗셈을 한다고 해서 나눗셈의 의미를 정말로 이해하고 있다고 볼 수는 없다. 실제로 절차적 지식에 능숙하면서도 수학적 의미를 이해하지는 못하는 학생들이 많다. 계산은 잘 하는데 응용문제나 문장체 문제를 어려워하는 경우가 개념적 지식 없이 절차적 지식만 연습하게 한 대표적인 사례라고 할 수 있다. 이와 같이 개념적 지식이 없는 상태에서 절차적 지식만 가르치면 수학 공식을 깊이 생각하지 않고 사용해서 오답을 내게 하거나 수학을 싫어하게 만들기 때문에 개념적 지식이 없는 상태에서 절차적 지식을 가르쳐서는 안 된다.

절차적 지식의 유용성 여부를 논하는 것보다는 개념적 지식과 절차적 지식이 어떠한 관련이 있는지를 알아보는 것이 더 중요하다. 개념적 지식과 절차적 지식은 상호작용할 뿐 아니라 수학을 학습하고 이것을 새로운 상황에 적용하는 데 도두 필요하다. 개념적 지식을 풍부하게 하기 위해서는 절차적 지식이 필요하며, 절차적 지식도 개념적 지식이 없이는 단순한 암기에만 의존해야 하므로 높은 수준으로 발전할 수 없다. 따라서 완전한 의미의 수학적 지식은 개념적 지식과 절차적 지식의 의미 있는 결합에 의해 이루어진다고 할 수 있다. 수학 교육 현장에서 개념적 지식을 종종 무시하고 절차적 지식에 치중하는 것이 현실이지만, 특히 연령이 어릴수록 개념적 지식과 절차적 지식이 균형을 이루도록 지원해야 한다(Van De Walle, 2007). 이러한 관점에서 포스턴과 레이프(Forston & Reiff, 1995)는 개념적 지식 형성을 위해 '비형식적인 수학'을 이해하고 수용해야 하는 이유를 다음과 같이 기술하고 있다.

> 유아가 비형식적인 접근 방법-특히 학습문제를 가진 경우-을 사용하도록 하는 것은 아이들에게 수학을 이해하기 쉬운 것으로 만들어 주는 인지적인 이점뿐 아니라 정서적인 면에도 결정적인 중요성이 있다. 나는 종종 자신의 비형식적인 책략을 숨기거나 가장하려고 하는 아이들을 인터뷰한 경험이 종종 있다. 예를 들어, 이들은 책상 밑에서 또는 뒤돌아서 손가락으로 세려고 한다. 안타깝게도 학교에서 이들은 자신의 비형식적 책략을 부끄럽게 느끼는 경험을 한다(예 아기들만 손가락으로 세!). 그 결과 많은 아이들이 학교 수학에 거리감을 느끼게 된다. 유아에게 수학을 효율적으로 가르치려면 학습에 있어 인지적 요인과 정서적 요인을 모두 고려할 필요가 있다. 비형식적 책략을 사용하는 것은 수학 교육을 흥미 있고 의미 있게 만들 수 있다.

3 유아의 수학적 사고

유아기는 기본적인 수학적 개념을 획득하고 기술을 학습하는 데 적극적으로 참여하는 시기이다. 실제로 많은 연구 결과, 학교에 입학하기 전에 유아는 이미 수와 관련된 감각이나 수세기에 대한 지식을 상당히 많이 갖고 있음이 입증되었다. 이는 돈을 주고받는 것, 블록쌓기, 식탁에 수저를 놓는 것 등 가정에서 일상적인 사건들을 통해 유아는 부모와 함께 수학 활동에 참여하기 때문이라 할 수 있다. 또한 이렇게 유아기에 형성한 비형식적인 수학적 개념은 초등학교 입학 후 더하기, 빼기, 곱하기, 나누기 등의 보다 복잡한 수학 개념을 이해하는 데 필요하다.

학교 밖 수학 활동은 추상적인 수학 기호 없이 일어나며(Anderson, 1997), 추상적인 수 개념을 갖고 있지 않은 어린 유아도 구체적인 자료를 이용해서 문제를 쉽게 해결할 수 있게 해준다. 예를 들어, 휴즈(Hughes, 1986)의 연구에서 취학전 유아는 블록이 두 개 들어 있는 상자 안에 블록을 하나 더 넣으면 블록이 모두 몇 개가 되는지 쉽게 알아낼 수 있었다. 그러나 2+1이 몇이냐고 구두로 질문했을 때는 대답을 하지 못했다. 이는 도널드슨(Donaldson, 1978)이 제시한 바와 같이 유아는 탈맥락적 상황에서는 학습할 수 없는 개념을 맥락적 상황에서는 학습할 수 있음을 시사한다.

1) 수학적 개념과 발달 단계

이와 같이 볼 때 유아를 위한 수학 활동은 발달적으로 적합해야 한다. 발달 단계별로 유아의 수학적 개념 및 기술의 발달을 살펴보면 다음과 같다.

(1) 영아기 (0~2세)

수학적 개념의 발달은 영아기부터 시작한다. 이 시기 영아는 보고, 듣고, 만지고, 냄새 맡고, 맛을 보는 등 감각을 이용하여 주변 세계를 탐색한다. 또한 영아는 크기, 무게, 형태, 시간, 공간 등 수학적 개념을 학습하기 시작한다. 예를 들어, 침대에 눕혀졌다가 방바닥에 눕혀지는 경험을 하면서 '공간' 개념을 발달시키게 된다. 또한 자다가 깨고 배고파 울면 엄마가 달려와서 우유를 주고 기저귀를 갈아 준다. 그리고 나서 놀다가 피곤해지고 다시 배고픔을 경험하면서 '시간의 순서'를 학습한다.

영아는 기고, 서고, 걸을 수 있게 됨에 따라 좀더 자유롭게 탐색할 수 있게 되며, 이러한 운동 능력을 탐색에 활용한다. 예를 들어, 물체 '위'에 올라가거나 '아래'를 통과하고, 물체의 상대적 '크기'를 발견한다. 또한 블록을 높이 쌓아 올렸다가 무너져 산산이 흩어지는 것을 보고 '부분과 전체'의 개념을 경험하게 된다. 이와 같이 영아기에는 감각과 운동 능력을 이용하여 기본적인 수학적 개념과 기술을 학습하며, 이러한 활동을 통해 많은 양의 정보를 동화한다. 또한 색, 모양, 크기 등의 특징에 관해 습득한 정보를 이용하여 물체를 인식하는 것을 학습한다. 영아기 말에는 눈에 보이지 않아도 물체가 존재함을 이해하는 '대상 영속성' 개념과 즉흥적으로 행동하지 않고 해결책을 먼저 생각해 보는 '표상적 사고'가 가능해진다. 이와 같이 생후 첫 2년간의 자유로운 탐색과 실험은 근육의 협응과 시각, 청각, 후각, 촉각, 미각 등의 감각을 발달시키는 기회이며, 이러한 기술들은 훗날의 학습의 기초가 된다.

(2) 유아기 (2~7세)

걸음마기 단계를 지나 취학전 단계가 되면, 보다 성인과 유사한 수학적 개념이 발달하기 시작하지만 아직 미숙한 점이 많으므로 '전조작'(preconcepts)이라고 부른다. 전조작기 초기에는 언어가 급속히 성장하며, 개념을 표현하기 위해 언어를 사용한다. 수학과 관련해서는 크다–작다(크기), 가볍다–무겁다(무게), 네모나다–둥글다(형태), 늦다–빠르다(시간), 길다–짧다(길이) 등의 개념을 사용하기 시작한다. 언어의 사용은 이 시기에 등장하는 상징적 행동의 하나이다. 유아는 또한 빗자루로 총을 나타내거나 한 유아는 아빠가 되고 다른 유아는 엄마가 되는 등, 표상적 놀이에서 상징적 행동을 사용한다. 놀이는 이후에 숫자와 같은 추상적인 기호를 이해하는 데 기초가 되는 상징적 기능을 이해하는 주요한 방법이다.

전조작기 유아의 중요한 인지적 특징은 '중심화'이다. 물체의 형태나 배열이 바뀌면 유아는 물체의 양 역시 변화한 것으로 생각한다. 전조작기 유아는 눈에 보이는 것 중 가장 두드러진 측면에 집중하는 경향이 있기 때문이다. 예를 들어, 높고 좁은 컵과 낮고 넓은 컵에 같은 양의 물을 부었을 때 전조작기 유아는 높고 좁은 컵의 물이 더 많다고 말한다.

전조작기 유아는 물체의 배열이 변하면 원래의 모습을 기억하지 못한다. 즉, 변화의 과정을 되돌려 생각하지 못하는 '비가역적 사고'를 한다. 원래의 모습을 기억하거나 변화의 과정을 되돌려 생각할 수 있는 능력을 '보존 개념'이라고 하는데, 이러한 보존 개념이 결여된 것을 전조작기 유아의 주요 인지 특성으로 볼 수 있다. 그래서 전조작기 동안에는 일대일 대응, 모양, 공간, 비교 등과 같은 보존 개념의 선행 요소들을 다루게 된다. 이 시기 유아는 순서짓기나 분류하기 등을 시도한다.

보존 개념은 초등학교에 입학할 무렵에 형성된다. 이러한 구체적 조작기에는 외적인 모양이 변화해도 원래의 모양을 기억하거나 변화 과정을 되돌려 생각할 수 있게 된다. 만 5세에서 7세의 시기는 구체적 조작으로의 전이 단계로 볼 수 있다. 각 유아의 사고 과정은 자신의 속도에 따라 변화하므로 전이 단계 동안에는 이미 보존 개념이 형성되어 있는 유아가 있는가 하면 그렇지 못한 유아도 있게 된다. 교사는 위와 같은 사실을 염두에 두어야 한다. 수를 보존할 수 있는 능력은 유아가 추상적인 상징적 활동을 이미 할 수 있는 준비가 되었다는 표시이기 때문이다.

2) 연령적 적합성과 개인적 적합성

유아를 위한 수학 교육은 발달적으로 적합해야 한다. 이러한 측면에서 NAEYC (1986)는 발달적 적합성의 두 가지 차원, 즉 연령적 적합성과 개인적 적합성을 다음과 같이 제시하였다. 이러한 두 가지 차원의 발달적 적합성은 수학 교육의 내용 선정 및 집단 구성의 근거로 사용될 수 있다.

(1) 연령적 적합성

연령적 적합성이란 일정한 연령에서의 모든 발달적 측면−정서적, 사회적, 인지적−은 보편적이고 예측 가능한 성장과 변화의 순서를 거치게 된다는 전제에 기초를 두고 있다. 즉, 유아들은 비슷한 수준의 인지적 사고를 경험하므로 각 연령마다 연령 특유의 수학적 사고의 성향을 갖고 있다. 그러므로 교사는 각 연령 범위 내 유아의 전형적 발달 패턴을 꿰뚫고 있어야 유아의 발달적 특성에 맞는 수학적 환경을 구성하고 적절한 학습 경험을 계획할 수 있게 된다(이경우 외, 1997; Smith, 1997).

(2) 개인적 적합성

발달은 성장과 경험의 결과로 일어나는 변화로서, 유아는 각기 자신만의 발달 시간표를 따르게 된다. 또한 각 유아는 가정 및 문화에서 경험한 사전 지식이나 흥미, 능력 등이 독특하다. 따라서 같은 연령의 유아일지라도 특정 인지 발달 단계에 도달하는 데에는 수 주, 수 개월, 심지어 1~2년의 차이가 있을 수 있다(Charlesworth, 2000). 예를 들어, 같은 5세라도 10까지 세는 것을 어려워하는 유아가 있는가 하면, 100까지 셀 수 있는 유아도 있다. 이러한 경우 동일한 수학적 환경이나 과제를 제공하더라도 유아는 각기 다른 수준에서 각기 다른 과정을 학습할 것이며, 학습 결과도 차이가 있을 것이다. 따라서 교사는 개인적 적합성, 즉 유아 개개인이 각기 다른 발달 패턴과 속도를 갖고 있음을 인식하고, 개별 유아의 수준에 맞추어 커리큘럼을 융통성 있게 조절하는 개별화 교육을 실시해야 한다.

4 유아 수학 교육의 방향

수학은 우리의 생활과 밀접한 관계를 갖고 있으며, 유아가 자신의 환경에 대한 이해를 증진시키는 데 매우 중요한 역할을 한다. 특히 현대 정보화 사회에 적응하기 위해서는 모든 사람들에게 수학적 소양이 필수적으로 요구되고 있다. 따라서 부모와 교사들은 수학 교육의 첫 단계라고 할 수 있는 유아기부터 수학 교육의 의미와 중요성을 인식하고, 적절한 수학 경험을 제공해야 할 것이다. 유아 수학 교육이 중요한 이유는 다음과 같다.

첫째, 유아기의 수학적 경험은 인지 발달의 원동력이 된다.

유아기의 수학적 경험은 논리적 사고와 문제 해결의 기초를 형성함으로써 인지 발달의 원동력이 된다. 수학은 기본적으로 논리·수학적인 것이지만 유아는 자연현상이나 사회 현상을 생각할 때에도 수학을 사용하므로 수학 분야의 발달 변화는 일반적인 인지 발달 경향을 잘 나타내 준다. 또한 유아기에 적절한 수학 활동을 경험하지 못하게 되면 이후의 인지 발달이나 초등학교에서의 학습 능력에도 부정적인 영향을 미칠 수 있다.

둘째, 유아기의 수학적 경험은 합리적인 생활 자세를 길러 준다.

현대 수학 교육의 기본 목표는 '수학적 소양', 즉 일상생활에서 수학을 이해하고 수학적 기술을 사용하는 능력을 개발하는 데에 있다. 수학적 소양이 있는 사람들은 적절한 시기에 적절한 방법으로 질문하며, 비판적 사고를 할 수 있고, 감정이나 미신에 의존하기보다 이성에 입각해서 합리적인 의사 결정을 하는 이들을 말한다. 이러한 합리적 사고 및 태도는 유아기부터 충분한 수학 활동을 경험함으로써 형성될 수 있다.

셋째, 유아기는 수학에 대한 흥미를 형성하기 좋은 시기이다.

유아기는 인간 형성의 기초적인 시기이자 결정적인 시기로서 유아기에 형성된 습관과 태도는 성장 후에도 쉽게 변하지 않는다. 따라서 수학에 대해 긍정적 태도를 형성하기 위해서는 유아기부터 수학 활동을 통해 즐거움과 자신감을 경험하는 것이 중요하다.

이러한 입장에서 미국수학교사협의회(NCTM; The National Council of Teachers of Mathematics)는 수학 교육 목표에는 수학적 소양의 중요성을 반영되야 한다면서 유치원에서 12학년에 이르기까지 모든 학생들에게 공통적인 수학 교육의 과정 표준과 내용 표준을 제시하였다. 과정 표준은 문제해결하기, 추론 및 증명하기, 의사소통하기, 연계하기, 표상하기 등이며, 내용 표준은 다음 표와 같다.

〈표 1-2〉 NCTM의 수학교육의 내용 표준

내용	표준
수와 연산	– 수, 수를 표상하는 방법, 수들간의 관계, 수의 체계를 이해한다. – 연산의 의미를 이해하고 서로 연결한다. – 능숙하게 계산하고 합리적으로 어림셈(estimate) 한다.
대수	– 패턴, 관계, 함수를 이해하고, 대수적 상징을 이용하여 수학적 상황과 구조를 이해한다. – 양적 관계를 표상하고 이해하기 위해 수학적 모델을 사용한다. – 다양한 맥락을 분석한다.

내용	표준
기하	– 2차원 및 3차원 도형의 특성 및 속성을 이해한다. – 기하학적 관계에 대한 수학적 쟁점을 발달시킨다. – 좌표 및 기타 표상 체계를 이용하여 위치를 지정하고 공간 관계를 설명한다. – 변환을 적용하고, 대칭을 이용하여 수학적 상황을 분석한다. – 시각화, 공간 추론 및 기하학적 모델링을 이용하여 문제를 해결한다.
측정	– 측정과 관련된 물체의 속성 및 단위, 체계, 측정 과정을 이해한다. – 측정을 결정하기 위해 적절한 기술, 도구 및 공식을 적용한다.
자료분석 및 확률	– 데이터로 해결할 수 있는 질문을 만들고 이에 답하기 위해 관련 데이터를 수집, 정리하며, 보여준다. – 적절한 통계 방법을 선택하고 사용하여 데이터를 분석한다. – 데이터에 기반한 추론과 예측을 개발하고 평가한다. – 확률의 기본 개념을 이해하고 적용한다.

이와 같은 입장에서 유아 수학 교육이 나아갈 방향을 육하원칙(5W1H)에 따라 요약, 정리하면 다음과 같다.

▶ 유아 수학 교육의 목적

WHY 유아기에는 지식보다 태도나 성향을 길러 주는 것이 중요하므로 수학 교육의 목적도 인지적 측면과 함께 정의적 측면을 강조해야 한다. 즉, 유아 수학 교육은 첫째, 문제해결력, 탐구력, 추리력, 수학적 지식과 기술의 습득, 둘째, 수학에 대한 긍정적 태도와 수학 학습의 가치 인식을 목적으로 해야 한다(이경우, 1990).

▶ 유아 수학 교육의 내용

WHAT 유아 수학의 내용은 종전의 산술 또는 산수 교육보다 측정, 어림셈, 기하, 공간 관계, 자료 수집과 분류 및 통계, 패턴, 계산기나 컴퓨터 활용 등 폭넓은 내용을 포함해야 하며, 이들 수학적 개념이 상호 연관되어 다루어져야 한다(김숙령, 2000; 이경우 외, 1997).

▶ 유아 중심의 수학 교육

WHO 구성주의 관점에서 볼 때 암기, 반복, 설명이나 교사 주도의 수학 교육은 바람직하지 못하며, 유아가 능동적으로 수학 활동에 참여함으로써 스스로 수학적 지식을 구성할 수 있도록 해야 한다. 이를 위해 유아에게 의미 있고 흥미 있는 수학 활동 기회가 제공되어야 한다.

▶ 일과를 통한 유아 수학 교육

WHEN 형식적인 수학 교육을 위해 특별히 시간을 마련하기보다 유아기에는 일과(예 간식, 정리 정돈 시간)를 통해 수학 교육이 이루어지는 것이 바람직하다. 실생활을 통해 수학 활동을 경험할 때 자연스럽게 수학적 개념을 습득할 수 있으며, 수학이 일상 생활의 문제 해결 도구로 활용될 수 있음을 인식할 수 있기 때문이다.

▶ 통합적 유아 수학 교육

WHERE 수학 활동은 수학 영역에서만 이루어지는 것이 아니다. 오히려 언어 영역이나 미술 영역, 음률 영역 등 각 영역에서 다양한 형태로 경험될 때 수학 활동은 더욱 유익하고 흥미있는 것이 될 수 있다. 또한 유아교육기관 내에서뿐 아니라 가정, 지역사회 등과 연계하여 수학 교육이 이루어지는 것이 바람직하다.

▶ 발달에 적합한 유아 수학 교육

HOW 유아 수학 교육은 발달적으로 적합한 유아 수학 교육이 되어야 한다. 예를 들면, 유아에게는 학습지 활동은 부적절하며, 3세에는 구체적 물체의 탐색을 중심으로 시작하고, 4~5세에는 목적에 따른 물체의 분류하기 등으로 확장하며, 5세에는 탐색, 발견, 문제 해결 등의 방법을 중심으로 하는 것이 적절하다.

5 2019 개정 누리과정과 유아 수학 교육

우리나라 유아 수학 교육의 목표와 내용은 2019 개정 누리과정 자연탐구 영역의 두 번째 내용범주인 '생활 속에서 탐구하기'에 제시되어 있다. 생활 속에서 탐구하기는 일상의 문제를 수학적, 과학적 방식으로 탐구하는 유아의 경험을 반영한 것이다(교육부, 2019c). 자연탐구 영역을 수학과 과학이라는 내용에 따라 분류했던 3~5세 연령별 누리과정(2015)과 달리, 2019 개정 누리과정에서는 탐구대상이나 탐구가 일어나는 장면(생활 vs 자연) 등 과정중심으로 분류하고 있다. 그 결과 과학교육 내용에 해당하는 '물체의 특성과 변화'와 '도구와 기계'가 수학교육 내용과 함께 생활 속에서 탐구하기에 포함되었다. 이는 학문적으로 수학과 과학이 독자적이지만 밀접한 관련성을 갖고 발달해 왔으며, 실생활에서 유아가 접하게 되는 수학적 사고와 과학적 사고의 경험들이 깊이 연관되어 있음을 나타내는 것이기도 하다. 2019 개정 누리과정의 자연탐구 영역의 목표 또한 유아의 태도나 기술을 중심으로 포괄적인 형태로 제시하고 있다. 이는 유아 수학 교육과정에 있어 지식의 습득과 같은 결과보다 과정적 측면을 중요시하고 있음을 나타낸다. 수학교육 내용에도 '알아본다', '탐색한다', '참여한다' 등 유아의 경험을 중심으로 서술되어 있다(한유미, 2021).

2019 개정 누리과정에 제시된 수학교육 내용의 가장 큰 특징은 만 3~5세 유아의 연령별로 교육내용이 제시되었던 것이 연령 간의 공통내용 즉, 3~5세 연령군에 공통으로 해당하는 내용으로 바뀌었다는 점이다. 2019 개정 누리과정 이전의 3~5세 연령별 누리과정(2015)은 유아의 연령별 발달 특성을 반영하여 교육내용을 연령별로 세분화하면서 수준별 교육과정이었던 그전의 유치원교육과정이나 표준보육과정에 비해 교육내용의 양을 증가시켰다. 교육내용의 증가는 교사의 자율적 교육과정 운영을 어렵게 하고, 교육내용의 연령별 세분화는 연령별 내용구성의 근거가 미약하며, 과잉 계열화의 논란과 함께 교육활동에서 구분되기 어렵다는 실효성의 논란을 가져온 바 있다. 이러한 문제점들을 개선하고자 누리과정 개정안에서는 연령 구별 없이 내용을 제시한 것이다. 즉, 영역별 내용 체계가 기존의 '내용범주-내용-(연령별) 세부내용'에서 '내용범주-내용'의 수준으로 간단해지고, 이에 따라 수학 교육내용의 양도 파격적으로 줄어들었다(이정욱, 2019).

2015 누리과정과 2019 개정 누리과정 비교

3-5세 연령별 누리과정(2015)

목표

호기심을 가지고 주변세계를 탐구하며, 일상생활에서 수학적·과학적으로 생각하는 능력과 태도를 기른다.

1. 주변의 사물과 자연 세계에 대해 알고자 하는 호기심을 가지고 탐구하는 태도를 기른다.
2. 생활 속의 여러 상황과 문제를 논리·수학적으로 이해하고 해결하기 위한 기초 능력을 기른다.
3. 주변의 관심 있는 사물과 생명체 및 자연현상을 탐구하기 위한 기초 능력을 기른다.

내용체계 및 세부내용

내용 범주	내용	세부내용		
		3세	4세	5세
탐구하는 태도 기르기	호기심을 유지하고 확장하기	주변 사물과 자연세계에 대해 호기심을 갖는다.	주변 사물과 자연세계에 대해 지속적으로 호기심을 갖는다.	주변 사물과 자연세계에 대해 지속적으로 호기심을 갖고 알고자 한다.
	탐구과정 즐기기	궁금한 점을 알아보는 과정에 흥미를 갖는다.	궁금한 점을 알아보는 탐구과정에 관심을 가지고 참여한다.	궁금한 점을 알아보는 탐구과정에 참여하고 즐긴다.
				탐구과정에서 서로 다른 생각에 관심을 갖는다.
	탐구기술 활용하기		일생생활의 문제를 해결하는 과정에서 탐색, 관찰 등의 방법을 활용해 본다.	일상생활의 문제를 해결하는 과정에서 탐색, 관찰, 비교, 예측 등의 탐구기술을 활용해 본다.
수학적 탐구하기	수와 연산의 기초개념 알아보기	생활 속에서 수에 관심을 갖는다.	생활 속에서 사용되는 수의 여러 가지 의미를 안다.	생활 속에서 사용되는 수의 여러 가지 의미를 안다.
		구체물 수량의 많고 적음을 비교한다.	구체물 수량에서 '같다', '더 많다', '더 적다'의 관계를 안다.	구체물 수량의 부분과 전체 관계를 알아본다.
	수와 연산의 기초개념 알아보기	다섯 개 가량의 구체물을 세어보고 수량에 관심을 갖는다.	열 개 가량의 구체물을 세어보고 수량을 알아본다.	스무 개 가량의 구체물을 세어보고 수량을 알아본다.
				구체물을 가지고 더하고 빼는 경험을 해 본다.
	공간과 도형의 기초개념 알아보기	나를 중심으로 앞, 뒤, 옆, 위, 아래를 알아본다.	위치와 방향을 여러 가지 방법으로 나타내 본다.	위치와 방향을 여러 가지 방법으로 나타내 본다.
				여러 방향에서 물체를 보고 그 차이점을 비교해 본다.
		물체의 모양에 관심을 갖는다.	기본 도형의 특성을 인식한다.	기본 도형의 공통점과 차이점을 알아본다.
			기본 도형을 사용하여 여러 가지 모양을 구성해 본다.	기본 도형을 사용하여 여러 가지 모양을 구성해 본다.

2019 개정 누리과정

1. 목표

탐구하는 과정을 즐기고, 자연과 더불어 살아가는 태도를 가진다.

1) 일상에서 호기심을 가지고 탐구하는 과정을 즐긴다.
2) 생활 속의 문제를 수학적, 과학적으로 탐구한다.
3) 생명과 자연을 존중한다.

2. 내용

내용 범주	내용
탐구과정 즐기기	주변 세계와 자연에 대해 지속적으로 호기심을 가진다.
	궁금한 것을 탐구하는 과정에 즐겁게 참여한다.
	탐구과정에서 서로 다른 생각에 관심을 가진다.
생활 속에서 탐구하기	물체의 특성과 변화를 여러 가지 방법으로 탐색한다.
	물체를 세어 수량을 알아본다.
	물체의 위치와 방향, 모양을 알고 구별한다.
	일상에서 길이, 무게 등의 속성을 비교한다.
	주변에서 반복되는 규칙을 찾는다.
	일상에서 모은 자료를 기준에 따라 분류한다.
	도구와 기계에 대해 관심을 가진다.
자연과 더불어 살기	주변의 동식물에 관심을 가진다.
	생명과 자연환경을 소중히 여긴다.
	날씨와 계절의 변화를 생활과 관련짓는다.

3-5세 연령별 누리과정(2015)	2019 개정 누리과정

내용범주	내용	세부내용 3세	세부내용 4세	세부내용 5세
수학적 탐구하기	기초적인 측정하기	두 물체의 길이, 크기를 비교해 본다.	일상생활에서 길이, 크기, 무게 등을 비교해 본다.	일상생활에서 길이, 크기, 무게, 들이 등의 속성을 비교하고, 순서를 지어 본다.
				임의 측정 단위를 사용하여 길이, 면적, 들이, 무게 등을 재 본다.
	규칙성 이해하기	생활주변에서 반복되는 규칙성에 관심을 갖는다.	생활주변에서 반복되는 규칙성을 알아 본다.	생활주변에서 반복되는 규칙성을 알고 다음에 올 것을 예측해 본다.
			반복되는 규칙성을 인식하고 모방한다.	스스로 규칙성을 만들어 본다.
	기초적인 자료 수집과 결과 나타내기		필요한 정보나 자료를 수집한다.	필요한 정보나 자료를 수집한다.
		같은 것 끼리 짝을 짓는다.	한 가지 기준으로 자료를 분류해 본다.	한 가지 기준으로 분류한 자료를 다른 기준으로 재분류해 본다.
				그림, 사진, 기호나 숫자를 사용해 그래프로 나타내 본다.
과학적 탐구하기	물체와 물질 알아보기	친숙한 물체와 물질의 특성에 관심을 갖는다.	친숙한 물체와 물질의 특성을 알아본다.	주변의 여러 가지 물체와 물질의 기본 특성을 알아본다.
			물체와 물질을 여러 가지 방법으로 변화시켜 본다.	물체와 물질을 여러 가지 방법으로 변화시켜 본다.
	생명체와 자연환경 알아보기	나의 출생과 성장에 대해 관심을 갖는다.	나의 출생과 성장에 대해 관심을 갖는다.	나와 다른 사람의 출생과 성장에 대해 알아본다.
		주변의 동식물에 관심을 가진다.	관심 있는 동식물의 특성을 알아본다.	관심 있는 동식물의 특성과 성장 과정을 알아본다.
		생명체를 소중히 여기는 마음을 갖는다.	생명체를 소중히 여기는 마음을 갖는다.	생명체를 소중히 여기는 마음을 갖는다.
			생명체가 살기 좋은 환경에 대해 관심을 갖는다.	생명체가 살기 좋은 환경과 녹색환경에 대해 알아본다.
	자연현상 알아보기	돌, 물, 흙 등 자연물에 관심을 갖는다.	돌, 물, 흙 등 자연물의 특성과 변화를 알아본다.	돌, 물, 흙 등 자연물의 특성과 변화를 알아본다.
				낮과 밤, 계절의 변화와 규칙성을 알아본다.
		날씨에 관심을 갖는다.	날씨와 기후변화에 관심을 갖는다.	날씨와 기후변화 등 자연현상에 대해 관심을 갖는다.
	간단한 도구와 기계 활용하기	생활 속에서 간단한 도구와 기계에 관심을 갖는다.	생활 속에서 간단한 도구와 기계를 활용한다.	생활 속에서 간단한 도구와 기계를 활용한다.
		도구와 기계의 편리함에 관심을 갖는다.	도구와 기계의 편리함에 관심을 갖는다.	변화하는 새로운 도구와 기계에 관심을 갖고 장단점을 안다.

2019 개정 누리과정에서 중시하는 '놀이 중심'과 '유아 중심'은 철학적·방법적 측면에서 유아교육이 추구해야 하는 접근법을 의미하는데, 이와 별개로 교육과정은 교사가 가르쳐야 할 것과 유아들이 배워야 할 것 즉, 교육 내용을 담고 있어야 한다(김희진 외, 2010). 즉, 유아 중심의 실제와 유아의 놀 권리를 존중하면서 유아들이 교사와의 역동적인 깨달음의 상호작용의 과정 안에서 교육 내용을 학습할 수 있도록 지원하기 위해서는 학습 내용에 대한 명확한 개념화가 필요하다(Pramling et al., 2019). 유아 수학 교육과정에 유아에게 가르쳐야 하는 핵심 교과 내용이 제시되고 이에 대해 교사들이 숙지하고 있다면, 유아의 일상과 놀이에서 자연스럽게 가르칠 수 있는 순간을 포착하여 지원을 할 수 있다. 그러므로 유아 수학 교육의 목표로 수학적 핵심 교과 내용의 습득 또한 중요하게 다뤄질 필요가 있다.

유아 중심의 접근법을 유지하면서 수학교육을 강화하기 위해서는 교사가 유아들의 놀이에서 끊임없이 도출되는 핵심 교과 내용을 찾아내는 것이 중요하다(Schwartz & Copeland, 2010/2013). 이에 미국 NCTM은 2000년부터 유아기를 포함하여 체계적인 학교 수학의 목표와 내용 범위의 지침을 제시하고 있으며, 미국전국유아교육협회(NAEYC, 2010)는 3~6세 유아를 위한 질 높은 수학교육을 위해서는 적절한 교수전략을 통해 교사가 적극적으로 수학적 개념, 방법, 용어를 소개해야 함을 강조하고 있다. 이는 놀이나 자발적 탐색에만 맡기기에 유아기는 수학적 기초 능력의 획득을 위해 매우 중요한 시기라는 점에서 유아의 수학적 개념 획득을 위한 교사의 의도가 포함된 질적인 수학교육이 필요함을 의미한다(김민경, 홍혜경, 이지현, 이정욱, 2006). 이러한 입장에서 프랑스에서는 수학 교과 영역의 핵심 교과 내용들을 교육하기 위한 교사의 일상적인 지원 사례를 함께 제시하고 있다. 교육과정 안에 교과 내용과 관련한 학습사례와 제공 가능한 효과적인 지원이 담겨 있다면, 교사로 하여금 학습자의 반응을 예상하고 해석할 수 있도록 도움을 주는 교육과정의 기능이 실현될 수 있기 때문이다(서경혜, 2006). 따라서 교육과정을 통해 교사가 놀이의 특성과 유아들의 놀이 방향을 해치지 않는 내에서 최대한으로 잘 가르치는 것을 지원하는 것이 바람직하다.

심층탐구 수학과 친해지기

유아 수학 교육을 효과적으로 학습하기 위해서는 먼저 수학과 친해질 필요가 있습니다. 다음 수학(자)과 관련된 영화나 책 중 한 가지를 골라 감상문을 써보세요.

● 수학자에 관한 영화

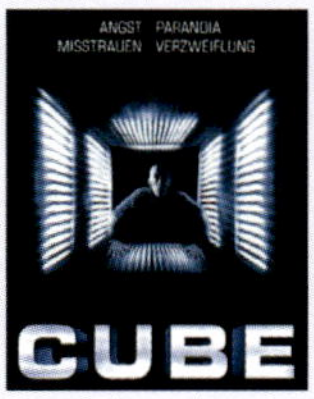

〈큐브〉

〈뷰티풀마인드〉

〈박사가 사랑한 수식〉

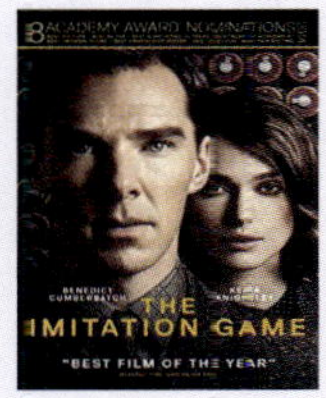

〈이미테이션 게임〉

● 교양 수학책

- 참 재밌는 수학 이야기, 애나 웰트만 저, 진선아이, 2022.
- 이런 수학은 처음이야. 최영기 저, 21세기북스, 2020.
- 법정에 선 수학, 레일라 슈넵스, 코랄리 콜메즈 저, 아날로그(글담), 2020.
- 이상한 수학책, 벤 올린 저, 북라이프, 2021.
- 길 위의 수학자, 릴리언, R.리버 저, 궁리출판사, 2016.
- 수학, 영화관에 가다, 버카드 폴스터, 마티 로스 저, 박유진 역, 컬처룩, 2015.
- 가장 쉬운 AI〈인공지능〉 입문서, 오니시 가나코 저, 아티오, 2019.

● 유아 수학교육 참고도서

- 어린이 수학자: 유치원 교실의 수학 탐구 이야기, 안젤라 지지리오 안드류, 폴 트라프튼 저, 정민사, 2019.
- 구성주의 유아교육교수법, 드브리스 등 저, 창지사, 2007.
- 유아수학활동: 교사와 부모들의 지침서. 폴린스키 등 저, 동문사, 1998.
- 어린이 수학교육: 피아제 수학 교육의 대안, 랜 톰슨, 정민사, 2002

● 유아용 수학그림책

- 수학그림책(어린이가 처음 만나는)(전3권), 안노 미쓰마사 저, 한림출판사, 2005.
- 처음 만나는 수학 그림책. 미야니시 타츠야 저, 북뱅크, 2015.
- 똑똑한 표와 대단한 그래프. 스튜어트 머피 저, 봄나무, 2022.
- 네버랜드 수학그림책(전10권). 시공주니어, 2013.
- 앞뒤로 보는 첫수학 그림책(전3권), 로이북스, 2020.

CHAPTER 2

유아 수학 교육의 역사적 배경

수학 교육은 인류가 수를 다루게 되면서부터 시작되었다고 볼 수 있다. 초기의 수학 교육은 가축이나 농작물 등을 물물교환하거나 관리하기 위한 실용적인 목적에서 이루어졌다. 이후 문명이 발달함에 따라 수학은 실용성보다는 상징적 기호의 조작을 다루는 학문으로 변모되었으며, 심지어 수학 교육을 기억력이나 계산력 등 정신력 연마를 위한 것으로 인식하는 경향까지 생겨났다(이경우 외, 1997). 이와 같이 수학 교육에 대한 관점은 시대에 따라 변화하면서 바람직한 수학 교육의 방향을 모색하려는 노력이 이어져 왔다. 유아기를 중심으로 수학 교육과 관련된 사상의 흐름을 살펴보면 다음과 같다.

1 19세기 이전

1) 실학주의

근대 수학 교육은 17세기 실학주의(Science realism)에 의해 시작되었다. 실학주의의 대표적인 학자였던 코메니우스(Comenius, 1592~1670)는 「대교수학」(The Great Didactics, 1682)에서 유아기의 교육 내용을 정리하고 교육 방법을 제시했다. 이 중에서 수학 교육과 관련된 것은 다음과 같다.

- 연대학의 기초인 시간, 날, 요일, 년, 계절, 어제, 그저께, 내일, 모레 등을 안다.

- 셈하기는 많다, 적다, 열까지 세어보기, 셋은 둘보다 많고 셋에 하나를 더하면 넷이 된다는 것을 안다.
- 기하학의 초보인 크다, 작다, 길다, 짧다, 넓다, 좁다, 두껍다, 얇다의 의미를 알고 선, 교선, 동그라미의 의미를 알고 자로 사물을 측정한다.
- 통계학의 기초로 유아가 물건을 저울로 달거나 손으로 달아보아 물건의 어림 중량을 말할 수 있다.

코메니우스

2) 르네상스

17~19세기에 걸친 르네상스 시기에 '백지설(Tabula Lasa)'을 주장한 로크(Locke, 1632~1704)는 수학을 인간의 정신 속에 추론의 습관을 정착시키는 방법을 제고하는 것으로 정의했다. 그는 수학을 가르치는 것은 어려운 수학적 지식을 소유하게 하기 위해서가 아니라, 수학을 배움으로써 추리의 습관이 형성되면 다른 지식의 영역에서 능력이 전이될 수 있기 때문이라고 하였다.

'자연으로 돌아가라'는 주장으로 유명한 루소(Rousseau, 1712~1778)는 유아의 자연스러운 발달에 따른 교육을 강조하면서 수학의 논리적 형식보다 유아의 자연스러운 이해를 중요시하였다. 그는 저서 「에밀」(Emile, 1762)에서 실물의 양을 재고 수를 계측하고 무게를 비교할 수 있도록 주의, 기억, 사고의 토대인 오감의 발달과 감각기관의 훈련에 힘써야 한다고 하였다.

로크

루소

3) 페스탈로치

페스탈로치

이후 교실에서의 '실물교육(Object learning)'을 제안한 페스탈로치(Pestalozzi, 1746~1827)는 교육이란 '직관'을 통해 사물의 본질을 깨닫는 법을 가르치는 것으로 보았다. 그에 의하면, 아이가 처음 세상에 태어났을 때에는 무질서한 빛과 소리와 느낌의 세계에 있지만, 점차 성장하면서 이러한 무질서의 세계가 질서의 세계로 바뀌게 되는데, 이때 감각을 질서 지우는 것이 수와 형이라는 것이다. 수학은 정직한 학문이며, 수학교육을 통해 정직한 인성을 갖게 된다고 본 페스탈로치는 최초로 초등수학 교과 체계를 잡은 사람이다. 그는 사각형의 수학은 아동의 것이며, 삼각형의 수학은 청년과 어른의 것이라고 하면서 사각형을 소위 '기초도형'으로 제시했다. 또한 자나 컴퍼스의 사용은 아동으로 하여금 도형개념의 형성과 관련된 자연력을 불필요하게 만들므로 이러한 도구 없이 그리게 해야 한다고 하였다(김응태·박한식·우정호, 2007; 한대희, 2000).

4) 프뢰벨

프뢰벨

루소와 페스탈로치의 영향을 받아 1840년 최초로 유치원을 설립한 프뢰벨(Froebel, 1782~1852)은 자연과학, 음악, 미술 등과 더불어 수학을 유치원 교육과정에 포함했다.「인간의 교육」이라는 저서에서 그는 "수학을 결한 교육이란 땜질한 누더기에 지나지 않는다"라고 할 정도로 수학 교육을 강조하였다. 그에게 수학은 자연의 모든 다양성과 내면적인 연관을 인식하고, 모든 다양성을 자신으로부터 전개해 나갈 수 있도록 하는 인식의 학문이기 때문이다.

프뢰벨은 수학 교육의 내용을 기하학과 산수로 구성하였다. 그에 의하면 기하학의 내용은 주위에서 구할 수 있는 자료를 갖고 활동함으로써 다양한 것을 연결하며 통일을 이루어 나가는 과정이다. 유아는 '점'으로부터 선을 그리는 것을 알게 되며, '선'을 나타냄으로써 방향의 표현을 알게 되고, 점과 선을 연결하여 '면'을 이룸으로써 역동적으로 기하학을 경험한다. 산수에 대해서도 그는 유아가 주위의 구체적 자료의 관찰을 통해 형태와 조화를 알게 됨으로써 수를 쉽게 이해할 수 있다고 보았다. 예를 들어 산수를 학습할 때 '1'을 출발점으로 하는 것이 아니라 두 눈, 두 팔 등을 보고 만지면서 '2'를, 다섯 손가락과 발가락을 다루며 '5'를, 곤충의 다리에서 '6'을 인식한다는 것이다(정미경, 김덕건, 2005).

나아가 그는 '은물(Gifts)'이라는 교구를 제작함으로써 기하학적 특성을 탐색하고 모형을 구성하며, 문제해결, 수, 측정의 본질을 가르치고자 하였다. 예를 들면, 제 1~6은물은 다양한 입체도형, 제 7은물(정삼각형 및 정사각형, 직각 및 둔각삼각형, 원, 반원)은 평면도형, 제 8은물(선분)과 제 9은물(원, 반원)은 선과 곡선, 제 10은물(알갱이)은 점의 탐색을 위해 고안되었다. 그리고 프뢰벨은 은물을 사용하여 기차, 집 등의 '자연적 형태(nature form)'의 모형을 만들고 이어서 기하학적 특성의 탐색을 통해 '지식적 형태(knowledge form)'를 이해하고, 기하학적 도형을 이용하여 대칭적 패턴의 '미적 형태(beauty form)'를 구성해보도록 하였다.

[그림 2-1] 프뢰벨의 은물

사례 은물교육 : 3은물

활동 1 : 무엇이 무엇이 똑같을까?

2은물의 정육면체와 3은물, 3은물의 작은 정육면체끼리 비교를 통하여 3은물을 소개하는 활동이다.
– 3은물 상자를 보여주고 상자 속에 무엇이 있을지 생각해 보도록 한다.
– 3은물을 아래와 같은 방법으로 꺼내어 2은물과 비교해 본다.

〈꺼내기〉

- 은물상자 뚜껑을 유아 엄지손가락이 들어갈 만큼 열어 놓는다.
- 앞으로 두 번 돌린다.
- 뚜껑을 잡아당긴다.
- 이 때 소리에도 관심을 갖게 한다.
- 상자를 수직으로 돌려 완전한 모양이 나오도록 한다.

– 상자의 뚜껑은 다른 곳에 놓고 3은물 전체의 모양과 2은물 정육면체와 비교해 본다. (모양, 크기, 수, 모서리의 길이, 소재, 무게, 상자)
– 주위에서 같은 모양의 물건으로 무엇이 있는지 생각해 본다.
– 자르기를 통하여 큰 정육면체의 분해과정에도 관심을 갖도록 한다. 이 때도 케이크나 떡을 나누어 먹기 위해 자르거나, 목수아저씨가 되어 자신이 만들고 싶은 것을 만들기 위해 톱질을 하는 흉내를 내면 놀이가 더욱 즐겁다.

〈자르기〉

- 1/2의 같은 크기나 모양이 되도록 똑같이 자른다.
- 1/4의 같은 크기나 모양이 되도록 똑같이 자른다.
- 1/8의 작은 정육면체가 되도록 똑같이 자른다.

활동 2 : 건축놀이(~에 놀러오세요!)

3은물을 접하는 유아에게서 자연스럽게 발견되는 놀이로 쌓거나 늘어뜨리면서 여러 가지 사물을 만들어 보는 활동이다.
– 은물을 꺼내 유아 스스로 가지고 놀도록 한다.
– 잠시 시간이 지난 후 교사는"OO는 쌓기를 하네. OO는 선생님이 보기에는 로봇 같은 데 무엇을 만들었나요?"등의 질문을 통해 친구들이 가지고 노는 방법에도 관심을 갖게 한다.
– 자신들이 자유롭게 만든 것에 대하여 이야기하는 시간을 갖는다. 처음이라 한 단어나 짧은 문장으로 끝날 수 있으나 이야기 그 자체에 충분한 칭찬을 한다.
– 어느 정도 시간이 지나고 나면 상자와 뚜껑도 이용하여 만들어 보도록 한다.
– 상자에 작은 정육면체 8개가 들어가도록 정리한다.

출처: 김성순(2000)

그는 수 계산 지도에도 은물을 활용하였다. 예를 들어, [그림 2-2]와 같이 제3은물을 소개한 후 자르기 활동으로 계속 2등분해 감으로써 분수 개념을 지도하는 것이다. 그러나 프뢰벨의 은물을 통한 수학 교육은 지나친 상징주의와 획일적인 사용법, 형식적인 지도 등으로 비판을 받게 되었고, 20세기 이후 유아교육 현장에서 수용되지 못하였다(홍혜경, 2004).

[그림 2-2] 제3은물의 자르기

2 20세기 전반

1) 행동주의

20세기 초 유행하던 행동주의 심리학자인 쏜다이크(Thorndike, 1874~1949)는 수학 교육에서도 외적 요인을 강조하는 '드릴이론(Drill theory)'을 제창하였다. 드릴이론은 다음과 같이 수학을 계산 기술의 집합으로 보면서 수학 교육의 초점을 계산 기술을 기계적으로 암기하는 데 두었다.

쏜다이크

- 유아는 성인의 수학적 지식과 기술을 모방하는 것을 학습해야 한다.
- 수학 교육의 내용은 자극과 반응 간의 연합을 학습하는 것이다.

- 연합을 형성하는 데에는 이해가 필요하지 않다.
- 연합을 형성하는 최선의 방법은 직접적인 교수와 연습이다.

이러한 입장에서 쏜다이크는 자극(1+3)과 반응(4)을 알아내는 것, 즉 1과 3을 4와 연합할 수 있도록 하는 것을 수학 교육의 기본 과제로 보았다. 교사의 역할은 유아가 '수학적 사실들의 연합'을 잘 형성하도록 도와주고, 유아가 연합을 완성했을 때 옳고 그름을 판가름하여 적절한 '보상과 벌'을 주는 것이었다. 따라서 드릴이론에서 수학 교육의 목적은 정확하고 빠르게 계산할 수 있는 능력을 획득하는 것에 있었으며, 이는 수학적 의미나 어휘의 이해가 충분하지 않더라도 반복 연습을 통해 가능한 것으로 간주되었다. 이와 같이 유아 수학 교육에서 설명, 강의, 연습, 암기 등의 방법이 강조된 이유는 유아는 추론할 능력이 없고 자연현상을 이해할 수 없다는 유아의 학습능력에 대한 불신에서 나온 것이다.

2) 의미이론

쏜다이크의 드릴이론과 이로 인한 연습지 위주의 전통적인 수학 교육 방법에 대한 불만으로 1930년대에 브라우넬(Brownell)은 '의미이론(Meaning theory)'을 제창하였다. 의미이론은 다음과 같은 이유로 드릴이론을 비판한다(이문은, 1990; Baroody, 2003). 첫째, 드릴이론은 계산 활동에서 나타나는 성인과 유아의 질적인 차이를 설명하지 못한다. 예를 들어, 성인은 슈퍼마켓에서 돈을 지불할 때 덧셈을 기억하여 계산을 하지만, 유아는 손가락을 이용하여 4+1=5임을 계산하고, 이를 이용하여 4+5=9임을 설명한다. 둘째, 수의 조합이나 자리 수 등을 숙달하는 계산능력을 획득하는 것은 오랜 시간이 필요한 과정이므로 드릴이론과 같이 유아에게 수에 대한 성인의 지식이나 기능을 즉각적으로 모방하도록 요구해서는 안 된다. 예를 들어, 유아들은 7+5=12임을 자동적으로 말하는 것이 아니고, 7+5는 12가 되는 이유를 스스로 깨달을 때까지, 남에게 7+5는 12가 되는 이유를 실증할 때까지, 한참 동안 깊은 생각을 한 후 그 답을 확신할 때까지, 그 의미를 구체적 조작을 통해 얻을 때까지는 7+5는 12가 됨을 말하지 못한다. 셋째, 드릴만 강조하는 것은 유아에게 수학은 서로 관계가 없는 독립된 항목들의 집합에 불과하다는 인식을 심어준다. 예를 들어, 드릴이론에서는 연합의 혼란(associative confusion) 또는 간섭(associative interference)이 일어나기 때문에 4+1=5와 3+2=5를 동시에 가르쳐서는 안 된다고 보지만, 사실 교사는 유아가 3+2=5에서 5−3=2를 일반화 할 수 있도록 다양한 상황에서 3+2=5라는 규칙을 발견할 수 있도록 도와야 한다. 즉, 수학 교육은 개념들 간의 관계를 강조해야 하고, 이러한 교육이야말로 양적인 사고를 조장시켜주는 방법이라는 것이다.

이와 같이 브라운웰은 수학 교육은 '수학적 의미'를 기초로 하여 가르칠 때 학습이 용이하며 전이, 기억력 지속 등의 효과를 갖게 된다고 하면서 의미 있는 학습의 필요성을 강조하였으나 드릴이론의 입장을 완전히 탈피하지는 못했다는 비판을 받는다. 개념적 이해를 촉진하기 위해 유아의 경험이나 발견을 중요시하긴 했지만, 여전히 교과서 중심의 수업을 선호했을 뿐 아니라 수학적 의미를 이해한 후에 학습된 것을 고정시키기 위해서 연습이 필요하다고 보았기 때문이다. 따라서 의미이론은 드릴이론과 우발적 학습이론의 중도적인 입장을 취하고 있는 것으로 볼 수 있다.

3) 몬테소리

몬테소리

20세기 초 몬테소리(Montessori, 1870~1952)는 "인간은 수학적 정신을 가지고 태어나며, 이는 인간만이 지닌 특성이다"라고 주장하였다. 수학적 지성을 모든 지식의 근원으로 본 그는 수학적 두뇌의 구축을 위해서는 인간의 성장발달과정에서 가장 민감한 1세~6세 사이에 자연과 친숙해지고 접목되는 방향으로 수학교육이 이루어져야 한다고 하였다. 나아가 그는 프뢰벨이 유아에게는 불가능하다고 생각했던 0을 수개념 지도에 포함하는 등 수학 교육의 다변화를 꾀하였다.

그는 오감의 발달, 특히 시각과 촉각의 발달이 인지적 성장과 추상적 개념을 이해하는데 필요함을 발견하고, 같은 과제를 반복하는 방법을 통해 감각발달을 도와

주는 감각교구들을 고안하였다. 감각교구는 구조적인 특성에 따라 동일성의 인식, 대비성의 인식, 유사성의 변별 원칙에 따라 짝짓기, 순서짓기, 분류하기의 순서로 실시된다. 감각교구에는 꼭지달린 원기둥, 분홍탑, 갈색계단, 긴 막대, 색판 I, II, III, 촉각판, 직물상자, 소리상자, 음감벨, 후각병, 미각병 등의 단순감각과 관련된 교구와 온도병, 온도구별판, 무게변별판, 기하도형 서랍장과 카드, 기하 입방체, 구성삼각형, 꼭지없는 원기둥, 이항식, 삼항식, 겹치는 기하도형, 피타고라스판, 단추 분류하기, 비밀주머니 등 복합감각과 관련된 교구가 있다.

이러한 감각교구들은 물리적 속성(형태, 색깔, 성질, 맛, 냄새, 크기, 소리, 무게, 온도 등)에 일정한 차이를 두어 구체적 속성을 명확히 하고, 그 속성에 의도적, 조직적으로 변화를 주어 고안되었으며, 오감각을 통해 흡수하는 여러 가지 인상을 분류, 정리하고 동시에 추상화 과정을 거쳐 내면에 축적하게 된다(김정자, 2014). 프뢰벨이 형이상학적 성향으로 인해 상징적인 교구를 제작했던 것에 비하여 감각적 성향이 강한 몬테소리의 교구는 좀 더 구체적인 특성을 갖는다(이영자, 1979). 그러나 몬테소리 교구는 교사에 의해 사용법이 제시되고 유아는 제한된 자유 속에서 교구를 사용하게 된다는 점에서 비판을 받는다.

[그림 2-3] 몬테소리 교구

사례 몬테소리 수교육: 수막대의 활용법

- 교구 : 길이가 10cm씩 차이가 있는 10개의 나무막대(막대의 길이는 10cm~100cm이며, 각 막대는 매 10cm마다 빨간색과 파란색이 교대로 칠해져 있음)
- 선행학습 : 빨강막대, 빨강막대와 수막대의 연결
- 목표
  - 1에서 10까지의 수의 양과 명칭을 익힌다.
  - 수의 연속성에 대한 개념을 발달시킨다.
- 관련 언어 : 수막대, 빨간색, 파란색, 길다, 짧다, 계단
- 제시방법
  - 아동에게 활동명과 교구가 있는 곳을 알려 준다.
  - 바닥에 매트를 편다.
  - 교구장으로 가서 가장 짧은 막대부터 하나씩 가져다 매트 위에 순서 없이 나열한다.
    이때 막대를 옮기는 방법은 빨강막대와 같다.(양손으로 양쪽 끝을 잡고 옮긴다.
    너무 긴 것은 세워서 막대의 2/3부분을 잡고 옮긴다.-매트를 들듯이)
  - 빨강막대 계단을 만들 때와 같은 방법으로 가장 긴 막대부터 차례로 찾아서 계단을 만든다.
  - 계단에서 가장 짧은 막대를 유아 앞으로 끌어내리며 "이것은 일(1)입니다."라고 말한다.
- 실수의 정정
  - 교사
  - 막대의 빨간 칸과 파란 칸의 구분 (시각적 변별)
- 응용
  - 계단을 짚어 올라가며 센다.
  - 10에서 1까지 거꾸로 세어보기
  - 교사가 보여주는 수막대를 유아가 세어 본 후 그것보다 하나 큰 수막대를 가져오기

4) 듀이

듀이

비슷한 시기에 듀이(Dewey, 1869~1952)는 50명 정도의 많은 유아들이 교실에 앉아서 읽기나 쓰기, 셈하기의 기초를 기계적인 방법으로 배우고 있던 당시 상황을 비판하면서 생활중심, 아동중심, 흥미중심의 교육과정을 제창하였다. 듀이는 수학의 가치는 수학이라는 학문 그 자체에 있는 것이 아니라 수학에서 생기는 결과에 있다고 생각했다. 또한 그는 학습이나 공부는 단

순히 학생들이 공부해야 할 과목으로 제시되는 한 인위적이고 비효과적인 것이 되며, 공부가 효과적인 것이 되려면 학생이 수학적 지식이 자기에게 관심이 있는 활동의 결실을 얻는 데에 중요한 역할을 한다는 것을 알아야 한다고 하였다(이동일, 2000). 이와 같이 듀이의 사상에 있어서 수학은 문제해결의 수단으로 유아의 요구나 흥미에 부합될 때 학습이 가장 잘 이루어질 수 있다. 이에 따라 수학 교육의 내용으로 유아의 생활 주변과 실생활에 유용한 유아의 경험 안에서 주제가 선정되고, 분리된 사실의 암기나 반복 연습이 아닌 '일상생활의 문제해결'을 통한 수학 교육방법이 강조되었다.

그는 몬테소리의 체계적이고 계획된 교육이나 프뢰벨의 형식적이고 구조적인 교육방법에도 반대 입장을 보이면서 은물 중 나무 적목의 가치만을 인정하였다. 그 결과 나무 적목은 크기가 확대되었을 뿐 아니라 프뢰벨의 기하학적 모형 구성이나 형태의 탐색에 초점을 두기보다는 창의적 쌓기놀이 활동으로서 사회적 역할놀이나 극 놀이에 활용하는 데 가치를 두게 되었다(홍혜경, 2004). 이와 같이 우연적이고 개별적인 경험에 의존하는 놀이를 통한 수학 교육의 강조는 '우발적인 학습이론(Incidental learning theory)'으로 이어진다. 이 이론에서는 유아는 자신을 둘러싼 세계를 자유롭게 탐색하고 관계 및 패턴 등의 규칙성을 발견하면서 능동적으로 지식을 구성하는 존재이며, 수학 교육은 유아의 선천적 호기심을 충족하는 과정에서 우발적으로 나타나는 결과여야 한다고 본다. 이러한 우발적 학습이론은 드릴이론, 의미이론과 더불어 20세기 초를 풍미하던 3대 수학 교육 이론으로서 이후 피아제의 인지적 구성주의이론에 결정적인 영향을 미쳤다. 그러나 우발적 학습은 시간 소모가 많으며, 계획되지 않은 우발적 상황에서 발달하는 수학 능력은 단편적이고 피상적일 가능성이 많고, 일반적으로 우발적 학습을 효과적으로 실시하기에는 교사의 전문성이 부족하다는 비판을 받기도 했다(Baroody, 2003).

사례 듀이의 산수 교과서

듀이가 쓴 초등학교 산수 교과서(Alexander-Dewey Arithmetic Elementary Book)는 '사고의 도입', '사고의 정착', '사고의 적용' 등 3단계로 구성되어 있다.

1. 사고의 도입
   1) 극화

Mother's Kitchen Dramatize

Would you like to buy two thing at our Hardware Store for the kitchen? You may take a dollar with you and spend it all. Here are the prices:
10 cents: spoon, toaster, pie pan, quart cup
20 cents: pancake griddle, stew pan, wash basin
30 cents: small pail, cake pan(p. 42)

   2) 스스로 깨치기

WHAT I CAN LEARN BY MYSELF

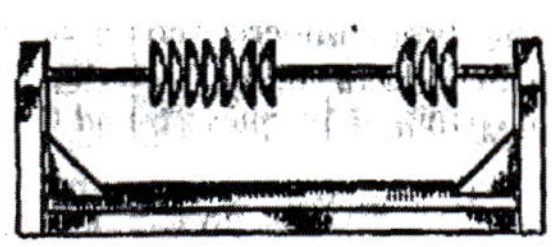

Class seated at desks with individual numeral frames or ten individual counters. Ask pupils to play with these a few moments and then have each come and whisper something he has learned independently. Select from the answers all those that lead to numerical combinations and ask children who make the discoveries to tell the class. This exercise is of incalculable value if it leads, as it should, to initiative on the part of the child. (p. 13)

2. 사고의 정착
   1) 순간적으로 보여주고 반응하기(quick flash practice)
   2) 구체물의 활용
   3) 말로 하기

3. 사고의 적용
   1) 사회적 도입

WALNUT HUNTING - Dramatize

1. It was a frosty Saturday Morning and Paul tock 6 of us boys nutting. How many boys were in the party?
2. Paul let Frank drive the donkey. How many boys walked?
3. Three of us brought baskets and the rest brought bags. How many boys brought bags? (1914. p 22)

   2) 다양한 연습
   3) 적용

출처: 이동일(2000)

3 20세기 후반 이후

1) 새수학 운동

제2차 세계대전 후 과학 기술의 급격한 진보와 1957년 소련의 인공위성 발사에 대응하기 위해 1955년부터 1975년에 이르기까지 세계적으로 수학 교육의 광범위하고 획기적인 개혁운동이 전개되었는데, 이를 '새수학 운동(New Math Movement)'이라고 한다. 새수학 운동의 이론적 토대를 제공한 브루너(Bruner, 1915~)는 듀이의 생활중심, 경험중심 교육과정을 비판하고 '학문중심' 교육과정을 제안한 대표적인 학자이다. 그는 또한 교사의 설명이나 교과서, 암기에 의존하기보다 유아의 자발적인 참여를 통해 수학적 개념과 원리를 이해해야 한다는 발견학습을 주장하였다(자세한 내용은 3장 2절 참고). 이외에도 이 시기에는 많은 학자와 교사들이 수학 교육과정 개선에 참여하였으며, 종전과 달리 유·초등 수학 교육에도 많은 재정적 지원이 이루어져 이들을 위한 수학 프로그램 개발에 박차를 가하였다(http://scied.gsu.edu). High Scope의 Cognitive Oriented Program을 비롯하여 대부분의 프로그램들이 피아제나 브루너의 이론에 기초하고 있었으나 행동주의 이론에 기초하여 체계적인 지도와 반복 연습을 강조하는 Direct Instructional System for Teaching Arithmetics & Reading(DISTAR)과 Science · A Process Approach(SAPA) 등의 프로그램이나 성숙주의 이론에 입각하여 전통적인 놀이나 활동중심에 의한 비형식적 학습을 제시하는 Bank Street 프로그램 등 다양한 수학 교육 프로그램이 개발되었다.

사례 DISTAR 프로그램

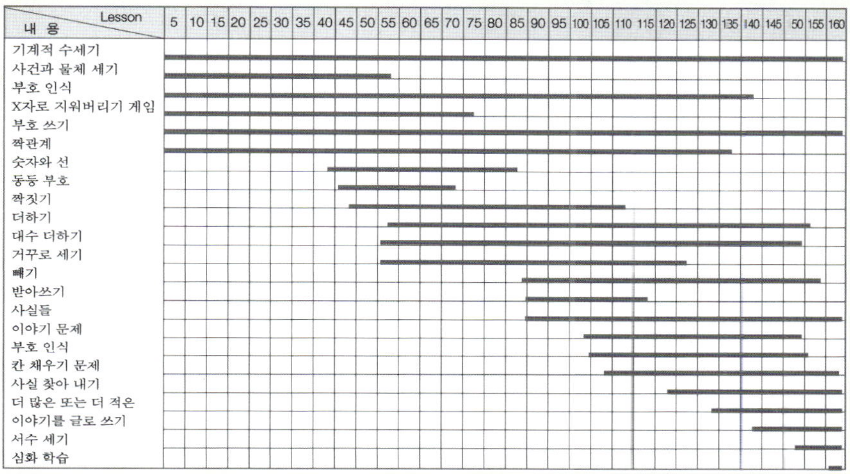

DISTAR 산수 1의 범위와 위계

Lesson 1. 수로 마치기 (Ending up with a number)

TASK.1. 기계적 수세기
· 고딕체로 된 말 강조할 것
· 숫자의 단어를 철자로 말할 것

▶ 그룹 활동

a. 세어 보자. 내가 끝낼 때 그 수를 말해 보아라.
1 · 2 · 3 · 4 · 5 · 6
자, 끝냈다(신호). 6이라고 답. 그래 내가 6까지 끝냈지.

정정하기	아동이 틀리게 대답하면, 다시 a를 반복한다.

b. 1 · 2 · 3 · 4 · 5
자, 끝냈다(신호). 5라고 답. 그래 내가 5로 끝냈어.

c. 1 · 2 · 3 · 4 · 5 · 6 · 7 · 8
자, 끝냈다(신호). 8라고 답. 그래 내가 8로 끝냈어.

d. 1 · 2 · 3 · 4
자, 끝냈다(신호). 4라고 답. 그래 내가 4로 끝냈어.
(확실하게 답이 나올 때까지 a~d를 반복한다.)

e. 다시 들어봐. 1 · 2 · 3 · 4 내가 끝낸 수가 얼마지?
(신호) 4라고 답.

f. 모두 4까지 세어 보자. 우리가 끝낸 수가 얼마지? (신호) 4라고 답.

정정하기	아동이 틀리게 대답하면, 다시 f를 반복한다.

g. 1초 간격으로 박수를 치면서 아동과 함께 세어 본다. 4에서 끝낸다. 내가 박수칠 때마다 세어 보아라. (쉰다) 준비, 박수 1 · 2 · 3 · 4. 다시 1 · 2 · 3 · 4 … 확실하게 될 때까지 반복한다.
그리고 말한다. 우리는 4까지 세었다.

h. 이번엔 여러분들끼리만 4까지 세어 보아라.
내가 박수칠 때마다 세어 봐.
(쉰다.) 준비, 아동은 교사가 박수칠 때마다 센다.

▶ 개별 테스트

h단계를 3~4명 아동에게 시켜 본다.

산수 1의 수업 예 : 수로 마치기

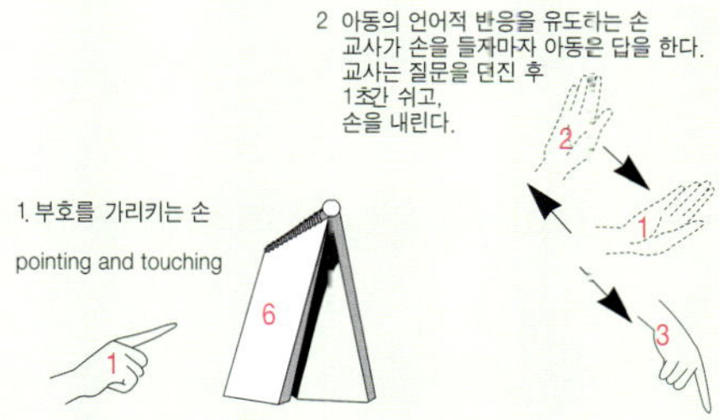

주의할 행동

① 끝내는 행동(end up with) 의 의미를 가르치고 모델링할 때
- 1초에숫 자2 개정 도로 빨리 셀것 .
- 아동이 대답하기를 바라는 신호의 손을 명확하게 사용할 것.

② g단계에서 세는 순서를 아동에게 유도할 때
- 크게, 그리고 리드미컬하게 셀 것.
- 세는 것을 반복하기 전에 'again' 을항 상말 할것 , 그리고 대답이 확고하게 될 때까지 이 단계를 되풀이 할 것.
- 개별아동으로 하지 말고, 그룹으로 다같이 세도록 할 것. 만약 세는 속도가 맞지 않는 아동은 손으로 움직이게 할 것.

③ h단계에서 아동끼리만 세도록 할 때
- 아동과 함께 세지 말 것, 또한 입술을 움직여서 단서가 되지 않도록 할 것.
- 1초에 숫자 1개보다 약간 더 빠르게 세도록 할 것. 만약 숙달되면더빨 리 세도록할것 .

DISTAR 산수 프로그램에서 교사의 손 사용

출처: 김영희(1987)

2) 오스벨

오스벨

한편 오스벨(Ausubel, 1918~)은 발견학습은 의미 있는 학습을 꾀하는 데 적합하지 않다고 비판하면서 여러 세대에 걸쳐 축적된 방대한 양의 지식을 후세에 전달하기 위해서는 '설명식 교수방법'이 효율적이라고 주장했다. 그에 의하면 학습은 '연역적' 과정에 의해 이루어지므로 일반적이고 추상적인 개념부터 가르친 후에 구체적인 개념을 가르쳐야 한다. 예를 들어, 정사각형이라는 특수한 개념을 가르치기 전에 사각형이라는 일반적인 개념을 가르쳐야 한다는 것이다.

3) 가네

가네(Gagne, 1915~2002) 역시 발견학습과 반대되는 행동주의 입장에서 설명학습 또는 수용학습의 입장을 취한 학자로서 SAPA 프로그램의 이론적 기초를 제공했다. 가네에 있어 수업이란 학습자의 내적 학습력(조건)과 적절하게 상호작용하며, 이 내적 학습력에서의 변화가 생기도록 학습의 외적 조건을 배열하는 것이다. 그는 수업장면에서 교사가 학습의 사태를 통제하는 일련의 활동을 '수업사태'라고 칭하면서 이를 다음과 같이 9단계로 기술하고 있다. 가네에 의하면 늘 이 9단계가 모두 일어나야 하는 것은 아니며, 가장 중요한 단계는 5, 6단계이다.

〈표 2-1〉 가네의 학습 조건과 수학 교육의 예

단계	내용	수학 교육의 예
① 주의집중	언어적 지시나 제스처 등 다양한 방법으로 학습자의 호기심을 끈다.	융판에 커다란 수를 붙인다.
② 수업목표	제시 유아에게 학습결과에 대해 기대감을 준다.	1-9까지의 수를 알아본다.

단계	내용	수학 교육의 예
③ 선수학습 회상	새로운 학습과 관련 있는 선수학습이 무엇인지를 결정한 후 그것을 지적해 주거나 회상시키는 단계로서 유아는 이를 통해 새로운 정보를 학습하는 데 필요한 기능을 숙달하게 된다.	집, 가게, 전자제품 등 어느 곳에나 숫자가 있음을 보여준다.
④ 자극 제시	학습과제에 내재한 자극 자료를 제시한다.	카드 등을 이용해서 숫자를 가르친다.
⑤ 학습 안내	학습할 과제의 모든 요소들을 통합시키는 데 필요한 방법을 제시하는 단계로 조언이나 조력하기 등의 형태를 띨 수 있다.	숫자를 발견할 수 있는 곳을 보여준다(예 저울, 컴퓨터, TV)
⑥ 수행 유발	통합된 학습의 요소들이 실제로 학습자에의해 실행된다.	종이를 크게 오려서 만든 숫자를 사용해서 숫자를 읽게 한다.
⑦ 피드백 제공	수행이 얼마나 성공적이었는지 알려주는 단계이다.	수세기를 할 때 수정해 준다.
⑧ 수행 평가	다음 단계의 학습이 가능한지를 알기 위해 평가를 실시한다.	빠뜨린 숫자를 검토하고 새로운 과제로 학습을 강화한다.
⑨ 파지와 학습 전이 강화	새로운 학습이 다른 상황으로 일반화되거나 적용할 수 있는 경험을 제공하는 단계로 반복과 적용, 연습 활동 등을 한다.	'엘도와 함께 수세기를 읽어주고 숫자를 확인하게 한다.

4) 기초로의 회귀

발견학습에 대한 이론적 비판은 1970년대 미국 NAEP(National Assessment of Educational Progress)가 실시한 수학능력평가 결과에서 발견학습이 효과적이지 못함이 밝혀지자 더욱 지지를 받게 되었다. 이외에도 수학 교육과정 개선 프로젝트로 인해 오히려 학업성취도가 떨어졌다는 결과가 잇달아 보도됨에 따라 1970년대 중반에는 새수학 운동에 대한 반성으로 기초로의 회귀 운동(Back-to-Basics Movement)이 일어났다. 기초로의 회귀 운동은 읽기, 쓰기, 셈하기 등의 '기초 기술'에 집중해야 한다고 주장함으로써 수학문제를 공식을 외워 풀거나 지필 계산(paper & pencil)을 강조하는 50년대 이전의 수학 교육으로 돌아가게 하였다(http://scied.gsu.edu).

2) A Nation at Risk

1983년에는 A Nation at Risk라는 보고서가 제출됨으로 인해 1957년 못지않게 수과학 교육에 영향을 미치게 되었다. 이 보고서는 미국이 세계 경제에서 위기에 처하게 된 원인을 교육, 특히 수학과 과학, 기술 교육으로 밝히고, 그 증거로 미국 학생들의 SAT 점수 하락 또는 학업성취도 점수의 국제간 비교 자료를 제시하였다. 이로 인해 수학 시간이 늘어나는 등 수학 교육 현장의 변화가 일어나고, 계산 능력보다 문제해결과 수학적 추리 능력의 발달을 강조하는 수학 교육 개선에 대한 목소리가 대두되었다. 이러한 사회적 분위기 속에서 1987년 NAEYC(미국유아교육협회)는 '발달적으로 적합한 실제'에 대한 지침을 발표하게 되었으며, NCTM에서는 NAEYC와 함께 1991년 발달적으로 적합한 유아 수학 교육의 지침을 제시하였다(권영례, 2003; 홍혜경, 2004).

4 최근 동향

과거 산업사회에서는 수학 지식이 수학자나 과학자, 엔지니어 등 특정인에게만 필요한 것이었지만 고도의 기술·정보화 사회로 진입함에 따라 모든 사람에게 '수학적 소양(mathematical literacy)'이 필요하게 되었다. 이에 따라 유아 수학 교육의 중요성에 대한 인식 또한 증가하고 있다. 앞서 살펴본 과정을 통해 발달해 온 유아 수학 교육의 최근 동향을 정리하면 다음과 같다.

이론적 기초로서의 구성주의

구성주의의 영향으로 현대의 유아 수학 교육은 교사의 설명, 암기, 연습 등 행동주의 또는 교사주도적인 방법에서 벗어나 유아 스스로 탐색과 구체적 조작 활동(hands-on)을 통해 창의적인 문제해결방법을 찾고, 새로운 개념과 지식을 획득하는 능력을 키워주는 방향으로 전개되고 있다.

발달적 적합성

NAEYC가 제시한 발달에 적합한 실제(Developmentally Appropriate Practice, DAP)의 입장이 유아 수학 교육에도 반영되고 있다. 이는 각 연령마다 특유의 유사한 능력이 있으므로 연령에 따라 교육내용을 선정하고 집단을 구성해야 할 뿐 아니라 연령이 같은 유아라 할지라도 개인차가 있으므로 개별적인 수준에 맞추어 교육과정을 융통성 있게 조절해야 한다는 것이다.

일상생활

계획되고 의도된 학습 경험뿐 아니라 놀이 상황이나 일과(예 간식, 정리정돈 시간)에서의 자연발생적인 수학 경험이 중요시되고 있다. 일상생활을 통한 비형식적인 수학 교육에서는 수학 개념이 자연스럽게 발달할 뿐 아니라 의미 있는 맥락에서 학습이 이루어지므로 적용 능력이 길러질 수 있기 때문이다.

통합교육

유아를 전인적인 존재로 보는 관점에서 수학을 위한 교수방법으로 통합교육이 성행하고 있다. 이는 수학을 언어, 문학, 미술, 음악 등과 통합하는 주제 중심 접근으로서 유아의 능동적인 참여를 요구한다. 통합적 교수학습 방법의 예로는 프로젝트 접근법, 레지오 에밀리아 접근법, 문학적 접근법 등이 있다.

심층탐구 인류의 초기 수학에서 살펴 본 유아 수학교육의 중요성

인류가 수 상징화를 위해 가장 먼저 시도한 직관적 방법은 손 조작이 용이한 양적 대체물을 일대일 대응에 이용하는 것이었다. 이후 세야 할 사물의 수가 많아지자 '묶어 세기'나 '묶음 대체' 방법을 사용하면서 수에 대한 인류의 정신적 조작이 더욱 원활해졌다. 그러다가 사물을 손으로 만지고, 묶고, 움직이지 않고서도 수를 대체해서 나타내는 완전히 새로운 인지적 도약, 즉 수 기호의 사용이 시작된다. 고대 이집트와 메소포타미아에서 최초로 시드된 형상적 수 기호로부터, 인도에서 '아라비아 숫자'가 '0'을 포함하는 위치기수법으로 체계를 갖추기까지 무려 4000년 동안 인류가 골몰했던 과제는 어떻게 하면 수를 최소한의 기호로 간편하게 나타낼 수있을까 하는 것이었다. 아라비아 수 체계의 편리성은 0을 제외한 기본수가 9개에 불과하고, 이 9개의 수가 놓이는 위치에 따라 값을 달리 나타낼 수 있으므로 힘들여 반복 표기할 필요가 없다는 것에 있다. 그러나 인류의 역사에서 위치기수법이 발명되기까지 장구한 세월이 소요된 사실은 자릿값 개념의 이해가 매우 어려울 수 있음을 나타낸다.

교사는 유아가 타고난 수학적 존재임을 인식해야 한다. 선천적 체계에 의한 수 능력은 일상생활뿐 아니라 생존과도 직결된 적응적 기제로서 특히 사물추적장치는 수량을 정확히 파악하려는 경향성을, 그리고 약측장치는 어떠한 감각 유형의 수적 정보라도 어림하여 표상하려는 수 추상화 경향성을 부여한다. 이는 수학에 대한 긍정적 신념과 친밀감의 원천이 되기에 충분한 사실이다. 반면에 상징적 수학의 기반을 구축하기까지 긴 시간 속에 내재된 인지적 어려움을 영유아도 겪을 가능성이 있다는 점 또한 주목할 필요가 있다. 그러므로 교사는 인류의 조상이 택한 직관적 방법들을 경험할 기회와 시간이 유아에게도 필요하다는 입장에서 교수법을 실행해야 한다. 그러한 직관적 경험의 기회는 사물 조작에 몰입하여 수를 체화하는 계기로서, 정신적 도약을 가져오는 시간이다. 예를 들어 손가락으로 하는 편리한 셈으로부터 두정엽이 자연스럽게 절연되도록 하거나 실감나는 경험과 구체적인 예제를 통해 풍부한 정신적 모델을 구축하는 것이다. 그래야만 인류의 위대한 발명인 아라비아 숫자 체계가 기계적인 산술 도구에 머물지 않고 수학적 사고와 병합될 수 있다. 그리하여 태고의 수적 능력이 수 상징과 더불어 날아오르고, 마침내 수학이 공포가 아닌 친근한 지적 대상으로 다가올 수 있을 것이다.

출처: 이종희(2017)

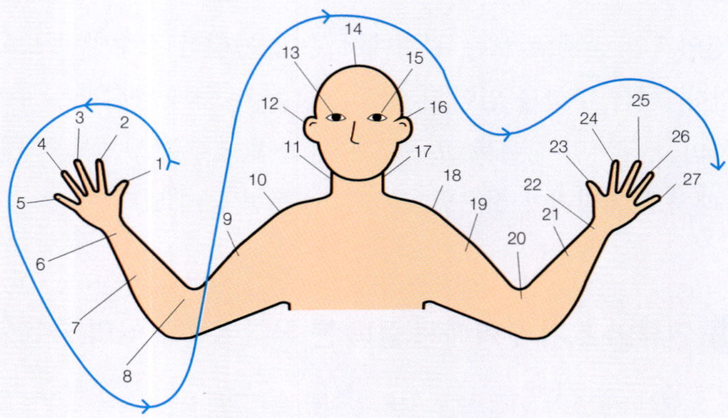

[그림 2-4] Oksapmin 족이 사용한 신체 부위를 이용한 수세기 방법

출처: O'Shaughnessy, D. M., Gibson, E., & Piantadosi, S. T.(2022)

CHAPTER 3

유아 수학 교육의 이론적 배경

유아 수학 교육의 이론적 기초에 가장 많은 영향을 준 이론은 구성주의이다. 구성주의는 인간이 자신의 경험으로부터 지식과 의미를 구성해낸다는 이론이다. 유아·놀이중심 교육과정을 표방하는 개정 누리과정도 구성주의 관점에 입각하고 있다. 본장에서는 인지적 구성주의자로 불리는 피아제와 사회문화적 구성주의자로 불리는 비고츠키 그리고 지식의 구조와 발견학습을 중요시한 브루너 등 구성주의적 관점에서 유아 수학 교육을 살펴보고자 한다.

1 피아제의 인지적 구성주의

피아제(Piaget, 1896~1980)는 유아가 환경과의 상호작용을 통해 능동적으로 지식을 구성한다고 보았다는 점에서 인지적 구성주의자로 불린다. 그는 현대 유아 수학 교육에 가장 많은 영향을 끼친 학자이다. 유아 수학 교육의 내용과 교육방법에 관한 기본 틀을 제공하고 있는 피아제 이론의 내용과 시사점을 구체적으로 살펴보면 다음과 같다.

1) 주요 개념

(1) 인지구조

피아제는 인간은 환경에 적응하기 위해서 인지구조를 가지고 태어난다고 보았다.

피아제

'인지구조(scheme)'란 사물이나 사건을 이해하는 틀이라고 할 수 있는데, 기존의 인지구조를 변화시키지 않고 새로운 사물이나 사건을 해석할 수 있을 때를 '동화(assimilation)'라고 한다. 예를 들어, '양쪽에 같은 무게가 있을 때 양팔저울이 균형을 이룬다'는 지식(인지구조)을 시소를 타는 새로운 상황에도 적용하여 몸무게가 비슷한 유아들끼리 함께 탄다면 동화로 볼 수 있다. 그러나 한 유아는 시소 맨 왼쪽 칸에 앉았지만 다른 유아는 시소 맨 오른쪽 칸이 망가져서 한 칸 앞에 앉아야 할 경우라면 기존의 인지구조로는 이러한 새로운 상황을 동화시킬 수 없다. 따라서 이들은 기존의 인지구조를 변경하여 '균형은 무게 외에 거리와도 관계가 있다'는 인지구조로 재조직해야 하는데, 이러한 과정을 '조절(accommodation)'이라고 한다. 이와 같이 인지구조에 '양적' 변화를 가져다주는 동화와 인지구조의 '질적' 변화를 일으키는 조절 과정이 반복해서 일어남으로써 유아의 부정확한 인지구조는 성인과 같은 인지구조로 발달하게 된다.

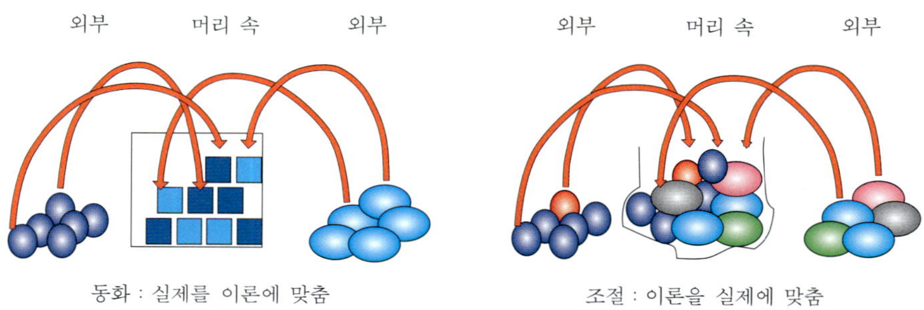

[그림 3-1] 동화와 조절

(2) 인지발달 단계

피아제에 의하면, 인지구조의 질적 변화에 따라 인지발달은 다음과 같은 4가지 단계를 보인다. 첫 번째 단계인 '감각운동기(sensori-motor stage, 0~2세)'는 언어적 의사소통이 개시되기 이전으로 감각과 운동을 통해 환경을 이해하고 적응하는 시기이다. 두 번째 단계인 '전조작기(pre-operational stage, 2~7세)'가 되면 사물이나 행동을 표상하고 상징을 사용하는 능력이 발달하며, 언어의 습득이 급속하게 이루어진다. 이 시기를 전조작기라고 부르는 이유는 정신적 표상에 의한 사고가 가능하긴 하지만 아직 논리적 조작 능력이 충분히 발달하지 못했기 때문이다. 즉, 이 단계 유아는 '자아중심성', '직관적 사고', '물활론', '인공론' 등 비논리적인 사고 특성을 갖고 있다. 초등학교 시기에 해당하는 '구체적 조작기(concrete operational stage, 7~12세)'에는 자아중심성이 사라지고 사고를 논리적으로 조작할 수 있게 된다. 예를 들어, 두 컵에 같은 양의 물이 있을 때 [그림 3-2]와 같이 한 컵의 물을 넓적한 컵에 옮겨 붓는 '보존개념' 실험에서 전조작기 유아는 물의 양이 달라졌다고 말한다. 그러나 구체적 조작기 아동은 물의 양은 그대로라고 대답하는데, 이는 물의 높이가 낮아진 대신 폭은 넓어졌으므로 결국 마찬가지라는 '보상성(compensation)', 물을 더 넣거나 빼지 않았고 그대로 넣었다는 '동일성(identity)', 물을 원래의 컵에 다시 부으면 원상복귀할 것이라는 '가역성(reversability)' 등을 이해하게 됐기 때문이다. 또한 구체적 조작기 아동은 보존개념 외에도 분류하기, 순서짓기 등의 논리적 조작을 능숙하게 할 수 있다. 그러나 이러한 조작의 대부분은 아동이 직접적 경험을 함으로써 가능하거나 지각의 한계에 제한된 개념들에 묶여 있다. 마지막으로 '형식적 조작기(formal operational stage, 12세 이후)'가 되면 논리적 사고가 구체적이고 관찰 가능한 것에 한정되지 않고 비로소 '추상적 사고'를 할 수 있게 된다.

[그림 3-2] 보존개념이 없는 전조작기 유아

2) 유아 수학 교육에의 시사점

(1) 유아 수학 교육의 내용

인지발달 수준 : 전수학

인지발달 단계를 중요시한 피아제는 '교육이 발달을 촉진할 수 없다'고 보았다. 수학 교육에서도 유아들이 학습할 수 있고 학습해야 하는 내용을 결정할 때에는 유아의 인지발달 수준을 일차적 기준으로 삼아야 하며, 유아의 사전 경험이나 학습 상황, 심지어는 유아의 흥미도 이보다 우선시 할 수 없는 것이다. 따라서 더하기나 빼기 등의 논리적 조작을 요하는 수학은 유아기에 도입해서는 안 되며, 구체적 조작기까지 기다려야 한다. 이러한 입장은 유아 수학 교육이 '전 수학'(pre-math)의 차원에서 출발해야 함을 시사하며, 그동안 우리나라 유치원 교육과정에서도 이에 근거하여 분류하기, 순서짓기 등을 수학 교육 내용으로 선정해 왔다.

관습적인 숫자 쓰기 비판

피아제를 비롯한 구성주의자들은 숫자를 포함하는 관습적인 표기를 강조하는 전통적인 수학 교육에 대해서도 비판적 입장을 취한다. 수 자체는 임의적이고 관습적인 지식이 아니지만, 수를 나타내는 숫자의 형태는 임의적이고 관습적인 것이므로 나이 어린 유아들은 이것을 이해하는 데 어려움이 있다는 것이다. 이는 수에 관한 기호나 언어와 같은 상징은 유아의 논리적 구조가 발달된 이후에 도입되어야 함을 시사하면서(이지현, 1999), 발달적으로 적합한 수학 교육의 근거가 되었다.

한편 이러한 피아제의 견해는 오늘날 논란이 되고 있다. 예를 들어, 피아제의 보존개념 실험에서 전조작기 유아가 보존개념이 없는 것으로 나타난 것은 기억력이나 언어적 이해력 부족 때문이므로 실험 상황을 쉽게 만들면 전조작기 유아도 보존과제를 수행할 수 있다는 것이다. 또한 많은 교사들은 취학전 교육을 많이 받았거나 가정에서 부모가 많이 가르친 유아들은 피아제가 말한 것보다 더 어린 연령에서도 과제를 수행하는 것으로 관찰된다고 말한다. 그럼에도 불구하고 피아제의 이론은 오늘날 유아교육의 학계와 현장에서 굳건한 토대를 이루고 있다(Smith, 1997).

(2) 유아 수학 교육 방법

유아의 자발적 흥미 : 놀이

피아제는 암기에 의한 수세기나 계산의 학습, 지필 계산에 의존하는 학습지 등 행동주의에 기초한 교사주도적인 교육방법이 부적절하다는 인식에 영향을 끼쳤다. 유아는 '타고난 과학자'에 비유될 만큼 호기심과 탐구심 많은 존재로 외적 강화 없이 학습 자체가 보상으로 작용할 수 있기 때문이다. 따라서 교사가 유아의 흥미나 관심을 파악하고 가능한 많은 선택권을 제공함으로써 유아가 수학활동에서 능동적 역할을 할 수 있도록 돕는 것이 중요하다. 이에 따라 놀이를 통한 수학 교육이 유아의 자발적인 흥미를 끌어내는 효과적인 방법으로 각광 받게 되었다.

활동 중심: 구체물의 조작

피아제는 지식의 유형을 분류하면서 지식의 종류에 따라 학습 방법이 달라져야 한다고 하였다(1장 2절 참조). 피아제에 의하면 수학은 유아 스스로 구성해야 하는 논리·수학적 지식(logico−mathematical knowledge)에 해당한다. 이러한 지식의 특성상 교사가 수학적 사실을 설명이나 시범을 통해 전달하는 것은 더욱더 적절하지 않다. 따라서 교사는 유아가 실제 물체의 조작을 통해 수학적 관계를 터득할 수 있도록 도와야 한다.

또래 간의 상호작용

물체의 조작을 강조하는 피아제의 교수방법은 감각교구를 중심으로 하는 몬테소리의 교수방법과 유사한 것으로 보이지만 두 학자 간에는 커다란 차이가 있다. 몬테소리의 경우 구조화된 학습을 중요시하기 때문에 모든 고구는 사용법이 철저히 계획되고 예정된 지침을 따르게 되지만, 피아제는 유아가 독자적이고 자율적인 방법으로 물체를 조작해야 한다고 본다. 또한 몬테소리가 개별 활동, 즉 유아와 교구 간의 상호작용에 초점을 두고 있음에 비해 피아제는 대인 간의 상호작용도 중요시한다. 피아제는 특히 또래 간의 상호작용을 강조하는데, 이는 유아가 권위자인 교사의 관점은 그대로 수용하기 쉬우나 또래 간의 상호작용 할 때에는 '인지적 갈등'을 경험하고 인지발달이 촉진될 수 있기 때문이다.

심층탐구 게임을 통한 수학 교육

피아제의 구성주의 입장에서는 게임을 수학 교육에 매우 도움이 되는 좋은 방법으로 생각한다. 대부분의 게임에는 수 인식과 수세기가 요구되며, 약간만 변형하면 더하기 빼기나 고차원적 개념도 도입될 수 있다. 유아들은 게임을 하면서 이미 습득된 기술을 연습, 강화할 뿐 아니라 여러 가지 수학적 개념을 형성하고, 수학적 문제해결력과 수학 용어 사용 능력을 신장하는 기회를 갖게 된다(김숙령, 2000; Whitebread, 1996). 이러한 게임을 통한 수학 교육의 이점을 구체적으로 살펴보면 다음과 같다.

- **의미 있는 상황에서 수학적 개념과 기술을 경험한다.**
  게임은 생동감 있는 상황에서 유아가 흥미를 갖고 수학적 개념과 지식을 적용하게 한다. 또한 이로 인해 유아는 수학에 대한 사랑과 편안한 마음을 가질 수 있다.
- **유아 중심의 학습 상황이다.**
  교사의 지시에 의해서가 아니라 자신이 주체가 되어 수학적 경험을 하게 된다. 매 상황마다 유아 스스로 판단하고 결정을 해야 하므로 자율적인 사고 능력이 길러지게 된다.
- **유아들 간의 사회적 상호작용이 활발히 일어난다.**
  대개 집단으로 게임이 이루어지기 때문에 편끼리 협력해야 하므로 탈중심화 능력이 발달될 수 있다.
- **수학과 관련된 어휘 사용을 촉진한다.**
  같은 편끼리 그리고 상대편과 대화하게 되므로 자연스럽게 수학 용어를 습득하게 된다.
- **내재적 보상을 경험할 수 있다.**
  외적 보상이 아닌 내적 보상에 의해 게임을 하므로 게임을 통해 유아는 수학 학습에 즐거움을 느낄 수 있으며, 더욱 능동적인 학습자가 될 수 있다.

게임의 종류는 매우 다양하지만 〈표 3-1〉과 같은 유형으로 분류될 수 있다. 이중 전반적으로 수에 관한 합리적인 사고를 가장 많이 하도록 하는 것은 카드게임(card game)과 판게임(board game)이다. 게임 유형에 따라 주로 다루고 있는 수학적 개념은 〈표 3-1〉과 같다(이경우, 1997).
이러한 입장에서 게임을 통해 수학 교육을 할 때 교사는 다음과 같은 점을 유의해야 한다.

- **게임의 난이도**
  게임이 너무 쉬우면 흥미를 끌지 못하고, 너무 어려우면 좌절감을 일으키므로 적당한 도전감을 일으키는 것을 선택한다. 단순한 게임으로 시작해서 차츰 어려운 게임을 제공한다.
- **게임의 방법 및 규칙**
  게임을 그대로 사용하기보다 유아의 발달이나 인원 수, 상황, 가르치고자 하는 수학 개념에 따라 창의적으로 변형한다. 예를 들어, '숫자 추측하기' 게임은 어린 유아에게는 '같은 수 알아맞히기'로, 나이든 유아에게는 '1이 더 많은 수 알아맞히기'로 난이도를 조절할 수 있다. 또한 규칙이나 장비를 조금만 바꿔도 지루한 게임이 재미있는 게임이 될 수 있으므로 기본 규칙은 교사가 소개하되, 유아가 토의를 통해 규칙을 변형할 수 있도록 한다.

- 경쟁

"빨리 해야지. 다음은 누구지?"라고 독촉하지 말고, 생각할 수 있는 시간을 충분히 준다. 유아들은 때때로 경쟁 상황에서도 서로 도와주려고 하며, 경쟁에서 즐거움을 느끼는 유아도 있기 때문에 무조건 경쟁을 부정적으로 볼 필요는 없지만(Whitebread, 1996) 게임에 지면 실망하고 패배감을 느끼는 유아가 있으므로 지나친 경쟁 상황은 예방해야 한다.

- 짝 또는 집단을 신중하게 구성한다.
- 승부에 영향을 끼치는 두 가지 요인인 책략과 운(luck) 중 운의 비중을 늘린다. 이 경우 실제로 수학을 하는 데 소요되는 시간은 줄어들지만 졌을 때의 상처가 덜하다. 또한 확률 개념을 경험할 수 있다.
- 협동적 게임이나 대집단 게임을 계획한다.
- 승패를 부각시키지 않고 함께 게임을 즐기는 것을 강조한다. "누가 이겼니?" "누가 1등이니?"라는 질문은 결과에 초점을 두게 하므로 좋지 않다. 이겼다고 자랑하는 유아를 부추기기보다 "다른 친구는 어떤 카드를 모았을까?"라는 식으로 반응하여 유아가 게임의 과정을 즐기게 한다(김영선 외, 1997).

〈표 3-1〉 게임 유형에 따라 경험할 수 있는 수학적 개념

게임 유형		게임명	수학 개념
목표물 맞추기 게임		볼링, 과녁 맞추기, 비석치기, 구슬치기, 자치기, 눈싸움, 제기차기, 팥주머니 던지기	수세기, 더하기, 빼기, 공간
경 주	여러 과업하기	주걱으로 공 나르기, 머리에 책 얹고 달리기	물리적 지식
	시공간과 관련	의자 뺏기	일대일 대응
	릴레이	다리 묶고 달리기, 붙어서 나르기, 가마타기, 굴렁쇠	탈중심화
쫓기 게임	표적 없음	술래잡기	탈중심화, 분류하기, 공간
	표적 있음	수건돌리기	
	술래를 막음	꼬리잡기, 색깔찾기, 고양이와 쥐	
숨기기 게임		숨바꼭질, 보물찾기, 강아지 먹이 찾기	탈중심화, 공간 거리
알아 맞히기 게임	촉 각	만져서 알아맞히기, 비밀주머니	탈중심화, 공간, 분류하기
	청 각	소리 맞히기	
	시 각	팬터마임	
	언 어	경관놀이	
언어적 지시 게임		사이먼 가라사대, 무궁화 꽃이 피었습니다, 코코코	탈중심화
카드 게임	같은 것 짝짓기	짝맞추기, 동물 가족 만들기	분류하기
	순서대로 배열	카드 도미노	순서짓기
	집합 분배	합해서 5 만들기	수의 조합
판게임	숫자만큼 나감	윷놀이, 돌차기	일대일대응, 수세기, 도형
	판에 형태 만들기	틱 · 탁 · 토	공간
	물건 모으기	앵두따기	수세기

2 브루너의 표상이론

브루너

브루너(Bruner, 1915~)는 1957년 소련의 인공위성 발사로 인해 듀이의 생활중심, 경험중심 교육과정이 비판을 받던 당시 학문중심교육으로 교육과정의 변혁에 박차를 가하게 한 대표적인 학자이다. 또한 그는 1950년대 행동주의를 대체하려 했다는 점에서 인지혁명의 선구자로 불린다. 지식의 구조, 발견학습, 표상양식 등으로 요약되는 그의 이론은 새수학 운동의 이론적 토대를 제공했으며 수학과 과학 교육 분야에 많은 영향을 끼쳤다.

1) 주요 개념

(1) 지식의 구조

지식의 구조가 강조되기 전에는 '지식의 기능', 즉 교육 내용은 일상생활의 문제를 해결하는 데에 도움이 되어야 한다는 입장(생활중심 교육과정)이 지배적이었다. 그러나 브루너는 각 교과의 구조를 중심으로 교과 내용을 선정해야 한다고 주장했다. 이는 한 교과의 교육과정은 그 교과의 구조를 나타내는 일반적인 원리를 가장 깊이 이해하고 있는 사람들(수학자, 교사)에 의해 결정되어야 함을 의미한다.

'교과의 구조'란 해당 학문의 기조를 이루는 일반적인 아이디어나 기본 개념 및 원리 등을 말하는 것인데, 각 교과가 학문에 기반한다는 점에서 '학문의 구조' 그리고 지식으로서 교과의 구조를 가르쳐야 한다는 의미에서 '지식의 구조'라고도 불린다. 브루너는 서로 단절된 사실들은 쉽게 망각하게 되지만, 원리나 개념을 중심으로 특수한 사실들을 조직하고 그 원리나 개념에서 다른 특수한 사실들을 추리해내면 기억이 오래 지속될 수 있기 때문에 지식의 구조를 가르쳐야 한다고 주장한다. 그러나 이러한 브루너의 주장에 대해 '모든 교과(예 문학, 예술)에서 지식의 구조를 뽑을 수 있는가?' 그리고 '지식의 구조를 모든 학생에게 가르칠 수 있는가?' 또한

'그럴 필요가 있는가?'하는 의문이 제기되기도 한다(이홍우, 1988).

(2) 표상 양식

브루너는 모든 지식은 유아가 이해할 수 있는 간단한 형태로부터 상징적이고 추상적인 형태로 제시될 수 있다고 보아 표상양식이라는 개념을 제시하였다. 이는 피아제의 인지발달 이론에 영향을 받은 것으로서 구체적으로 동작적 표상, 영상적 표상, 상징적 표상 양식 등 세 가지 양식이 포함된다.

동작적 표상 양식(enactive representation mode)

전조작기와 같이 행위에 의해서 사물을 파악해가는 것이다. 즉, 수학적 개념과 원리를 탐구하기 위해서 구체적인 물체를 실제로 조작해 본다. 예를 들어, 등식의 성질을 이해하기 위해서 시소를 타거나 양팔저울을 조작해보는 것이다.

영상적 표상 양식(iconic representation mode)

구체적 조작기처럼 눈으로 본 것에 대해서는 논리적 사고가 가능하지만, 가상적 세계는 다룰 수 없으므로 시각이나 청각 등 감각적 이미지에 의존하는 것을 말한다. 머릿속으로 상상할 수 있도록 실제 물체 대신에 사용하는 사진이나 그림, 도표 등이 흔히 사용되는 영상적 표상 양식이며, 수학의 경우 벤다이어그램, 수형도 등이 이에 속한다.

상징적 표상 양식(symbolic representation mode)

감각적 이미지에 의존하기보다 사고의 표현 수단인 언어나 문자, 기호, 수학공식 등을 사용하는 것이다. 형식적 조작기와 같이 눈으로 보거나 직접 경험하지 않은 것에 대해서도 논리적 사고가 가능하고, 가설적인 명제를 조작할 수 있을 때 사용할 수 있는 방법이다. 문자식, 함수, 그래프 등이 이에 해당한다.

동작적 표상 양식

막대기 10 개짜리 2묶음, 낱개 4개를 직접 배열해 본다.

영상적 표상 양식

막대기 10 개짜리 2묶음, 낱개 4개를 직접 배열해 본다.

상징적 표상 양식

말로 '이십사'라고 하거나 숫자로 '24'를 쓴다.

[그림 3-3] 24를 나타내는 표상 양식

2) 유아 수학 교육에의 시사점

(1) 유아 수학 교육의 내용

수학의 구조

당시 수학 교육은 수학의 계통성과 체계와 논리가 무시되고, 생활 중심 교육과정으로 운영되고 있었다. 예를 들어, 요리 작업에서 사용할 스푼과 포크의 수를 헤아리거나 쌀 한 컵을 요리하기 위해서는 물 한 컵이 필요하고, 다른 곡물을 요리하기 위해서는 4배나 많은 양의 물이 필요하다는 것을 실험으로 알아보는 등 게임이나 활동을 통해 수를 사용하는 경험이 강조되고 있었다(이지영, 1994). 이에 대해 브루너는 학문중심 교육과정을 주장하면서 지식의 구조를 가르쳐야 한다고 하였다. 다음과 같이 그는 '수학의 구조를 가르친다'는 말은 결국 '수학자들이 현상을 탐구하듯이 가르친다'는 뜻이라고 설명한다.

> 유치원에서 대학원에 이르는 학생들을 가르치는 동안 나는 연령의 고하를 막론하고 인간의 지적 활동이 비슷하다는 점에 놀라움을 금할 수 없었다. … 어린이들은 거의 무엇이든지, 만약 어린이가 알아듣는 말로 주어지면, 어른들보다도 훨씬 더 빨리 할 수 있는 것 같다. 수학 자료를 어린이가 알아듣는 말로, 또 재미있게 제시하기 위해서는 궁극적으로 수학 자체를 알아야 하며, 수학을 더 잘 알면 그만큼 수학을 더 잘 가르칠 수 있다. … 내가 수학자들에게 4학년 아동들이 '집합론'으로 깊이 들어갈 수 있다고 말하면 대부분의 사람들은 깜짝 놀란다. 그러나 '집합론'이 본질적으로 어렵다는 것은 어불성설이다. 단지 우리가 그것을 아동에게 제시하는 올바른 언어와 올바른 관점을 모를 뿐이다(Bruner, 1960).

수학 개념의 조기 도입

위와 같이 브루너는 교사가 유아의 수준에 맞는 표상 양식으로 제시한다면 유아는 자신의 인지발달 수준 이상의 것도 이해할 수 있다고 보았다. 이는 수학 교육 내용은 인지발달 단계에 따라 달라져야 한다는 피아제의 주장과 달리 표상 양식만 조절하면 유아에게도 성인의 내용을 가르칠 수 있음을 시사한다. 이에 따라 새수학 운동에서는 수, 측정, 확률 등의 수학적 개념들을 교육 내용으로 포함하게 되었다.

(2) 유아 수학 교육의 방법

발견학습

지식의 구조 관점에서 볼 때 교사는 교과의 전문가로서 그 교과의 개념이나 원리 등을 이해하고 있으나 학생은 그렇지 못하기 때문에 교사는 교과의 원리를 학생에게 주입시킬 가능성이 크다. 발견학습은 이를 경계한 아이디어로서, 교과내용을 가르치되 암기가 아니라 원리를 이해할 수 있도록 가르쳐야 한다는 것이다(이철영, 1992). 발견학습은 지식의 구조를 가르치는 방법상의 원리이기 때문에 특히 수학과 같이 지식의 구조가 뚜렷한 교과에 유용하다.

또한 발견학습은 브루너가 어떤 것이든지 탐색하고자 하는 유아의 본성을 교육에 적용한 교육방법이기도 하다. 발견학습에서는 유아 스스로 탐구과정을 거쳐 수학 개념을 발견해야 의미가 있으므로 교사의 지시는 최소한으로 줄이고 유아가 자발적인 발견 과정을 통하여 스스로 학습해야 한다. 즉, 교사가 먼저 충분한 예를 제공하고 유아가 수학 개념이나 원리를 스스로 도출하게 하는 귀납적 방법을 사용해야 한다는 것이다. 따라서 발견학습은 설명학습과 달리 유아에게 의미 있는 학습으로서 내적 학습동기 유발에 효과적인 방법이다. 한편 모든 수학적 개념이 발견학습에 의해 이루어질 수 있는 것은 아니며(예 수학적 기호), 발견학습에서는 시행착오나 시간소모가 많을 수 있지만, 일단 발견학습에 의해 얻어진 지식은 쉽게 망각되지 않으며 유사한 다른 학습 과제의 학습을 용이하게 해줄 수 있다.

사례 발견학습

교사: (여러 가지 각기둥을 보여주면서) 자, 여기에 있는 도형들은 전부 무엇이라 부를까요?
학생들: 기둥이요.
교사: 맞아요. 다 기둥이에요. 그럼 이런 기둥들은 어디에 쓰일까요?
학생들: (이런 저런 대답들이 나온다.)
교사: (그중 건물을 세울 때 쓴다고 대답한 학생을 가리키며) 맞아요. 그럼 건물은 기둥만으로 세울 수 있나요?
학생들: (무슨 질문인지 의아해 한다.)
교사: 아까 우리가 보았던 뿔로는 세울 수 없을까요?
학생들: 뿔로는 세울 수 없어요.

교사: 왜일까요?
학생들: 뾰족하니까요. 삼각형이니까요. 교사: 그렇다면 기둥은 왜 세울 수 있을까요?
학생들: 길쭉하니까요. 사각형이니까요.
교사: 맞아요. 지금 기둥들의 옆면을 잘 보세요. 어떤 모양이에요?
학생들: 사각형이요.

출처 : 최재온(2005)

나선형식 교육과정

브루너에 의하면, 유아는 학습을 진행함에 따라 처음 학습에서 익힌 표상 양식을 진보된 표상 양식으로 만들어 갈 수 있기 때문에 학습 주제는 이전의 학습 내용을 반영하면서 동시에 그 이상으로 발전할 수 있어야 한다. 이와 같이 한 교과의 개념이나 원리를 유아의 발달단계가 높아짐에 따라 점차 세련된 형태로 가르치도록 계획하는 것이 나선형식 교육과정이다. 이는 가급적 수학적 개념들에 대해 일찍 학습을 시작하고, 고학년에서 심화되도록 해야 함을 시사한다. 나선형식 교육과정은 완전한 이해와 숙달 수준에 이를 때까지 기본적인 아이디어를 반복해서 접하게 하므로 어린 유아도 광범위한 주제를 학습할 수 있게 해준다. 또한 주제는 해마다 순환되지만 학년이 올라갈수록 심도 깊은 이해가 발달하게 된다.

교수매체 사용

브루너의 표상 양식 개념은 유아교육 현장에서 유아의 개념 형성을 촉진시킬 수 있도록 교수매체를 사용할 것을 장려한다. 수학 교육에서 흔히 발견되는 다음 예도 브루너의 세 가지 표상 양식이 반영된 것이다(Smith, 1997).

- 조작적 교구를 가지고 수학을 신체적으로 하는 것 : 동작적 표상
- 시각, 청각, 운동적 단서의 기억에 의해 사고를 함으로써 정신적으로 수학을 하는 것 : 영상적 표상
- "6더하기 7은 얼마인가?"라는 문제를 "7이 있다. 그리고 7은 6+1이다. 따라서 6에다 6을 더하고, 다시 1을 추가하면 13이 된다"라고 언어로 문제를 푸는 등 숫자라는 상징을 의미를 갖고 사용하는 것 : 상징적 표상

3 비고스키의 사회·문화적 구성주의

비고스키

피아제와 같은 해에 태어난 러시아의 심리학자인 비고스키(Vygotsky, 1896~1934)는 요절한 까닭에 당시에는 업적이 잘 알려지지 않았으나 그의 저서들이 번역된 이후 최근까지 많은 관심을 받고 있는 학자이다. 그는 지식이 인간 내부에서 구성되어 간다는 점에는 피아제와 입장을 같이 했지만, 사회적 매개 요인의 영향을 강조함으로써 사회·문화적 구성주의자로 불린다. 비고스키의 사회·문화적 구성주의에 기초한 교수–학습 방법은 오늘날 미국의 수학 교육과정 개선에 대한 NCTM(1989, 1991, 1995)의 주요 지침이 되고 있다(Pettig, 2002).

1) 주요 개념

(1) 지식의 사회적 기원

피아제가 개인의 내부에서 일어나는 인지 발달의 '기제'에 초점을 두고 있는 데 비해 비고스키는 인지 발달에 미치는 '사회적 요인'과 '언어'의 영향을 강조한다. 비고스키에 있어 고등정신기능으로서의 지식은 기본적으로 한 사회의 시대적인 산물로서 각 언어공동체가 공유하고 있는 지적 특성들이다. 따라서 수학적 지식도 사물과의 상호작용보다는 다른 사람들과의 상호작용을 통해 구성된다고 볼 수 있다. 예를 들어, 영아기부터 아기가 엄마 또는 형제와 함께 하는 수세기나, 게임, 퍼즐, 기타 수에 대한 상호작용은 그 문화에 독특한 요인들을 포함하며, 이러한 문화적 토대에 따른 공유된 경험이 장차 유아의 수학적 지식으로 내면화된다는 것이다. 이러한 과정에는 반드시 언어라는 매개체가 있어서 참여자들이 함께 말을 하거나 그림을 그리거나 글을 쓰는 등의 의사소통이 있어야 하며, 질문이나 서술을 통해 논리적 관계가 분명해질 때 유아는 논리를 자기 것으로 만들 수 있다(이지현, 1999).

유아가 속한 전반적인 문화의 사회적 수준이 유아의 인지구조에 수학적 사고의 범주 및 내용을 결정한다는 비고스키의 입장은 다음과 같은 사실에서 잘 나타난다. 예를 들어, 미국의 경우 우리나라보다 소수의 학습은 일찍 시작되고 있으나 큰 수의 학습은 늦게 시작한다. 이는 미국은 일상생활에서 '소수'(예 쿼터: 1달러의 1/4 로 25센트)를 포함하는 화폐 사용이 일상적이고 친숙한 상황적 맥락을 제공하는 반면, 우리나라는 화폐 사용에 3자리 이상의 '큰 수'(예 50,000원)를 포함하고 있어 큰 수의 학습에 용이한 사회적 맥락을 제공하기 때문이다(홍혜경, 2004).

(2) 근접발달영역

피아제가 유아를 스스로 발견하고 독립적으로 지식을 구성하는 존재로 보았음에 비해 비고스키는 유아는 유능한 또래나 성인과의 상호작용을 통해서 혼자 할 때보다 더 많고 더 어려운 문제를 해결할 수 있다고 했다. 그는 이를 '근접발달영역(zone of proximal development)'이란 개념으로 설명하였다. 근접발달영역은 유아의 현재의 '실제적 발달' 수준과 '잠재적 발달' 수준 간의 간격을 의미하는 개념으로서 유아가 아직 혼자서는 할 수 없지만, 성인이나 유능한 또래가 도와주면 수행할 수 있는 범위를 말한다.

한편 독립적인 문제해결 수준에 있어서는 동일한 유아들이라고 할지라도 잠재적인 발달 수준에 있어서는 현저한 차이가 있을 수 있다. 예를 들어, 정신 연령이 8세인 두 아동에게 좀 더 나이든 아동을 위한 과제를 해결하게 했다고 하자. 이때 성인의 도움이나 공동 활동을 통해 어떤 아동은 12세 아동의 문제를 해결하고, 다른 아동은 9세 아동 수준에서만 문제를 해결했다면, 전자의 아동의 근접활동영역은 4로 나타내고 후자의 아동은 1이라는 수로 나타낼 수 있다. 따라서 실제적 발달수준보다 근접발달영역이 인지발달과 교수의 성공에 더 중요하다고 볼 수 있다(류성림, 1999).

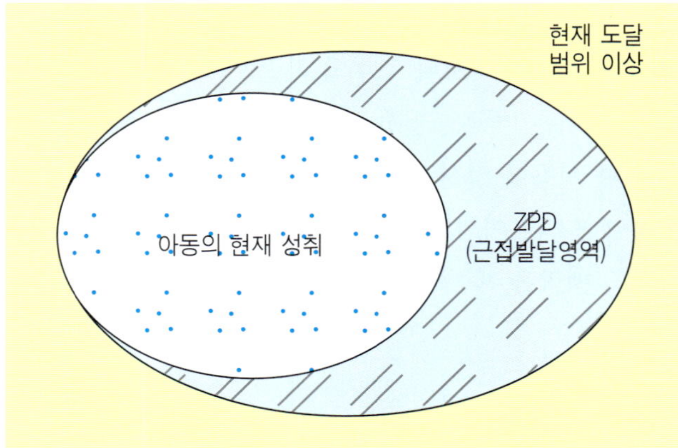

[그림 3-4] 근접발달영역

2) 유아 수학 교육에의 시사점

(1) 유아 수학 교육의 내용

● 사회문화적 맥락

비고스키는 유아가 사회문화적 맥락에서의 경험을 통하여 자신에게 적합한 지식을 구성한다고 보았다. 따라서 사회문화적 구성주의에서는 유아 수학 교육에서도 유아가 속한 문화에서 사용하는 수의 명칭 및 체계, 화폐 및 측정 단위, 지역사회 자원 등의 활용을 강조한다. 이는 또한 수학 교육 내용 선정에서도 미국이나 중국과 달리 두 종류의 수 단어 체계(일-이-삼 vs 하나-둘-셋)를 사용하는 한국에서는 두 수 단어 체계의 상호호환관계의 내용이 추가로 다루어져야 함을 시사한다(홍혜경, 2004). 또한 최근 유행하는 인도식 19단 외우기나 영어학원에서 인치, 마일 등 우리와 다른 단위를 싣고 있는 미국 수학교과서를 사용하는 관행은 유아의 수학적 지식 형성을 저해할 가능성이 있다.

● 발달 수준보다 조금 앞선 내용

피아제와 달리 비고스키는 유아 수학 교육의 내용을 유아의 인지발달단계에 국한하지 않았다. 오히려 그는 교육은 발달에 선행되어야 하고, 발달에 필수적이라고 함으로써 유아의 발달 수준보다 조금 앞선 자료를 제시해야 함을 시사하고 있다. 처음에는 유아가 충분히 이해하지 못하더라도 적절한 '스케폴딩'을 받으면서 점차 이해하게 될 수 있기 때문이다. 따라서 아래 일화와 같이 교사는 각 유아의 근접발달영역이 무엇인지 알아야 하며, 근접발달영역의 최저수준과 최고수준의 범위 안에서 수학 교육 내용을 선정해야 한다. 그렇지 않으면 유아는 무관심하거나 단순하고 무의미한 모방에 그치게 되어 학습이 제대로 이루어지지 못할 것이기 때문이다.

노란색 단추 3개와 파란색 단추 4개를 세어 보라는 요청을 받고 유아는 '1'부터 시작해서 각각의 단추를 만지고 있다. 교사는 유아가 노란 단추 셋에서부터 시작하여 셀 수 있을지 관심이 있었다. 그래서 교사는 유아에게 "자, 이것 좀 봐. 우리는 노란 단추가 3개 있어. 3이라고 말할 수 있지…. 그리고 4-5-6-7이라고 셀 수 있겠니?" 라고 말한다. 이후 몇 개의 예를 경험한 뒤 유아는 결국 '특정 수에서 시작하서 세기'(counting on)를 할 수 있게 된다. 따라서 이러한 기술은 유아의 근접발달영역 안에 있는 것이다. 만약 유아가 숫자 1부터 세기 시작해야 한다고 번번이 그집했다면 이 과제는 발달적으로 적합한 것이 아니다(Smith, 1997).

(2) 유아 수학 교육의 방법

교사의 적극적 역할

비고스키는 교사가 지식을 전달하거나 교육이 발달을 압박해서는 안 된다고 보았지만, 피아제보다는 교사의 적극적인 역할을 강조하였다. 피아제가 유아에게 독립적으로 지식을 구성할 자유를 주지 않고 유아를 압박하던 전통적인 교육 관행에 대해 우려했다면, 비고스키는 각 유아가 자신의 '잠재력'을 충분히 발휘할 수 있도록 하는 데 더 관심이 있었기 때문이다(Charlesworth, 2000). 이러한 입장에서 그는 근접발달영역 내에서 교사는 유아가 수학적 지식을 구성할 수 있도록 지원해야 한다고 주장했다.

사례 수학 학습에서 스캐폴딩

성인-아동의 상호작용	분석
아버지: 혜민아, 수학 잘하는가 볼까? 음, 50에 49를 더하면 몇이 될까?	- 아버지는 아이가 직접 다루기에는 어려운 문제상황을 도입함.
혜민: (어렵다는 표정을 지으며) 몰라요.	
아버지: 50에서 1을 빼면?	- 원래의 문제를 잘게 쪼개어 그 일부를 제시함.
혜민: (1~2초 후) 49요.	
아버지: 조금 어려웠는데 잘 맞추네. 다시50에다 49를 더하면?	- 칭찬과 더불어 원래의 문제 제시.
혜민: 모르겠어요.	
아버지: 50에다 50을 더하면?	- 난이도를 낮춘 유사문제 제시.
혜민: (금방) 100.	
아버지: 50에다 49를 더하면?	- 원래의 문제 제시.
혜민: 몰라요.	
(아버지는 차근차근 문제상황을 다시 도입한다.)	
아버지: 50에다가 50을 더하면 아까 뭐라고 했더라?	- 아버지는 아이에게 이전의 잘게 쪼갠 문제의 해결과정을 회상시켜 현 문제의 해결과정과 결합하게 함으로써 아동을 문제해결로 이끈다.
혜민: 100.	
아버지: 그리고 50에서 1을 빼면?	
혜민: 49.	
아버지: 자, 그러면 50에다가 49을 더하면?	
혜민: (큰 소리로) 99입니다.	

이 장면은 아이가 혼자 힘으로 풀 수 없는 어려운 과제를 제시함으로써 시작된다. 아버지는 아이가 혼자 힘으로 다룰 수 없는 문제임을 인식하고, 아이가 다룰 수 있는 수준으로 잘게 쪼개어 제시하면서 본래의 문제 또는 반복적으로 거듭 제시하는 방식으로 스캐폴딩이 이루어지고 있다. 문제해결의 마지막 단계에서는 작게 나누었던 앞 단계의 쉬운 문제들을 회상시켜 현재의 문제와 연관시켜 줌으로써 아이를 문제해결로 이끌어 주고 있다. 또한 아버지는 아이를 격려하고 따뜻하게 반응함으로써 문제해결 동기를 유지시켜주고 있다.

출처: 한순미(1999)

특히 초기 학습 단계에서 유아는 상당한 양의 도움, 즉 '스캐폴딩(scaffolding)'을 필요로 하나 점차 이러한 도움의 필요성은 감소하기 때문에 교사는 스캐폴딩을 적절히 조절하여 제공해야 한다. 효과적인 스캐폴딩 방안으로는 '유아가 이해할 수 있는 말로 문제를 정의해주기', '어려운 과제에 대해서는 부분적인 해결을 유도하기', '쉬운 과제는 어려움을 체계적으로 증가시키기', '문제를 해결하는 데 필요한 지식 및 인지전략 가르쳐주기', '공동 활동 중 따뜻하게 반응하기' 등을 들 수 있다(한순미, 1999).

또래학습 및 협동학습

교사뿐 아니라 '유능한 또래'도 포함되어 있는 비고스키의 근접발달영역의 개념은 또래간의 상호작용을 통한 학습의 중요성을 시사한다. 이와 같이 개별 유아들이 서로 도울 것이라는 기대는 오늘날 교실에서 흔히 사용되는 협동학습과 일치한다. 협동학습(collaborative learning)은 소집단을 구성하는 모든 유아가 주어진 학습 과제나 목표를 공동으로 노력해서 달성하는 것을 말한다. 협동학습에서 유아는 또래와의 상호작용을 통해 자신의 관점을 확인해봄으로써 자신이 가진 지식의 틀에서 벗어나 구성원들이 상호 인정하는 지식을 구성하게 된다. 비고스키는 특히 '혼합연령집단' 구성에 관심을 가졌다. 자신의 현재 발달 수준을 약간 넘어선 것을 하도록 도전받았을 때 인지발달이 가장 잘 이루어진다는 근접발달영역 개념에서 볼 때, 유아들은 자신보다 약간 나이가 많거나 좀 더 유능한 또래와의 협동을 통해 많은 도움을 받을 수 있기 때문이다. 또한 단일연령집단에 비해 혼합연령집단은 목표지향적이고 구성적인 놀이가 많이 나타나며 남녀분리 현상은 덜 일어난다는 점에서 특히 유아 수학 교육에 효과적일 수 있다.

언어적 상호작용

피아제의 인지적 구성주의에서는 인지발달에 언어가 필수적인 요인은 아니므로 언어적 교수에 의존한 교육은 부적절한 것으로 보고 있다. 이와 달리, 비고스키의 사회·문화적 구성주의는 말하는 동안 생각하는 것은 활동의 힘을 더욱 증강시키며, 언어는 단지 막연하게 생각했던 것을 구체적인 아이디어로 만들어내기도 한다고 본다. 따라서 부모나 교사는 유아가 물체를 갖고 노는 동안에도 유아와 '대화'를 함으로써 유아의 수학학습을 지원해야 한다(Ann, 1997). 예를 들어, 교사는 자신의 사고과정을 유아가 이해할 수 있도록 큰 소리로 말하면서 수학적 과제의 접근방법에서부터 해결까지의 모든 과정을 보여줄 수 있고, 반대로 유아에게 어떻게 문제를 해결했는지 소리 내어 말해 보게 하고, 친구들의 설명을 잘 경청하게 할 수 있다(조윤동, 2002; Smith, 1997). 또한 유아가 정확한 수학적 용어를 사용할 때 교사 역시 유아가 한 말, 즉 유아가 학습한 것에 주의를 기울일 수 있다. 이는 정확한 수학적 용어를 사용하는 것이 수학학습을 항상 보장해 주는 것은 아니지만 어휘를 부적절하게 사용하면 정확한 수학적 의미의 구성이 방해받는다는 것을 시사한다(Anne, 1999).

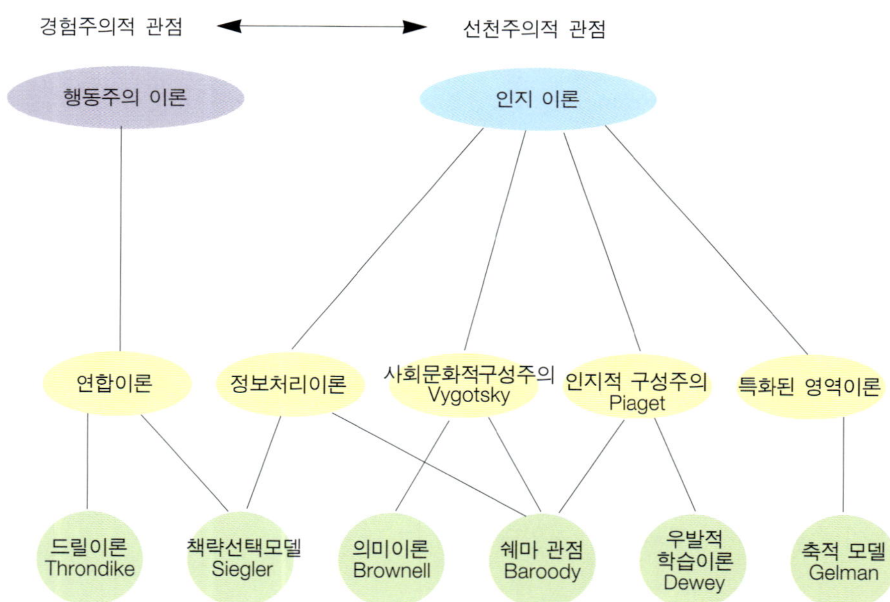

[그림 3-5] 수학교육 이론들의 심리학적 연관성(Baroody, 2003)

제2부

유아 수학 교육의 내용

2부 유아 수학 교육의 내용에서는 누리과정에서 제시된 수학 교육의 내용을 상세히 소개하고, 이러한 내용의 습득을 지원할 수 있는 다양한 방안을 알아보는 것을 목적으로 한다. 4장에서는 일대일 대응, 수세기, 숫자인식, 더하기와 빼기, 수의 부분과 전체 등의 수개념, 5장에서는 공간과 도형 등의 기하, 6장에서는 비교하기 및 순서짓기와 측정하기 등의 기초적인 측정, 7장에서는 규칙성, 8장에서는 분류하기와 그래프 활동을 통한 자료 분석을 살펴본다.

CHAPTER 4

수개념

인간은 기본적인 '수 감각(number sense)'을 갖고 태어난다. 수 감각이란 숫자를 읽고(예 삼이야), 숫자를 쓰고(시각-운동), 수와 그 수가 지칭하는 물체를 짝지을 수 있고(기수), 숫자가 얼마나 큰지 직관적으로 느낄 수 있고(예 25는 50보다 10과 더 가까워), 수를 사용해서 논리적으로 추측할 수 있고(예 이 병에는 과자 100개가 안 들어가), 머릿속으로 부분-전체 관계를 떠올리는 것(예 나는 구두가 2개고, 신발이 3개 있어) 등과 같이 상호 관련된 복잡한 개념들의 집합이다(Smith, 1997).

수는 일상생활 속에서 매우 다양하게 사용되고 있으므로 유아는 일찍부터 수를 인식하게 된다. 말을 시작한 후 얼마 지나지 않아 수와 관련된 단어를 사용하며, 수의 이름을 순서대로 반복하고, 수를 세는 동작을 보인다. 그러나 유아가 실제로 수를 지칭하는 단어의 의미를 이해하는 것은 한참 뒤의 일이다. 즉, 유아는 짝짓기, 비교하기, 분류하기, 순서짓기를 할 수 있어야 수 개념을 획득하게 된다.

피아제에게 '수 개념'의 획득은 '수의 보존 개념'에 대한 이해를 의미한다. 따라서 흔히 수의 보존 개념 과제의 성공 여부가 수 개념이 획득되었는지에 대한 기준이 되어 왔다. 수의 보존 개념이란 지각적 변형이나 이동에도 불구하고 그 양은 유지되는 것을 말한다. 따라서 수 개념의 이해는 물체의 수량에 대해 정확하게 추리하는 '양의 보존'에 대한 이해가 가능한 것이라고 볼 수 있다(이경우 외, 1997). 수의 보존 개념을 중심으로 살펴본 유아의 수 개념의 발달 과정은 다음과 같다.

🏅 총체적 비교 단계

4세경의 유아는 두 집단의 수를 비교할 때 일대일 대응을 하지 못하며, 물체가 차지하는 공간이나 길이에 대한 '지각'적 비교를 기초로 판단한다. 즉, 두드러진 특징(긴지, 짧은지, 넓은지, 좁은지)에만 관심을 갖는다.

🏅 직관적 단계

일대일 대응을 할 수 있으나 두 줄로 배열한 물체 사이의 '간격'이 다르면 물체의 수가 같다는 것을 이해하지 못한다. 예를 들어, 촘촘히 10개를 배열한 줄보다 듬성듬성 10개를 배열한 줄에 물체의 수가 더 많다고 지각한다. 즉, 직관적·시각적 판단에 의해 결정하는 단계이다.

🏅 조작적 단계

'일대일 대응'을 하며 직관적·시각적 판단에 더 이상 의존하지 않고 논리적으로 생각한다. 위 예에서 어떤 것이 더 많이 있냐고 하면 "둘 다 똑같아요."라고 답한다. 즉, 물체의 공간적 배열이 바뀌어도 물체의 수는 변하지 않음을 인식하며 그 이유도 설명할 수 있다.

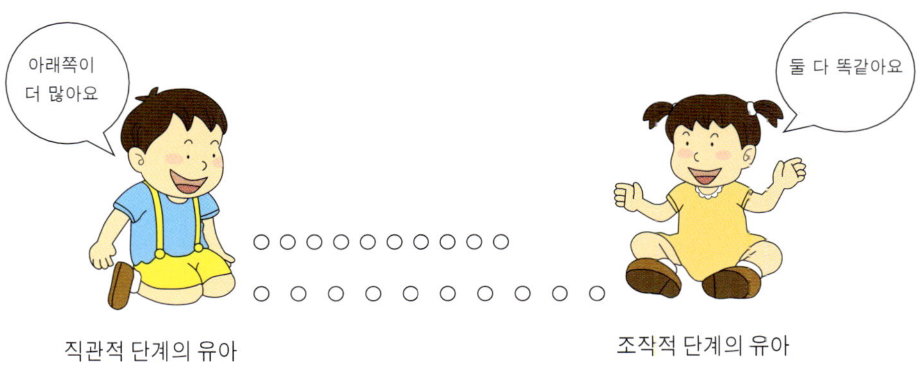

[그림 4-1] 수의 보존개념

심층탐구 숫자를 사용하지 않고 설명하기

준비물 : M&Ms초콜릿

소집단마다 M&Ms 초콜릿을 한 봉지씩 준비한다. 각자 초콜릿 내용물을 관찰하고 '수'와 관련된 어휘를 사용하지 않고 자유롭게 표현해 본다. 예를 들어, "나는 다른 어떤 색깔보다 갈색 초콜릿이 많다."라든가 "일부 초콜릿은 깨져 있다." 등 양을 나타내는 어휘를 사용할 수 있다. 아래 공란에 쓴 다음 양을 나타내는 어휘에 밑줄을 그어보시오.

수 개념의 학습 내용으로는 일대일 대응, 수세기, 숫자인식, 더하기와 빼기, 수의 부분과 전체 등이 있다.

1 일대일 대응

'일대일 대응(one to one correspondence)'은 물체 하나에 다른 물체 하나를 짝지어봄으로써 한 집단이 다른 집단과 수가 같다는 것을 이해하는 것이다. 일대일 대응은 인류가 서너 개 이상의 큰 수를 공간의 크기(size)로 어렴풋이 가늠하는 것에서 탈피하여(Gabay, Leibovich, Henik, & Gronau, 2013) 수를 보다 정확하게 파악하기 위해 행한 최초의 계수(計數)법이다(이종희 재인용, 2017). 일상생활에 나타난 일대일 대응의 예로는 다음과 같은 것들이 있다.

- 유치원 버스를 탈 때 좌석 하나에 한 사람씩 앉는다.
- 컴퓨터 자판을 한번 칠 때마다 글자가 하나씩 나온다.
- 사다리 게임에서 모든 출발점은 반드시 한 가지 도착점을 갖는다.

이러한 일대일 대응은 수개념 이해의 기초로서 수세기에 중요한 역할을 한다. 일대일 대응에서 어린 유아가 흔히 하는 실수는 한 물체를 '중복해서 세기', '빠뜨리고 세기', '하나의 수 이름을 두 개의 물체에 중복해서 배치하기' 등이다. 일대일 대응을 지원할 때 다음과 같은 사항을 고려한다(Charlesworth, 2000; Smith, 1997).

- 일과를 통해 일어나는 비형식적인 일대일 대응 경험을 이용한다.
  - 각자에게 물건(예 가위, 종이)이 모두 돌아갔는지 확인하기
    "여섯 개 가져오세요"하지 않고 "자기 조의 친구들 수만큼 가져오세요"라고 한다.
- 일대일 대응을 지도할 때에는 [그림 4-2]와 같은 사항들을 고려하여 난이도를 조절한다.

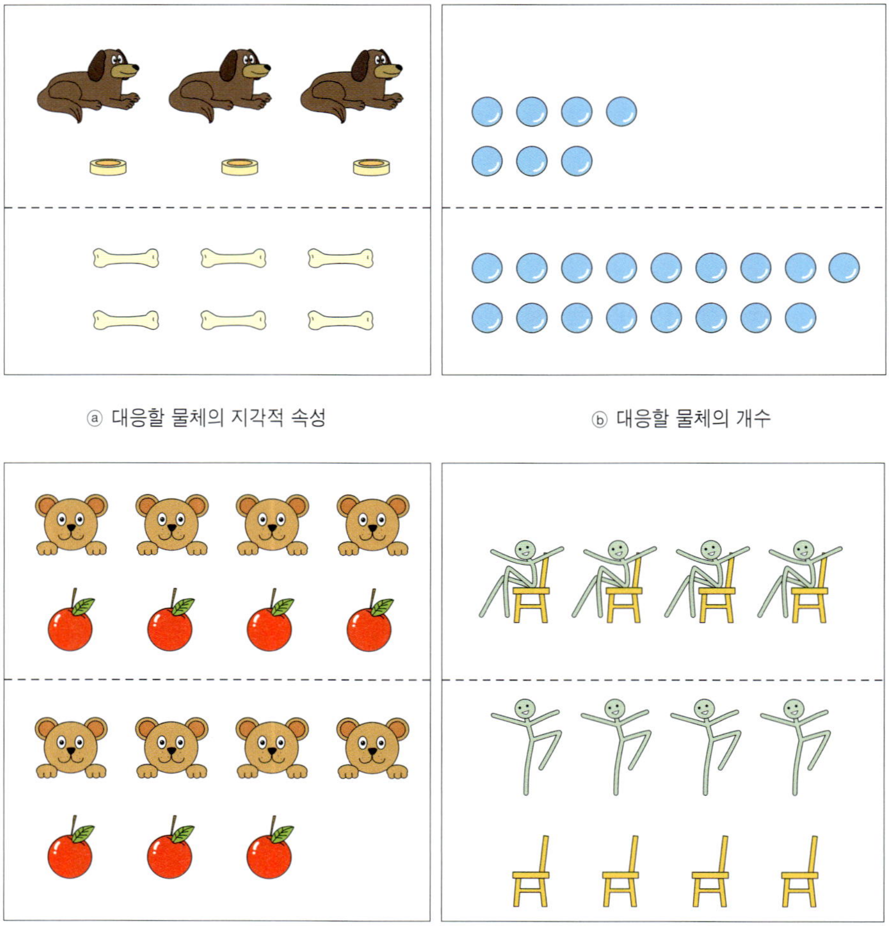

ⓐ 대응할 물체의 지각적 속성

ⓑ 대응할 물체의 개수

ⓒ 대응할 물체의 개수의 일치 여부

ⓓ 대응할 물체들의 연결 여부

[그림 4-2] 일대일 대응의 원리

출처 : Smith(1997)

∘ 대응할 물체의 지각적 속성([그림 4-2] ⓐ)

같은 물체들끼리 대응시키는 것보다 다른 물체들끼리 짝짓는 것이 더 쉽다. 대응해야 할 물체들이 시각적으로 잘 드러나기 때문이다.

∘ 대응할 물체의 개수([그림 4-2] ⓑ)

물체의 수가 많을수록 대응하기 어렵다. 물체를 나열한 줄이 구부러져 보일 수도 있고, 건너뛴 물체가 없다는 것을 확인하기 어렵기 때문이다. 따라서 처음 일대일 대응을 할 때에는 5개 이내에서 시작해서 차츰 개수를 늘려간다.

∘ 대응할 물체의 개수의 일치 여부([그림 4-2] ⓒ)

대응할 물체의 개수가 같을 때가 대응하기가 더 쉽다. 유아는 대개 짝이 맞아떨어지는 것을 좋아한다. 체리와 짝지어지지 못한 곰이 있을 경우, 체리를 더 찾아야만 일대일 대응이 끝나는 것처럼 느껴지기 때문이다.

∘ 대응할 물체들의 연결 여부([그림 4-2] ⓓ)

대응할 물체들이 서로 연결되어 있는 경우가 더 쉽다. 물체들끼리 연결되어 있을 경우, 제대로 대응을 했나 체크하기 쉽기 때문이다. 사람이 의자 위에 앉아 있다면, 의자가 많다고 더 빨리 말할 수 있다. 사람과 의자의 물리적 근접성이 판단을 쉽게 하기 때문이다. 따라서 초기에는 대응한 물체끼리 선을 긋게 하는 것이 도움이 된다.

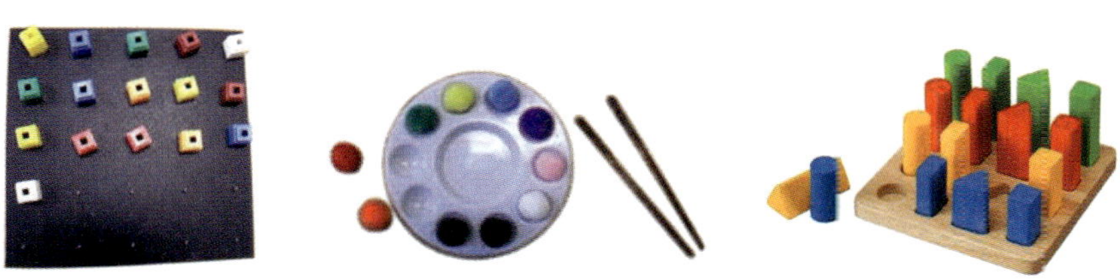

[그림 4-3] 일대일 대응과 관련된 교구

2 수세기

수세기는 일과를 통해 많은 수량을 다루어야 할 때 필요한 수단으로서 유아 수학 교육에서도 기초적이고 필수적인 단계로 인식되어 왔다. 수세기는 유아가 습득하는 최초의 형식적인 계산 체계로서, 물체의 양을 측정할 때 지각적 판단에 의존하지 않고 전체에 대한 양적 판단을 가능케 한다(김영실, 김지영, 2002). 일과를 통해 경험할 수 있는 수세기 예로는 다음과 같은 것들이 있다.

- 선거 후 표의 수를 세어 당선자를 결정한다.
- 안 온 친구가 없는지 확인하기 위해 나를 포함해서 센다.
- 잠이 안 올 때 양 1,000마리부터 거꾸로 센다.

먼저 말로 수세기와 물체 수세기를 비교한 후 고유 수와 한자 수 세기를 설명하고 큰 수 세기에 대해 알아보기로 한다.

1) 말로 수세기와 물체 수세기

유아의 수세기는 처음에는 수의 이름을 무조건 암기해서 말하는 말로 수세기(rote counting)로부터 시작해서 점차 수의 명칭과 물체를 정확히 일대일 대응시켜 세는 물체 수세기(rational counting)로 발달한다. 두 유형의 차이를 구체적으로 살펴보면 다음과 같다.

(1) 말로 수세기

2세경부터 발달하기 시작하는 말로 수세기는 '기억'에 의해 수의 이름을 순서대로 암송하는 것으로 '기계적 수세기'라고도 한다. 이러한 점에서 말로 수세기는 수학보다 언어 영역의 학습으로 간주되기도 한다. 예를 들어, 식탁 위에 사탕이 9개 있는데 손가락으로는 7번째 사탕을 집으면서 입으로는 9까지 다 세었다면, 말로 수세기를 한 것이다. 이와 같이 말로 수세기를 하는 유아들에게서 흔히 나타나는 실수는 같은 물건을 두 번 세거나 건너뛰고 세는 것이다. 이는 모든 물체를 반드시 한

번씩 세어야 한다는 것을 이해하지 못했기 때문이다(박재규 역, 1987). 따라서 말로 수세기는 특정 순서로 이루어진 소리에 불과한 무의미한 것으로 보일 수 있지만, 수세기 학습의 첫 단계로서 의미를 갖고 있다. 말로 수세기에 일대일 대응 개념이 더해질 때 물체 수세기 또는 합리적 수세기가 될 수 있기 때문이다(Smith, 1997). 말로 수세기는 다음과 같이 지원할 수 있다.

- 말로 수세기와 관련된 노래(예 열 꼬마 인디언), 손유희 및 율동 등을 활용한다.
  - 손뼉을 치면서 세기
- 말로 차례대로 세기뿐 아니라 거꾸로 세기도 익힌다.
- 우리나라는 수 세는 방법이 두 가지(고유 수, 한자 수)이므로 유아가 혼돈하지 않도록 지도한다.
  - "일은 랄랄라 하나이고요, 이는 랄랄라 둘이고요" 노래 활용하기

(2) 물체 수세기

물체 수세기는 각 숫자의 이름을 물체와 순서대로 짝지을 수 있는 것을 말하는 것으로서 '합리적 수세기'라고도 한다. 물체 수세기는 수의 구조를 머릿속에 구성할 수 있어야 할 뿐 아니라 눈, 손, 말하기와 기억을 협응해야 하므로 기억에 의해 순서적으로 수 이름을 암기하는 것보다 훨씬 복잡하다. 따라서 2~3세 유아에게는 물체 수세기가 어려운 과제이며, 눈, 손, 기억의 협응이 성숙하는 4~5세가 되면 합리적 수세기가 기계적 수세기를 따라잡게 된다. 합리적 수세기의 획득은 피아제가 관찰한 다음 예와 같이 오랜 시간을 요하는 과업이다.

사례 물체 수세기의 발달 과정

어머니는 장 피엘(5세)에게 식탁 위의 접시에 냅킨을 올려놓도록 했다. 장 피엘의 가족은 4명이며, 장 피엘은 보통 때 30 이상까지 셀 수 있었다. 그런데 장 피엘은 찬장에 가서 먼저 냅킨 한 장을 가져와 식탁 위의 접시에 놓고, 다시 찬장으로 가서 한 장을 가지고 와서 두 번째 접시 위에 놓고, 그렇게 하여 네 번을 왔다 갔다 하면서 일을 마쳤다.

5년 3개월 16일째가 되던 날 장 피엘은 자발적으로 식구 전체에 대해 생각했다. 냅킨 4장을 한꺼번에 갖고 와서 식탁 위 접시에 하나씩 놓았다. 이렇게 6일을 계속했는데, 7일째 되던 날 손님이 와서 평소보다 접시가 하나 더 있었다. 장 피엘은 여느 때처럼 한꺼번에 냅킨 4장을 가져와서 한 장씩 놓았다. 그런데 한 접시 위에 냅킨이 없는 것을 보고는 냅킨을 한 장 더 가지고 오는 대신에 이미 놓여진 4장의 냅킨을 모두 모아서 찬장에 다시 갖다 놓았다. 그리고는 처음부터 다시 시작하여 한 장씩 갖고 오기를 5번 왕복했다.
다음날은 손님이 없었다. 그런데도 장 피엘은 4번 왕복했다. 5일을 계속 그렇게 한 후에야 장 피엘은 한꺼번에 가지고 오는 것을 다시 발견했다. 이 방법이 10일 계속된 후 또 손님이 왔다. 장 피엘은 여느 때와 같이 4장의 냅킨을 한 장씩 놓고, 이때는 빈 접시를 보고는 모자라는 냅킨을 한 장 다시 갖고 왔다. 다음날 사람 수가 넷이 되었을 때 장 피엘은 냅킨을 가지러 가기 전에 접시의 수를 세었다. 이후로는 손님이 오더라도 그는 놀라는 일 없이 식탁 위의 접시를 세어 보고 냅킨을 가지러 가게 되었다.

출처 : 박재규 역(1987).

물체 수세기를 지도할 때 다음과 같은 사항을 고려할 수 있다.

- 일상의 구체적인 상황 속에서 물체 수세기 기회를 제공한다.
  - 흥미영역의 인원 수 파악하기
- 수세기 상황을 용이하게 만든다.
  - 고정된 물체보다는 만지거나 이동시킬 수 있는 물체를 이용하기
  - 물체를 불규칙 또는 원형으로 배열하기보다는 규칙적으로 나란히 배열하기
  - 이미 센 것은 따로 모아두어 앞으로 세야 할 것과 구분을 쉽게 하기
- 다음과 같은 물체 수세기에 필요한 원리를 고려하여 지도한다(Prairie, 2005; Reys et al., 1995; Smith, 1997).

일대일의 원리

일대일의 원리(one-to-one rule)는 물체 하나에 한 번씩만 수 단어를 말해야 한다는 원리이다. 이를 어려워하는 영유아에게는 손가락으로 집어가며 세도록 하는 것이 좋다. 또한 세어야 할 물체를 일직선으로 배열해 놓고, 이미 센 물체

는 한쪽 편으로 옮겨 놓아 센 부분과 세어야 할 부분을 쉽게 구분할 수 있게 하는 것도 도움이 된다.

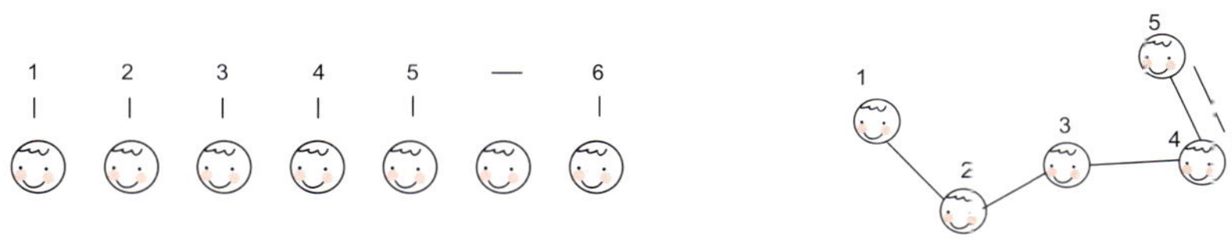

물체를 빠뜨리고 센 경우　　　　두 번 센 경우

[그림 4-4] 수세기와 관련된 교구들

∘ 안정된 순서의 원리

안정된 순서의 원리(stable order rule)는 성인들이 사용하는 수의 명칭을 안정된 순서로 정확히 말할 수 있어야 한다는 원리이다. 예를 들어, 영유아가 7까지 셀 수 있으려면 적어도 7 이상의 숫자의 명칭(예 8)까지 알아야 한다는 것이다. 영유아는 처음에는 숫자의 순서를 사회적 지식으로 학습하는데, 대개 '하나–둘–셋–넷–다섯'까지는 안정된 순서로 말하고, 그 뒤의 숫자들은 순서 없이 말하는 경향이 있다(예 '… 다섯–일곱–여섯'). 다행히 영유아는 시행착오를 통해 자발적으로 숫자의 순서를 습득한다.

[그림 4-5] 안정된 순서의 원리

∘ 기수의 원리

기수의 원리(cardinal principle)는 마지막 물체에 적용된 수의 명칭이 전체 물체의 개수를 나타낸다는 것이다. 이 원리는 일대일의 원리나 안정된 순서의 원리 이후에 발달하게 되는 원리로서, 영유아가 스스로 깨우치기는

[그림 4-6] 기수의 원리

어려울 수 있다. 그러나 영유아에게 마지막 센 숫자를 좀 더 크게 말하게 하면 (예 1－2－3－4－5) 이를 이해하는 것이 그다지 어렵지 않을 수 있다.

순서 무관의 원리

순서 무관의 원리(order irrelevant principle)란 물체의 수를 셀 때에는 어떤 물체부터 세기를 시작해도 된다는 것이다. 또한 어떤 방향으로 수를 세어도 수는 변하지 않는다는 원리이다. 따라서 물체를 더하거나 제거하지 않는다면, 위로 세든, 아래로 세든 오른쪽으로 세든, 왼쪽으로 세든 결과는 마찬가지임을 실제로 확인하게 하는 것이 도움이 된다.

[그림 4-7] 순서 무관의 원리

추상화의 원리

앞의 원리들이 수를 세는 '방법'에 관한 것이라면, 추상화의 원리(abstraction rule)는 수세기의 '대상'과 관계 있는 원리이다. 즉, 세어야 할 대상이 반드시 서로 동일한 것일 필요는 없으며(예 "소, 오리, 닭 모두 세 마리가 있어"), 구체적으로 관찰할 수 있는 물체뿐 아니라 경험이나 사건 등 정신적인 실체도 수세기가 가능하다는 것을 이해하는 것이다(예 "이번 주에 비가 두 번 왔어").

[그림 4-8] 추상화의 원리

유아는 스스로 실수를 고치면서 이상과 같은 수세기 원리를 습득하므로 교사가 성급히 교정하려고 할 필요는 없다. 오히려 성인이 교정을 해주면 유아는 논리-수학적 관계를 구성하지 못하고 '사회적 지식'으로 받아들이게 된다. 수의 명칭이나 수의 순서 등의 사회적 지식은 집단으로 수를 세거나 다른 사람들이 수를 세는 것을 경청함으로써 학습하는 것이 바람직하다. 즉, 교정보다는 모델링이 더 나은 교수 방법일 수 있다(Prairie, 2005).

2) 고유 수세기와 한자 수세기

대개 유아는 1에서 10까지는 말로 수세기에 의존하지만 그 다음부터는 수 이름을 결합하는 '규칙'을 발견하여 적용한다. 우리나라의 경우 수 이름이 고유 수 이름과 한자 수 이름의 '이중 명명 체계'로 구성되어 있다. '한자 수' 이름에서는 '십, 이십, 삼십…'과 같은 수 이름 생성 규칙을 찾아내기 쉬우나 '고유 수' 이름에서는 십의 자리에 해당되는 '열, 스물, 서른, 마흔…' 등 수 이름에 규칙성이 없으므로 기계적으로 암기해야 하는 어려움이 있다(김영실, 김지영, 2002).

우리나라 만 3~5세 유아의 고유 수세기와 한자 수세기의 발달을 살펴본 연구(김영실, 김지영, 2002)를 보면 〈표 4-1〉과 같이 전반적으로 연령이 많아질수록 수세기 능력도 증가하는 경향이 있었다. 말로 수세기의 경우에는 한자 수 이름으로 셀 때가 고유 수 이름으로 셀 때보다 훨씬 많은 수를 세고 있다. 구체적으로 만 3세 유아는 한자 수 이름으로는 평균 18까지, 고유 수 이름으로는 13까지 말로 셀 수 있으며, 만 5세 유아의 경우에는 한자 수 이름으로는 평균 112까지, 고유 수 이름으로는 이의 절반도 못 되는 45까지만 말로 셀 수 있었다. 이와 같이 연령이 증가할수록 한자 수 이름으로 세기와 고유 수 이름으로 세기 간의 격차가 커지는 것은 숫자가 커질수록 고유 수 이름으로 세기가 어려움을 시사한다. 따라서 연령이 증가할수록 고유 수 이름의 학습을 위해 적절한 도움을 제공해야 할 것이다.

〈표 4-1〉 우리나라 유아의 수세기 발달

		만 3세			만 4세			만 5세		
		최소	평균	최대	최소	평균	최대	최소	평균	최대
말로 수세기	한자 수 이름	1	18	250	9	50	113	19	112	999
	고유 수 이름	1	13	100	7	24	100	15	45	109
물체 수세기: 한자 수 이름		1	15	102	3	41	112	12	93	999

출처: 김영실 · 김지영(2002)

3) 큰 수세기

과거에는 유치원 교육과정에서 수세기의 범위를 수준 1은 5, 수준 2는 10까지로 제시하고 있었다. 그러나 대부분의 유아들이 실제로는 이보다 더 많은 물체의 수를 세고 있음이 밝혀짐에 따라 2007년 개정 유치원 교육과정(교육인적자원부, 2007)에서는 수준 1의 수세기 범위를 10으로 상향조정하고, 수준 2에는 큰 수세기 경험을 포함하였다. 큰 수에 대한 이해는 유아들이 일상적으로 경험하는 큰 수에 대해 다양한 방법으로 탐색해보는 것을 말한다. 예를 들어, 유아들이 흔히 접하는 100이라는 수는 돈으로는 얼마만큼의 가치를 갖고 있는지, 연필 100개는 얼마나 많은 건지, 100세 된 할아버지는 얼마나 오래 사신 건지 등을 가늠해봄으로써 100에 대한 양적 개념을 경험해보는 것이다.

큰 수에 대한 이해는 작은 수들을 다루면서 경험한 수들 간의 관계를 큰 수에 연결하면서 이루어질 수 있다. 그러나 이와 같이 전이가 자동적으로 일어나는 것은 아니므로 적절한 지원과 더불어 큰 수를 다루어 볼 수 있는 기회가 제공되어야 한다. 또한 큰 수세기를 하기 위해서는 수의 배열이나 구성 체계에 대한 이해가 필요하다. 이러한 개념이 부족한 유아는 '삼십일'을 소리 나는 대로 '301'이라고 쓰는 오류를 보이기도 한다. 큰 수를 이해하기 위해서는 십진법의 기본 단위인 10씩 묶어 세어보는 경험이 도움이 된다. 예를 들어, 32를 나타내기 위해 10단위 블록 3개와 낱개 블록 2를 사용하는 것이 낱개 블록만 32개를 사용하는 것보다 10진법과 자릿값에 대한 이해를 훨씬 쉽게 할 수 있다. 또한 주판을 이용해서도 자릿값 개념 습득이 가능하다. 특히 일반적인 주판보다는 [그림 4-10]과 같이 1의 자릿값에 주판알이 10개가 되면 10의 자리를 나타내는 두 번째 축에 하나의 주판알을 넣는 주판이 적절하다(김숙자, 김현정, 2005). 이 외에도 큰 수세기는 다음과 같은 전략을 통해 지원할 수 있다.

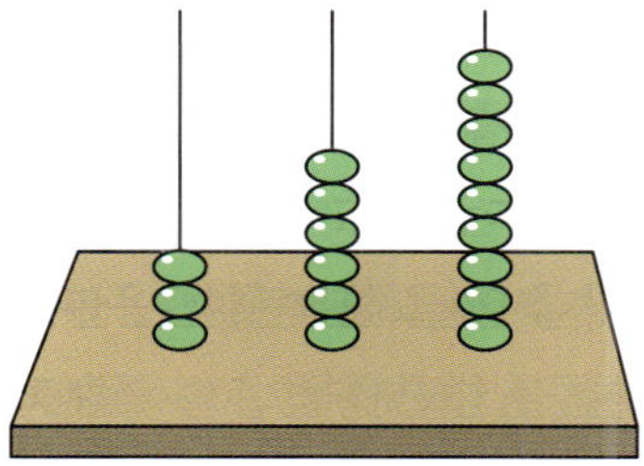

[그림 4-9] 369를 표시하는 수판

- 얼마까지 세었나 잊지 않기 위해서는 세기 표로 기록한다.
  - 예 正 또는 卌으로 표기하기
- 구체물을 일정한 개수로 묶어서 세어 나간다(skip counting).
  - 둘씩 또는 다섯씩 묶어서 세어봄으로써 곱셈(2단 또는 5단)의 기초를 경험하기
- 큰 수를 구체물을 이용하여 다양한 방법으로 배열해 본다.
  - 큰 수를 같은 양으로 나누어 분수 개념을 경험하기

[그림 4-10] 100개를 다양한 방법으로 배열하기

출처: 교육인적자원부(2005b)

[그림 4-11] 수세기와 관련된 교구들

3 숫자 인식

|(1) ∩(10) ⊖(100) 𓆼(1,000) 𓂭(10,000) 𓆛(100,000) 𓁨(1,000,000)

1	2	3	4	5	6	7	8	9	10
一	二	三	四	五	六	七	八	九	十
I	II	III	IV	V	VI	VII	VIII	IX	X
i	ii	iii	iv	v	vi	vii	viii	xi	x
일	이	삼	사	오	육	칠	팔	구	십
하나	둘	셋	넷	다섯	여섯	일곱	여덟	아홉	열
one	two	three	four	five	six	seven	eight	nine	ten
un	deux	trois	quatre	cinq	six	sept	huit	neuf	dix
いち	に	さん	し	ご	ろく	しち	はち	く	じゅう

[그림 4-12] 숫자의 모양과 이름

수와 숫자는 다르다. '수'는 생각되어지는 것, 즉 아이디어(idea)에 해당하고, '숫자'는 이러한 아이디어에 대한 이름이나 상징을 말한다(Eliason & Jenkins, 1990). 현대 사회에서는 [그림 4-13]과 같이 일상생활에서 숫자를 접할 기회가 매우 많다.

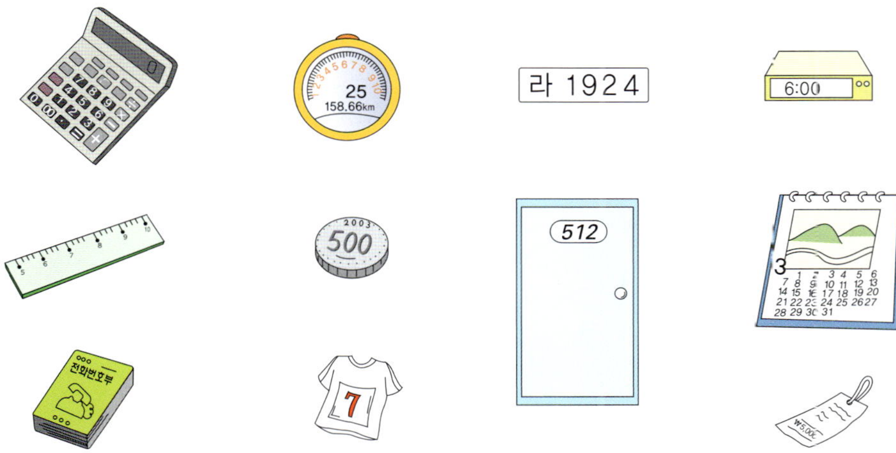

[그림 4-13] 일상생활 속에서의 숫자

유아는 수를 이해하거나 사용하기 전에 숫자에 대해 나름대로의 인식을 갖추게 된다. 대부분의 유아는 2~3세에 숫자 10까지의 이름을 말할 수 있지만, 실제로 '숫자'마다 각기 다른 '수량'을 나타내며 그 양이 변하지 않는다는 사실을 이해하는 것은 4세 이후이다(Charlesworth, 2000). 아래의 예는 숫자의 '모양'과 '이름'을 아는 것과 그 숫자가 의미하는 수의 양을 인식하는 것은 별개임을 보여주는 좋은 예이다.

만 3세인 민섭이는 3이라는 숫자를 보면 '삼'이라고 읽고, '3' 모양도 안 보고 정확하게 쓸 수 있다. 심지어는 영어로 "one two three…ten" 하면서 손가락으로 10까지 셀 수도 있다. 그러나 민섭이는 엄마가 색연필 3개를 달라고 하자 2개를 건넨다. 엄마가 2개가 아니라 3개를 달라고 하자 색깔이 틀렸다고 생각했는지 다른 색깔의 색연필 2개를 집는다.

숫자에 대한 인식은 숫자의 모양이 서로 다르다는 것을 알고, 숫자를 구별할 수 있으며, 숫자 읽기와 숫자 쓰기의 형태로 나타난다. 숫자를 읽으려면 유아는 각 숫자에 대해 정신적 이미지를 구성할 수 있어야 한다. 예를 들어, 숫자 6의 경우 지팡이 같은 부분과 고리 같은 부분들을 인식하고, 지팡이 부분의 아래쪽에 고리 같은 부분을 붙이는 것처럼 각 부분들이 어떻게 전체를 만드는지에 대한 지식인 부분-전체 관계 인식으로 이루어진다. 이러한 두 지식 중 한 가지라도 부족하면 2와 5 또는 6처럼 같은 부분을 공유하는 숫자들을 구별하는 데 어려움을 느낀다(한종화, 2003).

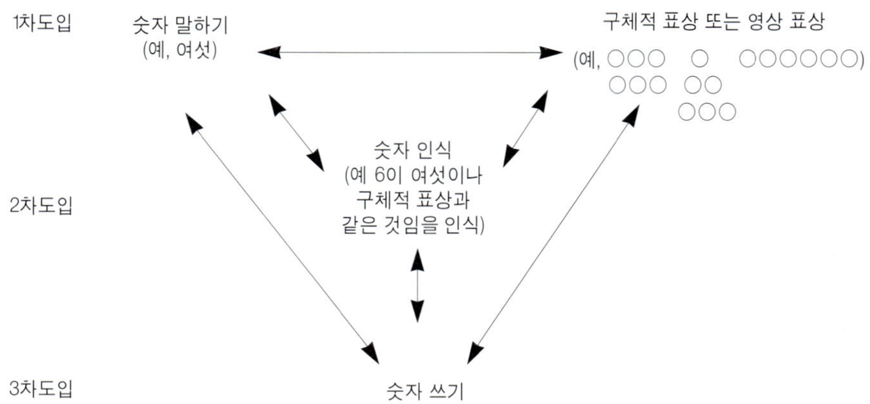

[그림 4-14] 숫자 쓰기를 가르치는 시점

출처: Baroody, & Coslick(1998)

숫자 '쓰기'를 배우는 것은 숫자 '읽기'를 배우는 것보다 더 어렵다. 기계적 암송이나 학습으로도 10 이하의 숫자는 쉽게 읽을 수 있지만, 숫자를 따라 쓰는 것은 소근육 발달은 물론 손과 눈의 협응력, 좌우 변별 및 개폐 개념이 형성된 후에야 가능하기 때문이다(김숙자·김현정, 2005). 또한 숫자 쓰기에는 정신적 이미지와 더불어 운동적 계획(motor plan)이 포함된다. 운동적 계획이란 어디서 시작할지, 어떤 방향으로 진행할지, 어떻게 방향을 바꿀지, 어디서 멈출지 등을 계획하는 것이다. 예를 들어, 숫자 6을 쓰기 위한 계획은 오른쪽 위에서 시작하고, 왼쪽으로 약간 튀어나오게 지팡이를 그리고, 오른쪽으로 가면서 고리를 만드는 것이다. 정신적 이미지가 정확해도 운동적 계획이 불완전할 경우에는 수를 보면서도 쓰기 어려워하거나 거꾸로 쓰는 결과가 나타난다(한종화, 2003). 이와 같이 초기 숫자 쓰기 단계에서 유아는 흔히 숫자를 거꾸로 쓰고 획순이 틀리거나 다른 숫자로 바꿔 쓰는 오류를 보인다. 그러나 시간이 지나면 저절로 고쳐지며, 교사가 성급하게 교정하려고 하면 오히려 역효과가 발생할 수 있다. 또한 유아는 숫자를 쓰기 전에 먼저 숫자의 의미를 이해해야 한다. 또한 바둑판 공책에 쓰기나 점선 따라 쓰기는 발달적으로 적합하지 않고 흥미를 저하시키므로 학습지 위주의 숫자 쓰기 방법은 삼가는 것이 좋다. 따라서 교사는 숫자의 의미를 모르는 상태에서 기계적으로 숫자를 쓰게 하는 것은 무의미함을 인식하고 숫자 쓰기의 학습 시점을 결정하면서 다음과 같이 지원한다.

- 일상생활 속에서 숫자 인식 기회를 만든다.
  - 주변 숫자에 관심 갖기
    주소, 상품 포장, 자동차 번호판, 달력 등에서 숫자 찾아 읽기
  - 나에 관한 숫자 쓰기
    생일카드 만들기, 우리 집 주소나 전화번호 쓰기
  - 숫자와 관련된 도구 관찰하기
    계산기의 숫자 버튼을 눌러 보고 화면에 똑같은 숫자가 나타나는지 관찰하기
    친구들의 전화번호를 보고(쓰고) 장난감 전화기로 다이얼을 돌려 보기
- 유아가 숫자를 쉽게 인식할 수 있도록 1~9의 숫자에 대해 이미지를 구성하도록 지원한다.
  - 청각: 노래 "하나하면 할머니가"
  - 시각: 3은 오리 모양, 8은 눈사람
- 다양한 감각을 통한 숫자 쓰기를 지원한다.
  - 감각적인 자료 이용하기
    모래에 쓰기, 끈으로 숫자 만들기, 지오보드에 숫자를 만들기, 찰흙으로 숫자 빚기
  - 대근육으로 쓰기
    공중에 숫자를 써보기, 신체로 숫자 표현하기
- 숫자 읽기를 위한 카드는 색과 크기를 일정하게 제작한다.
  모든 숫자가 같은 색깔과 크기일 때 숫자 자체를 학습하는 데 집중하기 쉬우며, 숫자마다 색깔이 다르면, 어린 유아는 빨간색은 4이고, 파란색은 5라고 생각할 수 있기 때문이다.

손가락으로 여덟을…

교사는 손가락 네 개에 또 손가락 네 개를 더하면 여덟이 되고, 손가락 다섯 개에 손가락 세 개를 더해도 여덟이 됨을 알려준 후 미선이에게 손가락으로 여덟을 만들어 보라고 했다. 미선이는 양손을 각기 엄지와 검지를 맞대어 동그라미를 만들더니, 한쪽 동그라미를 다른 쪽 동그라미 위에 올려놓아 8을 만들었다.

[그림 4-15] 교사가 만든 촉감 숫자

[그림 4-16] 유아가 끈으로 만든 숫자

[그림 4-17] 숫자 인식과 관련된 교구들

4 더하기와 빼기

더하기와 빼기는 수개념을 이해하는 데 중요한 연산 능력으로 초등학교 교육과정에서 매우 강조되고 있음에 비해 유아교육과정에서는 구체물을 가지고 더하고 빼는 경험을 해보는 정도로 다루어지고 있다. 이는 학원 및 학습지 중심의 유아 수학 교육이 기계적인 계산만을 강조하는 현실에 대한 우려(나귀옥, 2002)와 유아는 가역성 개념이 없어서 더하기나 빼기를 할 수 없다는 피아제의 이론에 기인한다. 그러나 초등학교에 입학하기 전부터 다음과 같이 유아는 자연스럽게 더하기와 빼기 현상을 관찰하게 된다.

- 은행에 저금을 하면 돈이 더해진다.
- TV 리모컨의 버튼을 누른 횟수만큼 채널의 번호가 커진다.
- 물건을 사고 거스름돈을 받는다.
- 엘리베이터를 타고 내려오면서 숫자가 줄어드는 것을 관찰한다.

유치원과 초등학교의 연계 측면에서 볼 때 유아기에 연산에 대한 사전 경험을 충분히 하는 것이 필요하다. 또한 최근 연구들은 유아도 실제적 상황 하에서 적은 수의 더하기와 빼기 문제를 해결하고 나름대로의 책략을 사용함을 밝히고 있다. 유아의 더하기 책략 발달을 살펴보면 〈표 4-2〉와 같이 초기 단계는 '구체적 물체를 전부 세기(counting all)'이며, 이후 손가락 또는 다른 '대체물 세기'로 전환 과정을 거쳐 마지막으로 다음과 같은 다양한 정신적 수세기 책략이 나타난다. 이러한 과정을 거쳐 최종에는 '10이 되는 수의 결합'에 대한 지식을 이용하여 7+5의 경우 5를 3과 2로 분리하여 7+3으로 10을 만들고, 여기에다 다시 남은 2를 더하여 11, 12를 만드는 암산 기술을 보이게 된다(한종화, 2003).

〈표 4-2〉 유아의 더하기 책략

단 계	책 략	내 용
구체적 물체로 세기	모두 세기 (counting all)	두 집합의 물체를 전부 센다.
과도기	손가락으로 세기 (finger counting)	구체적 물체가 없을 경우 손가락으로 대신 센다.
정신적 세기	이어세기 (counting on from first number)	첫 번째 수 다음부터 계속 센다. 5+7의 경우, 5, 6(하나 세어 오르기), 7(둘 세어 오르기), 8(셋 세어 오르기), 9(넷 세어 오르기), 10(다섯 세어 오르기), 11(여섯 세어 오르기), 12(일곱 세어 오르기)
	큰 수부터 세기 (counting on from larger number)	두 수 중 큰 수 다음부터 계속 센다. 5+7의 경우, 7, 8(하나 세어 오르기), 9(둘 세어 오르기), 10(셋 세어 오르기), 11(넷 세어 오르기), 12(다섯 세어 오르기)

빼기는 더하기의 역산으로서 'a+b=c'이면 'c−a=b'와 'c−b=a'의 형태를 취한다. 유아는 덧셈보다 뺄셈 과정에서 더 많은 어려움과 실수를 나타낸다. 더하기를 위해 증가되는 수세기를 하는 것은 익숙한 경험으로 별 어려움이 없지만, 빼기를 위해 거꾸로 수세기를 해 내려오는 것은 일상생활에서 드문 경험이며, 수 단어의 나열을 거꾸로 짚어가야 하는 어려움과 세는 단어의 수를 기억해야 하기 복잡함이 있기 때문이다. 특히 적은 수의 계산에서는 주로 손가락을 꼽아가면서 계산할 수 있기 때문에 더하기나 빼기에서 느끼는 어려움은 큰 차이가 없지만, 큰 수의 경우에는 언어적 구술을 통한 수세기를 이용해야 하기 때문에 빼기에서 어려움을 보이게 된다.

더하기는 물체를 합했을 때 몇 개가 되는지를 아는 것으로서, + 등의 기호뿐 아니라 '합계' 또는 '모두 몇 개' 등의 용어를 학습하는 것과 관계 있다. 빼기는 물체를 뺐을 때 몇 개가 남았는지 또는 두 집단에 속한 물체의 수가 얼마나 차이가 있는지 이해하는 것이다. 빼기를 할 수 있으려면 '−'와 '=' 기호와 '뺀다', '차이' 등의 용어를 학습해야 한다. 또한 '~보다 많은'이나 '~보다 적은'과 그 기호(< , >)들도 인식해야 한다. 그러나 이러한 기호들 간의 연관성을 이해하기 전에 물체가 더해지거나 빼졌을 때 물체의 양이 어떻게 변화했는가를 이해해야 한다(Charlesworth,

2000). 또한 숫자와 기호를 사용한 덧셈과 뺄셈 연습은 초등학교에서 다룰 내용이므로 전조작기의 유아들에게는 사물의 수량을 더해 보고 빼보는 구체적인 경험을 제공하는 것이 적절하다. 이러한 관점에서 교사는 다음과 같이 더하기와 빼기 개념을 지원할 수 있다.

- 일상생활 속의 문제 상황을 해결하게 한다.
  - 등장인물이 5명인데 유아가 3명이면 몇 명이 더 있어야 하는가?
  - 테이블에 4명의 친구가 있는데 주스를 6잔 가져왔다면 몇 잔을 돌려줘야 하는가?
- 학습지 위주의 연산문제 풀기는 지양한다.
  - 학습지보다는 움직이는 구체물을 이용한 문제를 제시하기
- 구체물을 이용하고 답이 너무 큰 수가 되지 않도록 한다.
  - 유아의 발달 수준에 따라 답을 5 또는 10 이하로 제한하기
- 더하기와 빼기 책략의 사용을 장려한다.
  - 거꾸로 세기를 전혀 못하거나 하더라도 정확하게 하지 못하는 유아에게는 주머니에 공을 5개 넣고, 3개를 꺼내면서 "5－3"이라고 말한 후 주머니에 공이 몇 개 남았을지 묻는 등 거꾸로 세는 시범을 보여주는 것이 좋다.

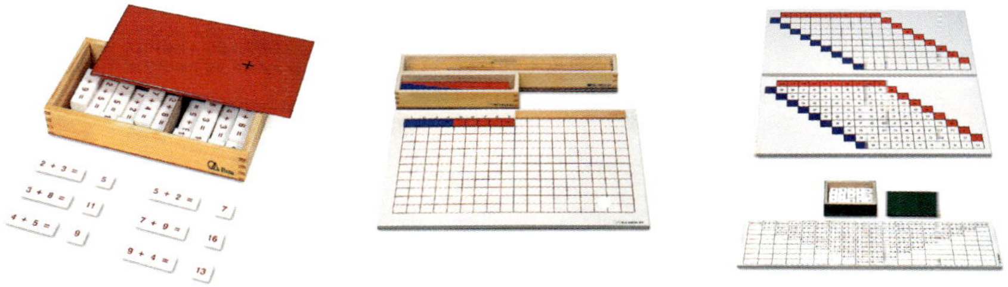

[그림 4-18] 더하기와 빼기와 관련된 교구

5 수의 부분과 전체

부분과 전체 개념은, 전체는 여러 부분으로 나눠질 수 있고, 이 부분들이 합쳐져서 다시 전체를 이룰 수 있음을 이해하는 것이다. 이와 같은 부분과 전체에 대한 인식은 논리적 사고의 중요한 부분이며, 더하기, 빼기, 곱하기, 나누기, 분수, 비율 등의 고차원적인 수개념 학습과도 밀접한 관계가 있다. 또한 일상생활에서 우리는 다음과 같은 상황에서 부분과 전체 관계를 접할 수 있으며, 나누어 갖기를 통해 전체를 부분으로 나누는 것에 익숙해진다.

- 제과점에 가면 조각 케이크를 판다.
- 1.5ℓ콜라는 여러 잔으로 나뉠 수 있다.
- 퍼즐 조각을 맞추면 그림이 완성된다.

신생아는 자신의 신체가 여러 부위로 이루어져 있다는 것을 인식하지 못하다가 차츰 탐색을 통해 손은 팔과 이어져 있고, 팔은 다시 어깨와 연결되어 있음을 발견하게 된다. 3세 정도의 유아는 엄마가 사과를 하나 보여주면서 몇 개냐고 하면 "한 개"라고 답하고, 사과를 반으로 자르면서 사과가 몇 개 있냐고 물으면 이번에는 "두 개"라고 한다. 구체적 조작기에 들어섬에 따라 유아는 사과가 몇 조각으로 나뉘었어도 여전히 사과는 하나라는 것을 이해하게 된다. 또한 점차 전체가 부분으로 구성되었음을 인식하게 되며, 이때 부분들의 크기나 양은 같거나 다를 수 있음을 이해하기 시작한다.

부분과 전체의 관계는 교육과정에 포함되어 있지만, 실제 현장에서 교육 활동으로는 많이 다루어지고 있지 않은 것으로 나타났다(홍혜경, 1992). 그러나 부분과 전체의 관계는 하나의 전체가 여러 개의 동일한 부분으로 나뉘는데, 이때 나뉘는 조각의 수가 많을수록 각 조각의 크기는 작아진다는 분수 개념을 이해하는 데 필수적이다. 즉, '분수'는 물체(들)를 동등한 부분으로 나누는 것으로 전체를 n개의 부분으로 나눌 경우 각 조각은 '1/n', k개의 조각이 있다면 'k/n'으로 기호화된다. 과거에는 일반적으로 분수는 유아가 무척 어렵게 느끼는 내용이므로 초등학교에서 소개하는 것이 바람직하다는 견해가 많았다(김숙자, 김현정, 2005). 그러나 최근에는 유아기에도 분수에 대한 이해가 발달하며 일상생활의 많은 경험들이 분수를 이해하는 데 기여할 수 있다는 견해가 지배적이므로(김영선, 2002) [그림 4-19]의 ⓒ와 같이 한 개의 큰 물체를 부분으로 나누어 보는 활동을 제공함으로써 분수에 대한 기초 개념을 형성하도록 돕는 것이 좋다.

부분과 전체의 관계는 연산에도 적용된다. 유아는 수세기를 통하여 초보적인 수개념을 형성하고 수들 사이의 관계를 이해하기 시작한다. 이에 전통적인 교육과정에서는 수세기에 이어 곧바로 더하기와 빼기를 도입하는 경향이 있었다. 그러나 부분과 전체의 개념을 인식했을 때만이 의미 있는 더하기와 빼기에 대한 이해가 이루어질 수 있다. 왜냐하면 유아는 부분과 전체에 대한 개념이 있어야만 7이라는 전체집합은 3이라는 부분집합과 4라는 부분집합으로 구성되며, 이와 동시에 2라는 부분집합과 5라는 부분집합으로 이루어지기도 했음을 알 수 있기 때문이다. 또한 7−2와 같은 문제는 다른 하나의 부분집합을 알아내는 문제로서 유아는 7−2=5와 5+2=7 사이의 보완적인 관계를 인식하게 된다. 즉, 부분과 전체 관계의 이해를 통해서 더하기나 빼기 문제를 전체라는 관계에서 해석하기 때문에 좀 더 진보적으로 해결할 수 있게 되는 것이다. 이에 비해 물체를 연속해서 헤아리는 수세기를 통해서는 7이 5와 2 또는 2와 5로 구성되었다는 것을 이해하기 어려우므로 수의 부분과 전체 개념은 수세기와는 질적으로 다르며 고도의 인지 능력을 포함한다고 할 수 있다(이현미, 2001). 따라서 [그림 4−19]의 ⓑ와 같이 셀 수 있는 물체를 여러 가지 방법으로 나누어 보는 기회를 제공함으로써 부분과 전체의 관계 속에서 더하기와 빼기 개념을 습득하게 하는 것이 좋다. 또한 이때 [그림 4−19]의 ⓐ와 같이 물체를 같은 개수로 나누는 경험은 곱하기와 나누기 개념을 이해하는 데 기초가 될 수 있다.

ⓐ 같은 개수로 나누기　　ⓑ 다른 개수로 나누기　　ⓒ 한 물체를 부분으로 나누기

[그림 4−19] 다양한 방법으로 나누기

이러한 맥락에서 부분과 전체는 다음과 같이 지원할 수 있다.

- 일과를 통해 부분과 전체를 학습할 기회를 제공한다.
  - 실제 상황에서 실제 물체를 가지고 문제해결하기
    간식 시간에 부족한 간식을 나눈다.
  - 물체를 균등하게 나누는 유아의 자발적인 흥미를 학습 기회로 활용하기
  - 일상 대화에서 전체와 부분과 관련된 용어(예 전체, 부분, 반, 약간)를 사용하기
    "점토를 전부 다 쓸까 아니면 반만 쓸까?"
- 전체를 가지고 부분으로 나눠 보고 다시 전체로 합쳐 보는 경험을 제공한다.
  - 퍼즐, 조립용 장난감, 찰흙 덩어리
- 난이도를 적절히 조절한다.
  - 처음에는 한 자리 수를 두 개 수로 나누기(5를 1과 4로)에서 시작해서 자리 수 및 나누는 수의 개수를 늘리기(5를 2, 1, 2로 또는 16을 7과 9로)

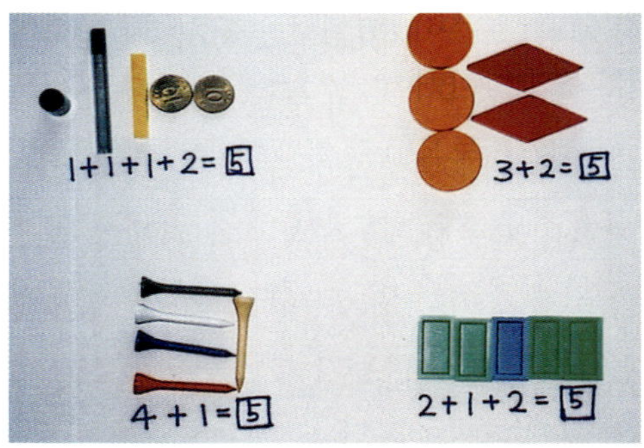

[그림 4-20] 여러 가지 방법으로 5 만들기

  - 처음에는 특정수를 두 개의 수로 나누고 비교하기(7을 2와 5로)에서 시작해서 더하기(5+2=7)와 빼기(7−2=5)로 연장하기
- 숫자 카드보다는 점 패턴으로 된 수 카드가 효과적이다.
  7개 점 카드에서 점 3개를 가리고 4개가 남는 것을 관찰한 후 반대로 점 4개를 가리면 3개가 남음을 확인한다.

물체를 다양한 방법으로 나누어 보게 한다.

- 여러 개의 물체를 같은 개수로 나누기

  곱하기와 나누기 개념을 이해하는 데 기초가 된다.

  사탕 6개를 두 명이 나눠 먹을 때와 세 명이 나눌 때를 비교한다.

- 여러 개의 물체를 다른 개수로 나누기

  더하기와 빼기 개념을 이해하는 데 도움이 된다.

  사탕 6개를 2개와 4개로 나누어보고 다시 1개와 5개로 나누어본다.

- 하나의 물체를 부분으로 나누기

  분수 개념을 이해하는 데 도움이 된다.

  피자를 사람 수에 따라 같은 크기로 분할한다.

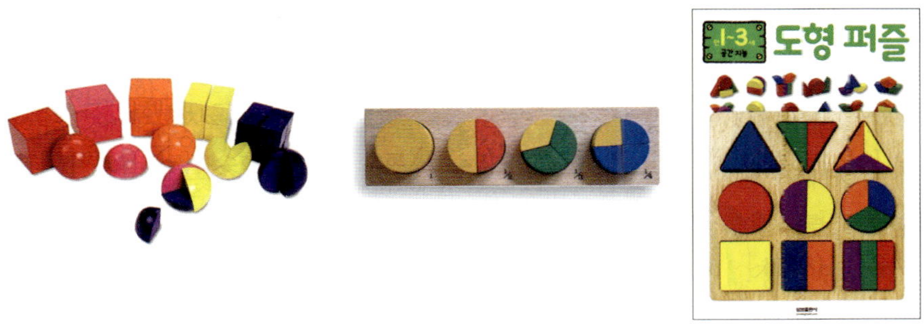

[그림 4-21] 부분과 전체 개념과 관련된 교구

심층탐구 더하기와 빼기의 문제 유형

더하기와 빼기는 다음 학습할 내용인 수의 부분과 전체 개념과 밀접한 관련이 있다. 이러한 관점에서 더하기와 빼기 문제의 유형을 분류하면 다음 〈표 4-4〉와 같다.

〈표 4-4〉 더하기와 빼기의 문제 유형

문제 유형	미지수	상 황	식
합치기 문제 (join problem) 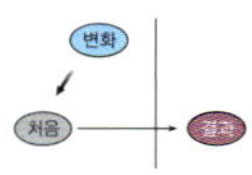	결과	나는 인형이 3개 있었다. 동생에게 인형 2개를 선물 받았다. 나의 인형은 모두 몇 개인가?	3+2=□
	중간	나는 인형이 3개 있었다. 동생에게 인형 몇 개를 선물 받아서 모두 5개가 되었다. 나는 동생에게서 인형 몇 개를 받았을까?	3+□=5
	처음 상태	나는 인형이 몇 개 있었다. 동생이 인형 2개를 선물로 줘서 모두 5개가 되었다. 처음 나의 인형은 몇 개였을까?	□+2=5
분리하는 문제 (separate problem) 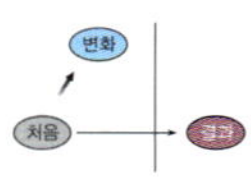	결과	나는 인형이 5개 있다. 동생에게 2개를 주었다면 몇 개가 남았을까?	5−2=□
	중간	나는 인형이 5개 있다. 동생에게 몇 개를 주었더니 3개가 남았다면, 동생에게 몇 개를 주었을까?	5−□=3
	처음 상태	나는 인형을 몇 개 갖고 있었다. 동생에게 2개를 주었더니 3개가 남았다면 처음 몇 개를 갖고 있었을까?	□−2=3
부분-부분-전체 문제 (part-partwhole problem) 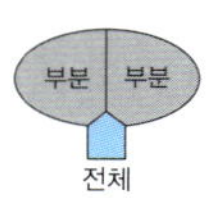	전체	나는 여자 인형 3개와 남자 인형 2개가 있다. 나는 몇 개의 인형을 갖고 있는가? 나는 인형 3개가 있고 동생은 인형 2개가 있다. 나와 동생은 인형을 모두 책상 위에 놓았다. 책상 위에는 인형이 몇 개 있을까?	3+2=□
	부분	나의 인형은 모두 5개이다. 이중 3개가 여자 인형이면 남자 인형은 몇 개인가? 나와 동생은 모두 5개의 인형을 책상 위에 놓았다. 내가 3개를 놓았다면 동생은 몇 개를 놓았을까?	3+□=5 5−3=□
비교 문제 (compare problems) 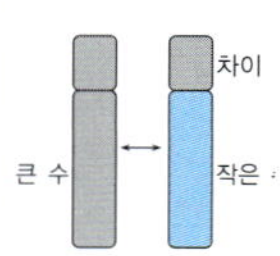	차이	나는 인형이 3개, 동생은 인형이 2개이다. 나는 동생보다 인형을 몇 개 더 갖고 있을까?	3−2=□
	큰 수	나는 동생보다 인형이 1개 더 많다. 동생은 인형이 2개이다. 나는 인형을 몇 개 갖고 있을까? 동생은 나보다 인형이 1개 더 적다. 동생은 인형이 2개이다. 나는 인형을 몇 개 갖고 있을까?	2+1=□ □−1=2
	작은 수	동생은 나보다 인형이 1개 더 적다. 나는 인형이 3개이다. 동생은 인형을 몇 개 갖고 있을까? 나는 동생보다 인형이 1개 더 많다. 나는 인형이 3개이다. 동생은 인형을 몇 개 갖고 있을까?	3−1=□ □+1=3

출처: Van De Walle(2007)

CHAPTER 5

기하

기하학(Geometry)은 공간에 대한 이해와 공간 안의 물체나 동작들의 관계를 다루는 수학의 주요 분야이다. 기하학의 어원은 땅을 뜻하는 'geo'와 측량을 뜻하는 'metry'인데, 이는 고대 이집트인들이 나일강이 범람하자 토지를 적절하게 재분배하기 위해 기하학 연구를 시작한 데에서 유래한다. 유아 수학 교육에서 기하는 공간에 관한 '위상 기하'와 여러 가지 모양의 평면도형이나 입체도형에 관한 '유클리드 기하'로 나누어 볼 수 있다. 일반적으로 기하는 유클리드 기하를 의미해 왔으며, 위상 기하는 19세기에야 대두된 새로운 개념이다. 그러나 수학이라는 학문의 역사에서 유클리드 기하가 먼저 등장한 것과 반대로 유아는 위상 기하 개념을 이해한 후 많은 시간이 경과되어야 유클리드 기하 개념을 발달하게 된다. 예를 들어, 삼각형과 사각형을 구별하기 전에 물체끼리 얼마나 가까운지 또는 멀리 있는지, 선이 열려 있는지 또는 막혀 있는지 등을 이해한다(김영선 외, 1997; 이경우 외, 1997).

기하는 유아 수학 교육에서도 프뢰벨이나 몬테소리 등에 의해 중요한 내용으로 간주되었다. 그러나 20세기 초 유아의 사회성 발달이 강조됨에 따라 놀이의 형태로 이루어지는 퍼즐 활동이나 쌓기 놀이만이 수용되었고, 도형에 대한 학습은 기본 도형의 인식과 이름을 익히는 정도로만 다루어져 왔다. 따라서 도형을 활용하여 퍼즐이나 쌓기 놀이를 하더라도 단지 놀이로 그치고, 공간관계나 기하학적 개념의 이해와 연결하는 데에는 관심을 두지 않았다. 그러나 최근 기하는 주변의 구체물과의 관계나 조작뿐 아니라 구체물 자체의 속성을 포함하고 있어 유아의 흥미와 발달특성에 적합하다는 인식에 따라 중요한 교육내용으로 부각되고 있다(홍혜경, 2004). 본 장에서는 유아기에 학습해야 할 공간과 도형의 내용에 대해 살펴보고자 한다.

심층탐구

과제: 유아가 그린 인물화를 구한 후 유클리드 기하보다 위상 기하가 먼저 발달하는 증거를 찾아 보세요(혹시 인물화를 구하지 못했다면, 아래 그림을 분석한 후 풀이 예와 비교해 보세요).

답:

4세 유아의 인물화

풀이 예: 위의 4세 유아가 그린 엄마 그림을 보면, 유아는 엄마의 얼굴이 폐곡선이고, 얼굴 안에 눈, 코, 입이 있음을 지각하고 있음을 알 수 있다. 수평을 맞추어서 잘 배치하지는 못했지만, 눈, 코, 입이 서로 가까이 있으며, 다리는 멀리 그려져 있다. 즉, 신체 어떤 부위가 서로 가까이 있고 어떤 부위가 멀리 있는지를 정확히 알고 있는 것이다. 또한 이 유아는 신체 부위의 순서를 정확히 인식하고 있고, 신체 각 부위가 서로 연결되어 있음도 알고 있다. 팔은 몸과 손과 맞닿아 있고, 머리, 팔, 다리는 몸통에 의해 분리되어 있다. 그러나 엄마 신체의 기하학적 속성 중 몇몇 속성들(예 머리 크기의 비율)은 이해하지 못하고 있다

1 공간

공간 능력은 유아가 주변 세계를 이해하고 일상생활을 살아가는 데 필수적인 요인이다. 예를 들어, 유아가 집에서 출발하여 유치원에 와서 자신의 교실에 도착하기 까지 매순간마다 위치나 방향 등 다양한 공간 능력이 필요하다. 또한 공간 능력은 수학뿐 아니라 미술, 과학, 사회, 운동 등 다른 교과목의 학습에도 필요한 요소이다. 예를 들어, 사회 교과목에서 공간적 사고는 지도를 읽고 만드는 데 중요하다. 미술에서 역시 공간관계와 기하형태들은 이차원적, 삼차원적 창조물 구성에 중요한 요소이다(김숙자·김현정, 2005).

공간 능력의 구성요인은 학자마다 다르게 분류되고 있다. 예를 들어, 델 그란드(Del Grande, 1990)는 공간 능력을 다음과 같은 7가지 하위 요인들의 집합으로 규정하고, 이들 요인들이 개별로 작용하는 것이 아니라 통합적으로 작용한다고 보았다.

- 눈과 운동 협응(eye-motor coordination)

시각적인 관찰과 신체의 움직임을 결합하는 능력으로 기하학적인 아이디어나 개념을 이해하는 데 필요하다. 일상생활에서 거의 모든 활동이 이와 관련 있으며, 교육 활동 중에서는 점과 점을 이어 형태 만들기, 선 따라 그리기, 그림이나 도형 안에 색칠하기, 이쑤시개와 뻥뻥이로 입체도형 만들기 등을 예로 들 수 있다.

- 도형-바탕 지각(figure-ground perception)

복잡한 배경 속에서 형상을 찾아 인식하는 능력을 말한다. 이를 위해서는 특정 도형의 모양에 주의를 집중하고, 외부의 자극이나 불필요한 자극에는 주의를 기울이지 않아야 한다. 이러한 능력이 부족하면 집중력이 떨어지고 주의가 산만하게 된다. 관련 활동으로는 숨은 그림 찾기, 칠교판과 같은 미완성 도형을 완성시키기, 패턴블록 모아 형태 만들기, 부분 그림 완성하기 등이 있다.

- 지각적 항상성(perceptual constancy)

물체를 보는 위치나 각도에 따라 그 물체의 모양이나 크기가 달라보일지라도 실제로는 모양과 크기가 동일함을 인식하는 능력이다. 예를 들어, 책은 보는 위치에 따라 평형사변형으로 보일지라도 여전히 직사각형으로 인식하고, 멀리 있는 야구

공이 작게 보일지라도 가까이 있는 야구공과 같은 크기로 지각하는 것이다. 이러한 능력을 촉진할 수 있는 활동에는 크기는 다르지만 모양이 같은 것 찾기, 크기에 따라 물체를 순서짓기, 위치와 방향이 바뀌었을 때 같은 모양 찾기 등이 있다.

공간 내 위치 지각(position-in-space perception)

유아 자신과 한 대상과의 관계, 또는 한 대상과 다른 대상과의 관계를 인식하는 능력을 말한다. 자신을 중심으로 물체를 회전하고, 뒤집힌 것의 이미지를 변별하고, 자신을 중심으로 물체를 전후좌우, 상하로 지각하는 것이다. 이러한 능력을 개발할 수 있는 활동으로는 거울의 상 만들기, 도형의 회전과 대칭이동, 사물의 위치 변화 등이 있다.

공간관계 지각(perception of spatial relationship)

둘 또는 그 이상의 대상을 유아 자신과 관련하여 또는 대상들끼리 서로 관련지어 볼 수 있는 능력이며, 과제에 따라서는 공간 내 위치 지각과 유사한 성격을 띤다. 활동의 예로는 주어진 그림에 따라 블록 쌓기, 목적지로 가는 최단거리 찾기, 도형을 뒤집거나 거꾸로 해서 패턴 만들기 등이 있다.

시각적 변별(visual discrimination)

위치와 무관하게 물체들 간의 차이점을 구별하고 유사점을 인식하는 것으로 분류하기를 할 때 필수적인 능력이다. 예를 들어, 동일한 한 쌍의 물체를 확인하기, 여러 개의 대상들 중에서 같지 않은 것 하나를 찾기, 여러 개의 대상들 중에서 서로 같은 것 찾기 등이 있다.

시각적 기억(visual memory)

시야에서 벗어난 경우에도 대상을 정확하게 회상할 수 있는 능력을 뜻한다. 이 능력을 개발할 수 있는 활동에는 주어진 그림에 있는 물체 기억하기, 교사가 만든 지오보드 모양을 기억해서 그대로 만들어보기 등이 대표적이다.

이상과 같은 델 그란드(Del Grande, 1990)의 분류보다 일반적인 입장은 공간 능력을 크게 공간적 방향화와 공간적 시각화 두 가지로 분류하는 것이다. '공간적 방향화(spatial orientation)'는 위치를 파악하고 목적지까지 갈 수 있는 능력, 즉 공간에서 위치들 간의 관계를 이해하고 조작할 수 있는 능력이다. '공간적 시각화(spatial visualization)'는 이미지를 생성하고 조작할 수 있는 능력으로 이차원 및 삼차원 대상의 가상적인 움직임을 이해하고 실행하는 것을 말한다. 즉, 주어진 대상이나 공간 정보를 마음속으로 조작하여 대상을 회전, 재배열 또는 조합하여 머릿속에 가시화 할 수 있는 표상 능력이다(이정욱, 김은정, 이소정, 2007). 이러한 공간에 관한 인식은 다음과 같은 3가지 단계를 거쳐 발달한다(홍혜경, 2004).

자기 중심 표상(egocentric representation)

자신이 중심에 있는 것처럼 공간을 인식하는 것이다. 예를 들어, 유아가 율동 시간에 자신과 마주 서 있는 선생님이 오른손을 들었는데, 왼손을 들었다고 생각하는 경우이다. 이는 상대방의 입장에서 위치 관계를 생각하지 못하기 때문에 나타난 현상이다.

지표물 중심 표상(landmark-based representation)

주변 환경에 있는 어떤 물체를 지표로 삼아 공간을 인식하는 것이다. 예를 들어, 새로운 곳에 갈 때 특징적인 건물 등을 지표로 위치를 기억하는 경우를 들 수 있다. 9개월경 영아는 주로 엄마의 위치를 지표물로 활용하여 표상하기 시작하여 1세경에는 목표에 가까이 있는 물체에 국한하여 지표물을 사용할 수 있게 된다. 2~3세가 되면 먼 지표물도 활용할 수 있으나 자신이 움직이면 위치를 잃어버리기도 한다. 5세경이 되면 여러 지표물을 활용할 수 있게 되며, 자신의 위치에 덜 의존적이 된다.

객관적 표상(allocentric representation)

주변 환경에 있는 목표물을 객관적인 참조 체계와 관련지어 나타내는 것이다. 대표적인 예는 지도이다. 앞의 두 표상은 비교적 쉽고 언어로 표현 가능하지만, 객관적 표상은 모든 물체들의 관계를 나타내야 하므로 언어로만 나타내기 어렵고, 추상적인 참조 체계를 포함해야 하는 도전적인 과제이다. 대개 초등학교 3학년 정도가 되면 주변의 여러 체계를 조작하는 정신적 지도(mental map)를 구성할 수 있게 된다.

공간과 관련하여 유아가 학습할 내용은 위치, 방향, 거리 등의 위상 기하이다. 위상 기하는 수축이나 확장 등의 변형에 의해 변화하지 않는 특성을 갖고 있다. 예를 들어, [그림 5-1]과 같이 바람을 분 풍선의 표면 위에 세모를 그린 후 바람을 빼면, 세모 모양(유클리드 기하)은 '점' 모양으로 변하고 크기(유클리드 기하)도 작아지지만, 위치(위상 기하)는 그대로 남아 있게 된다(풍선의 표면 위). 또 다른 예로는 우리가 팔을 들든, 내리든, 굽히든 간에 팔꿈치는 항상 어깨와 손 사이에 있는 것을 들 수 있다.

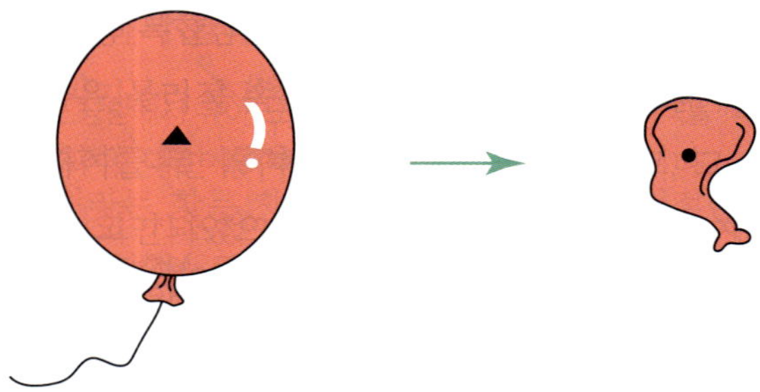

[그림 5-1] 위상 기하의 특성

1) 근접성

근접성(proximity)은 최초로 나타나는 위상학적 개념으로 물체의 위치에 관한 인식을 뜻한다. 근접성에 해당하는 내용은 구체적으로 전-후, 좌-우, 원-근, 고-중-저, 위로-아래로, 돌아서-관통해서(around-through) 등이 있다. 일상생활에서 경험할 수 있는 근접성의 예는 다음과 같다.

- 정수(3세)는 가구 밑에 웅크리고 있거나 가구 아래를 기어서 통과하곤 한다.
- 주말부부 가족인 미주(5세)는 가족 그림을 그릴 때 늘 자기와 엄마는 가깝게, 아빠는 멀리 그린다.

출생 후부터 인간은 공간을 탐색하고, 공간에서 물체의 특성과 관계를 학습하는 데 많은 시간을 보낸다. 예를 들어, 우리는 가장 친숙한 존재인 엄마를 여러 각도에서 보게 된다. 앉아 있는 엄마 모습을 보기도 하지만 서 있거나 누워 있는 엄마를 보기도 한다. 대개는 가까이에서 엄마를 보지만 때로는 멀리서 볼 때도 있고, 앞에서 볼 때도 있지만 옆이나 뒤에서 볼 때도 있다. 감각운동기의 영아는 물체의 크기나 모양에 대한 '항상성' 개념이 발달하지 않아서 물체가 이동하면 크기나 모양이 변하는 것으로 인식한다. 또한 다른 쪽에서는 물체가 어떻게 보일지 고려하지 못한다. 4세 전의 유아는 물체가 어디에 있는지 남에게 보여줄 수 있어도 언어로 표현하는 데는 어려움이 있으나, 5세경이 되면 남을 위해 공간과 관련된 용어를 사용할 수 있다. 4~7세에는 공간의 구조를 생각하기 시작한다. 유아는 처음에는 자신이 중심에 있는 것처럼 공간을 바라보므로 물체들 간의 관계를 이해하지 못하고 물체를 임의적으로 지각한다(예 나는 여기 있어요. 차가 있어요. 해가 있어요.). 그러나 점차 공간에는 순서와 구조가 있다는 것을 인식하기 시작한다(예 나는 땅 위에 있고, 차는 내 옆에 있고, 차 안에는 운전사가 있어요). 이와 같이 물체를 상호 관련지어 의식적으로 지각하는 것은 좌우 개념과 대칭 개념의 발달에 영향을 준다. 하지만 길이, 면적, 부피에 대한 보존 개념이 부족하여 사물의 상대적인 크기나 서로간의 거리는 고려하지 못한다.

사례 유아의 근접성 경험

유아들이 숨바꼭질을 한다. 한 유아가 "선생님, 쉿! 나 여기 **밑에** 숨어 있다고 말하면 안 돼요."라고 말하곤 미끄럼틀을 올라가는 계단 **아래쪽으로** 들어가 숨는다. "내 **앞에** 계단이 있으니까 친구들에게 난 잘 안 들키겠지? 하하"라고 혼잣말을 하며 웃는다.

출처: 교육부, 보건복지부(2019c)

교사는 이와 같은 유아의 근접성 발달 특성을 이해하고 이에 따라 지도를 해야 한다. 예를 들어, 처음에는 유아로 하여금 자신의 위치나 움직임을 설명하고, 그 다음에 다른 사람이나 물건의 위치와 움직임에 대해 설명하도록 한다. 또한 태어날 때부터 인간은 삼차원의 공간을 탐색하고 경험하는 과정을 통해 공간 능력이 발달하기 때문에 이차원 활동보다는 삼차원의 입체물과 공간적 관계의 활동을 제공하는 것이 좋다(한종화, 2003). 이와 같이 공간관계에 대한 이해는 일상생활에서 자신의 신체를 직접 움직이고 물체를 조작해보는 경험을 통해 발달한다. 따라서 교사는 넓은 공간과 자유로운 탐색이 근접성 개념의 이해에 필수적임을 명심하고, 비좁은 교실이나 아기 의자, 플레이팬 등은 제공하지 않도록 하며, 산책이나 소풍과 같이 다양한 공간적 관점을 자연스럽게 경험하도록 하는 기회를 활용해야 할 것이다. 아울러 공간을 이동할 때 방향이나 위치에 대한 정확한 공간 용어를 구사하도록 하는 것도 교육내용에 포함됨을 인식해야 한다. 이러한 입장에서 교사는 다음과 같이 근접성 개념을 촉진할 수 있다.

- 일상생활 상황에서 근접성 경험을 지원한다.
  - 교사 자신이 정확한 공간 용어를 사용하는 모델이 되어주기
  - 사물이나 사람을 지칭할 때 명칭보다 공간 용어를 사용하기("컴퓨터에 제일 가까이 있는 친구에게 주자.")
- 여러 가지 공간적 관점에서 사물을 관찰·표현할 기회를 제공한다.
  - 다양한 위치에서 사물을 관찰하기

    그네, 회전목마, 미끄럼틀 위에서 사물이 어떻게 보이는지 이야기하기
  - 다양한 자세로 사물을 관찰하기

    뱀처럼 기어 보면서 사물이 어떻게 보이는지 이야기하기
  - 다양한 공간적 관점의 그림을 게시, 비교하기

    같은 물체를 앞, 뒤, 위, 아래 등에서 그린 후 비교하기
- 놀이나 게임을 통해 근접성 개념을 지원한다.
  - 실외놀이터에서의 신체 놀이

    정글짐 안에 들어갔다가 밖으로 나오고, 올라갔다가 내려오고, 정글짐 주위를 돌고 통과해 보기
  - 판 게임

    윷놀이, 오목
  - 미술 놀이

    한 사람이 그림의 내용을 공간 용어(옆, 위)를 사용하여 설명하면, 다른 사람은 이 설명만 듣고 그대로 그리기

[그림 5-2] 근접성과 관련된 교구

심층탐구 지도(Map) 활동

유아에게 지도 활동은 어렵다고 생각하는 경우도 많지만 자신의 주변에서부터 시작되는 지도 활동은 유아가 가장 흥미를 느낄 수 있는 일이기도 하며, 자신의 주변을 능동적으로 탐색할 수 있는 기회를 제공해준다. 지도 활동을 제시할 때에는 교실이나 놀이터, 유아의 집이나 방, 집에서 유치원 오는 길 등 유아에게 친숙한 장소를 대상으로 시작해야 한다. 또한 처음에는 삼차원의 입체물 탐색과 공간관계의 활동으로부터 시작해서 삼차원과 이차원의 공간 및 물체와의 연결, 이차원의 공간과 물체에 관련된 활동으로 이어져야 한다. 유아에게 실시할 수 있는 지도활동의 예를 순서대로 제시하면 다음과 같다.

- 유치원을 입체적으로 만든 미니모형에 있는 물체를 실제 유치원에서 찾아보기
- 입체 재료로 교실 만들기
- 사진을 이용하여 실제 공간을 재구성하기
- 놀이터를 그림으로 표현해보기
- 기호 만들기
- 보물지도로 보물찾기
- 상징을 이용하여 그림지도 만들기
- 집에서 유치원 오는 길 지도로 그리기

[그림 5-3] 유치원 미니모형 관찰

[그림 5-4] 상자와 점토로 만든 교실 지도

[그림 5-5] 사진으로 만든 동네 지도

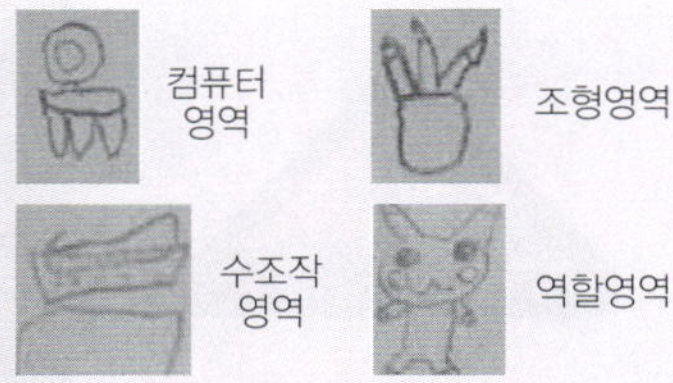

[그림 5-6] 유치원 미니모형 관찰

[그림 5-7] 협의된 보물 기호(★)로 만든 보물지도

[그림 5-8] 유치원 오는 길 지도

출처: 김혜연(2008)

2) 개-폐

개-폐(open-closed)는 '열려 있다' 또는 '닫혀 있다'의 개념이다. 즉, 사물의 모양을 구별하기 전에 그 모양이 열렸는지 닫혔는지에 대해 이해하는 것이다. 일상생활에서는 다음과 같은 상황에서 개-폐 개념을 경험할 수 있다.

- 열쇠고리가 닫혀 있어야 열쇠가 떨어지지 않는다.
- 코트를 옷걸이에 걸려면 단추가 열려 있어야 한다.

유아는 삼각형이나 사각형, 원 등의 모양(유클리드 기하)을 구별하는 것보다는 열려 있는 것과 닫혀 있는 것, 안-밖과 같은 공간의 위치(위상 기하)를 먼저 이해한다. 이와 같이 4~5세 유아의 지각 능력은 위상학적 특성을 띠고 있으며, 위상 기하에 대한 이해는 이후 유클리드 기하로의 발달에 기초가 된다. 그러나 3세경의 어린 유아는 아직 열린 것과 닫힌 것의 공간적 성질에서 혼돈을 느낀다. 예를 들어, 유아가 'ㄷ'과 'ㅁ' 또는 'C'와 'O'의 구별을 어려워하는 것은 이들 글자의 '열려있음'과 '닫혀있음'의 차이를 구분하기 어렵기 때문이다. 또한 종종 유아는 개-폐와 경계를 같은 것으로 오인하기도 한다(김숙자, 김현정, 2005; 서지아, 2006; Smith, 1997).

열린 물체(개곡선)와 닫힌 물체(폐곡선)를 구별하는 데에는 두 가지 책략이 있다. 하나는 경계선 상의 한 지점에서 시작해서 한 방향으로 계속 가면 출발점에 돌아올 수 있으면 '폐곡선'이고, 그렇지 않으면 개곡선이다. 다른 하나는 안쪽에서 바깥쪽으로 경계를 넘지 않고 나올 수 있으면 '개곡선'이고, 그렇지 않으면 폐곡선이다. [그림 5-9]의 왼쪽은 폐곡선이고, 오른쪽은 개곡선이다(Richardson, Goodman, Hartman, & LePique, 1980).

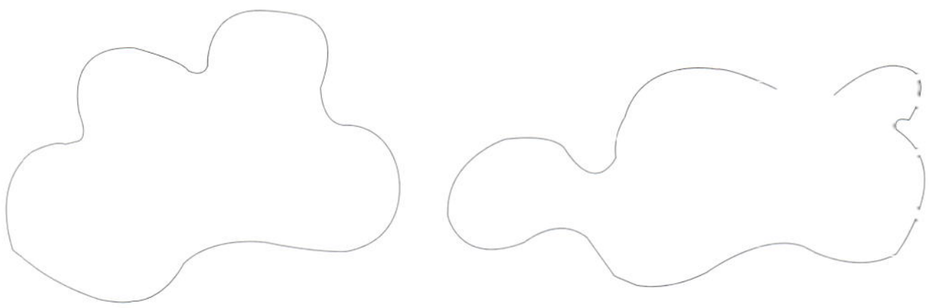

[그림 5-9] 폐곡선과 개곡선

처음 개-폐 개념을 가르칠 때에는 시각뿐 아니라 촉감을 통해서 안과 밖, 경계를 경험하게 하는 것이 좋다. 예를 들어, 폐곡선을 그리기 어려운 유아도 [그림 5-10]과 같이 지오보드를 이용하면 쉽게 폐곡선을 만들 수 있다. 이와 같이 시작점과 끝점이 같아 닫혀 있는 폐곡선의 경우에는 안과 밖, 경계의 개념이 존재할 수 있다. 예를 들어, 개집을 묘사할 때에는 첫 번째 차원인 '안'은 개가 들어가서 잘 공간을 말한다. 두 번째 차원인 '경계(또는 둘레)'는 벽이나 지붕의 표면을 뜻한다. 마지막 차원인 '밖'은 개가 놀 마당 등 개집 외부의 공간에 해당한다. 안과 밖, 경계 개념은 이후 면적이나 둘레를 학습하는 데 기초가 된다.

개-폐 개념 역시 다음과 같이 근접성 개념과 유사한 원리로 지원할 수 있다.

[그림 5-10] 지오보드로 다양한 폐곡선을 만드는 유아

- 일상생활 상황에서 개-폐 개념을 길러준다.
  - 반대되는 공간 용어를 함께 사용하여 상호작용하기

    예 풀 뚜껑이 열려 있네. 선생님이 뚜껑을 닫아 줄게.
- 놀이나 게임을 통해 개-폐 개념을 체험하게 한다.
  - 콩주머니 던지기: 원 안에 들어갔는지, 밖에 떨어졌는지, 경계선에 떨어졌는지 관찰하기
  - 블록 놀이(대형 블록): 울타리를 만들고 유아 자신이 안에 들어가 보기
  - 블록 놀이(소형 블록): 가게, 집, 기차 등을 만들고 그 안과 밖에 장난감 인형 등을 배열하기
- 미술활동을 통해 개-폐 개념을 표상하게 한다.
  - 스텐실 : 윤곽을 따라 그리고(경계), 모양(안) 또는 배경(밖)을 색칠하기
  - 모루: 여러 가지 폐곡선이나 개곡선을 만들어보기

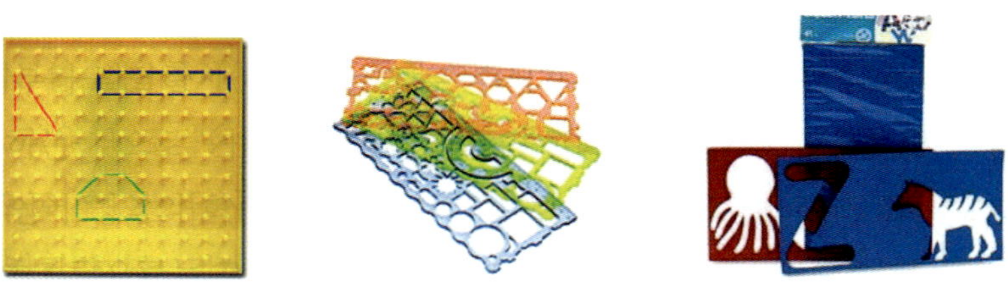

[그림 5-11] 개-폐와 관련된 교구

2 도형

도형의 종류는 무한하지만, 모든 도형은 뒤집기나 옮기기, 돌리기 등의 변환을 가할 경우 위치는 변해도 모양이나 크기, 각도 등은 변하지 않는다는 공통점이 있다. 유아에게 있어 이러한 도형에 관한 이해가 공간에 관한 이해보다 늦게 발달한다고는 하지만, 도형 역시 유아의 생활과 밀접한 관련을 맺고 있다. 감각운동기의 놀이와 활동은 대부분 모양에 관한 학습(예 어떤 모양의 물체가 쥐기 쉽고, 잘 굴러가는지)과 관련이 있다. 유아들이 흔히 하는 짝짓기나 분류하기 활동도 모양을 기준으로 한 경우가 많다(Charlesworth, 2000). 이와 같이 유아는 주변 환경에 있는 물체, 자신의 신체 형태나 신체로 표현할 수 있는 모습, 그리고 기하학적 형태 등 모양에 관심이 많다. 또한 모든 물체는 모양을 갖고 있으며, 모양을 통해 그 물체가 무엇인지 알 수 있고, 다른 물체와도 구별할 수 있다는 것을 학습한다. 물체의 모양을 구별하는 것을 중요한 이유 중 하나는 읽기 준비도가 형태에 대한 지각에 기초하고 있다는 것이다(Eliason & Jenkins, 1990). 피아제에 의하면 도형 개념의 발달은 다음과 같다(김상윤, 2004; 김숙자·김현정, 2005).

1단계(2세 6개월~4세)

이 시기 유아는 삼각형과 같은 도형이 아니라 숟가락 등 친숙한 물체를 인식한다. 형태의 추상이 시작되지만 유클리드 기하보다는 위상기하로 인식된다. 예를 들어, 원과 사각형은 폐곡선일 뿐 서로 구분이 되지 않는다. 3세 이전에는 낙서하듯 목적 없이 그리다가 3세경이 되면 확실한 모양을 잡기 시작한다. 그러나 변의 길이, 각도, 크기, 변의 수 등은 무시된다.

2단계(4세~6세)

4세쯤 되면 곡선으로 된 형태와 직선으로 된 형태를 구별하기 시작하지만, 아직 정사각형과 직사각형 그리고 원과 타원을 구별하지 못한다. 5세 전후에는 도형의 각과 원을 구별하고, 정사각형과 직사각형의 차이를 알게 된다. 하지만 삼각형의 선이 증가하여 사각형이 된다거나 원이 둘로 나뉘면 반원이 된다는 것은 모른다. 이후 마름모와 사다리꼴의 차이를 발견하지만 아직 복잡한 도형의 표상에는 어려움이 있다.

3단계(6~7세)

6~7세가 되면 나치의 상징 기호와 같이 복잡한 형태도 구별할 수 있다. 또한 통합적으로 그림을 그리고 재구성하고 또 그대로 모방하는 등 여러 가지 방법으로 도형을 이해하기 시작한다(김숙자·김현정, 2005).

심층탐구 유클리드에 대하여

여기저기 흩어져 있던 기하학 지식들을 모아 학문으로서 체계화한 최초의 책이 있다면 그것은 BC 4세기경 유클리드가 피타고라스, 플라톤, 히포크라테스 등의 자료를 모으고, 자신의 창작을 가미하여 편찬한 「원론(原論, Elements)」이다. 이 책은 2천 년 이상 기하학의 교과서로서 군림해 왔다. 또한 유클리드가 원래 기하학자였기 때문에 이 책은 처음부터 끝까지 기하학적이며, 산수적인 것까지도 기하학의 냄새를 풍기고 있다. 예를 들어, "변이 비례할 때에는 평면 수 및 입체 수는 상사이다."라는 논의에서 그는 수를 숫자로 나타내지 않았으며, 현재 우리들이 사용하는 대수 기호와 유사한 것도 쓰지 않고 오로지 선만을 사용했다. 또한 그는 도형을 관찰할 때 선, 원, 각, 삼각형 등 눈에 잘 보이는 것뿐만 아니라 크기가 없는 점이 있다는 데에도 관심을 두었다. 남들이 보지 못한 점에서부터 모든 것을 시작했던 것이다.

옛날에는 이 책 외에 다른 수학 교과서가 없었으므로 유클리드를 학자 이름이 아니라 책 이름, 또는 기하학 자체로 착각하는 사람조차 있었다. 그의 생애에 대해서는 자세히 알려진 것이 없지만 다음 일화를 통해 그의 성품을 유추할 수 있다. 기하학을 배우던 한 제자가 그에게 "딱딱한 논리로만 엮어진 기하학을 배워서 어디에다 써먹겠단 말입니까?"묻자 유클리드는 "실용성이나 바라는 더러운 심성을 가진 놈"이라고 꾸짖으면서 동전 몇 푼을 던져주며 내쫓았다고 한다. 또한 그는 알렉산드리아 대학을 세운 이집트 왕 톨레미 2세의 어린 시절 스승이기도 하였는데, 공부에 지친 톨레미가 그에게 기하학을 터득하는 지름길을 묻자 그는 "기하학에는 왕도가 없습니다."라고 답변했다고 한다. 이는 수학 공부의 지름길을 단순한 공식의 암기쯤으로 생각하는 사람이 있다면 다시 한 번 새겨들을 만한 대답이다.

A page from Euclid's *Elements*.

유클리디의 원론

1) 도형의 인식과 명명

도형은 [그림 5-12]와 같이 평명도형과 입체도형으로 나뉜다. 흔히 사용되는 입체 도형은 구, 원기둥, 원뿔, 정육면체, 직육면체 등이고, 평뎐도형으로는 원, 삼각형, 정사각형, 직사각형, 평행사변형, 타원형 등이 있다(Smith, 1997). 우리의 환경은 다양한 도형으로 이루어졌으며, 다음과 같이 일상에서 도형을 인식, 활용하고 있다.

- 답이 맞았으면 ○, 반쯤 맞았으면 △, 중요한 것은 ☆로 표시한다.
- 피라미드에서 삼각뿔을 볼 수 있다.

여러 가지 도형 중 유아에게 친숙한 기본 도형인 원, 삼각형, 사각형 등의 성질을 살펴보면 다음과 같다(심정화, 2004).

- 원 : 평면상의 한 정점에서 거리가 일정한 점의 집합을 말한다. 원은 곡지점이나 변이 없으며 어느 쪽에서 보더라도 똑같은 모양이다.
- 삼각형: 세 개의 선분으로 둘러싸인 내용을 말한다. 삼각형은 세 개의 꼭지점과 세 각, 세 변이 있다. 또 세 변의 길이와 세 각의 크기가 같은 삼각형을 정삼각형이라고 한다.
- 사각형: 사각형에는 특별한 이름이 많다. 가장 흔한 것이 직사각형, 정사각형, 마름모이다. 사각형은 네 개의 꼭지점이 있고, 대각선이 두 개 있다. 네 개의 변과 네 개의 각이 똑같이 이루어진 닫힌 도형을 정사각형, 네 각이 모두 직각인 사각형을 직사각형이라고 한다. 그리고 사각형에서 네 변의 길이가 모두 같은 도형을 마름모라고 한다.

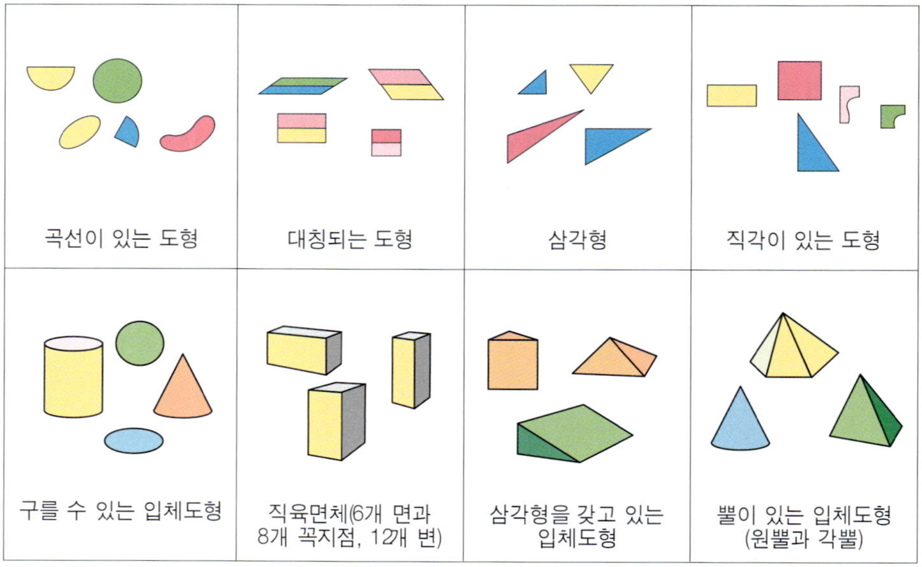

[그림 5-12] 다양한 평면도형과 입체도형(Van De Walle, 2007)

이러한 도형들 중 유아는 원, 사각형, 직사각형, 삼각형의 순으로 인식한다. 따라서 처음부터 여러 도형을 소개하기 보다는 원, 다음에는 사각형 등 한 가지 도형만을 식별하는 것으로 시작하고 점차 다른 모양을 소개한다. 도형을 소개할 때에는 꼭지점, 각, 면 등 핵심적인 속성에 주목하게 하되, 삼각형, 사각형과 같은 형식적 명칭을 강조하기보다는 세모, 네모 등 유아에게 친근한 이름으로 이해시키는 것이 좋다. 또한 한 연구에서 유아들은 도형이 다른 방향에 놓이더라도 같은 도형으로 인식할 수 있으나 기울어졌거나 비대칭일 경우에는 도형의 인식에 어려움을 느끼는 것으로 나타났다. 예를 들어, 꼭지점이 가운데 있지 않으면 삼각형이 아니라고 인식하는 것이다. 이는 유아가 도형에 대해 부정확하고 고정화된 인식을 갖고 있음을 보여준다. 따라서 유아에게 정형화된 도형이 아닌 다양한 도형을 접해보게 하고(홍혜경, 2004; 홍혜경·김세루, 2008), 같은 도형에 속하는 것과 아닌 것을 함께 경험해보게 하는 것이 좋다(김은정, 2006).

과거에는 교육현장에서 입체도형보다는 주로 평면도형에 초점을 둔 교육 활동을 제공해왔는데, 도형의 특성을 인식하도록 하기 위해서는 평면도형보다 입체도형을 먼저 소개하는 것이 바람직하다. 예를 들어, 원과 네모 그림을 변별하기보다 먼저 공과 주사위를 탐색하게 함으로써 원은 둥글고 굴러가며, 주사위는 모서리로 이루어져 있고 네 면이 모두 평평하다는 속성을 발견하고, 도형간의 차이를 인식하게 하는 것이 효과적이다. 이러한 맥락에서 도형의 인식은 다음과 같은 활동을 통해 촉진될 수 있다.

- 일과를 통해 도형에 대한 인식 능력을 길러준다.
  - 지시적 용어(이것, 저것)보다 구체적인 용어를 사용하기
    "장난감을 저기에 두자"보다는 "장난감을 빨간 네모 책상 위에 두자"
- 주변 환경에서 여러 가지 모양을 찾아보게 한다.
- 물체뿐 아니라 물체의 형태적 특성을 생각하게 한다.
  - 수수께끼: 교사가 묻고 유아가 답할 수도 있지만, 유아에게 문제를 만들게 하면 더욱 효과적이다.
  - "나는 둥글고 빨간색이에요. 위에 꼭지가 있어요. 나는 누구일까요?"
- 다양한 모양을 자유롭게 만들어 보게 한다.
  - 찰흙으로 모양 빚기
  - 핑거페인팅을 이용한 모양 만들기
  - 모양 오리기 및 모양 찍기
- 모양의 변별 및 분류 활동을 제공한다.
  - 같은 모양끼리 짝짓기 또는 분류하기
  - 도형 모양의 종이 안에 그 도형과 같은 모양의 물건을 올려놓기
  - 도형 도미노 카드를 연결하기

[그림 5-13] 도형의 인식과 명명과 관련된 교구

2) 도형의 변환과 대칭

도형의 변환(motion)에는 옮기기(slide), 뒤집기(flip), 돌리기(turn) 등이 포함된다. [그림 5-14]와 같이 '옮기기(slide)'는 공간에서 도형을 수평 또는 수직 이동하거나 대각선 방향으로 위치를 바꾸는 것이다. '뒤집기(flip)'는 도형의 앞면과 뒷면을 바꾸는 것이다. '돌리기(turn)'는 장소의 이동 없이 도형 자체를 회전시키는 것으로 0도에서 360도에 이르기까지 다양한 각도로 돌리기가 가능하다. 이와 같은 도형의 변환은 유아에게 어렵게 느껴질 수 있지만, 우리의 일상생활에는 자연스럽게 도형의 변환을 경험할 수 있는 경우가 많이 있다.

- 거울 속의 모습을 보면 좌우가 바뀌어 있다(뒤집기).
- 물구나무를 서면 위와 아래가 거꾸로 보인다(돌리기).

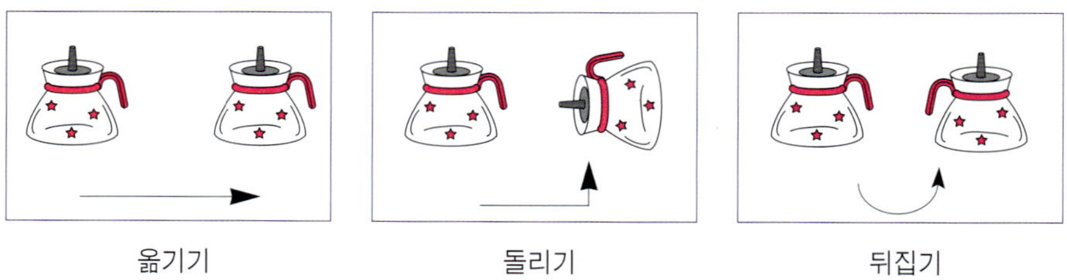

[그림 5-14] 도형의 변형

도형은 옮기거나 돌리거나 뒤집는 등 변환을 할 때 위치는 변화하지만, 크기, 모양, 각도 등은 변하지 않는 특성을 갖고 있다. 도형의 변환에 대한 유아의 이해는 옮기기, 뒤집기, 돌리기의 순으로 나타난다. 4세경의 어린 유아들도 두 도형이 같은 모양인지 판단하기 위해 도형을 가까이 옮겨서 비교하거나 한 도형을 다른 도형 위에 올려놓는 전략을 사용하며, 과제가 단순하고 방향에 대한 단서가 있으면 4~5세 유아도 돌리기 과제를 수행할 수 있는 것으로 나타난다. 따라서 구체물이 주어지고 과제가 단순할 때에는 유아들도 변환 과제를 어느 정도 수행할 수 있다고 볼 수 있다. 그러나 많은 유아들이 처음에는 옮기고 돌리는 조작 활동에 미숙하여 변환 동작을 잘 수행하지 못하고, 도형의 위치가 달라지면 서로 다른 도형으로 인식한다(나귀옥, 2006; 안진경, 2006).

도형의 변환은 컴퓨터 활동을 통해서도 경험할 수 있지만, 퍼즐이나 칠교판, 패턴블록과 같은 구체물을 직접 조작해 보는 것이 더욱 효과적이다. 유아는 시행착오를 거쳐 도형의 변형 결과를 예측하고 인식하게 되며, 물체의 위치나 방향을 바꾸는 활동이 물체의 크기나 모양을 변하게 하지 않는다는 것을 이해할 수 있다.

'대칭(symmetry)'은 어떤 모양을 반으로 접었을 때 완전히 겹쳐지는 것을 말한다. 대칭은 형태에 균형을 부여하고 우리에게 심미감을 제공한다. 자연 세계에는 다음과 같이 대칭 현상이 많이 발견된다(Smith, 1997).

- 인간의 몸은 좌우가 동일하다.
- 호수에 비친 산의 모습은 산의 모습과 수평으로 대칭을 이룬다.

대칭은 수직대칭과 수평대칭으로 나뉘는데, '수직대칭'은 수직선을 중심으로 좌우의 모양이 동일한 것이고, '수평대칭'은 수평선을 중심으로 상하의 모양이 같은 것이다. 사람이나 알파벳 A는 수직대칭이고, 숫자 3이나 D는 수평대칭에 해당한다. 또한 축구공이나 숫자 8, 알파벳 H와 같이 수직대칭이자 수평대칭인 경우도 있다.

[그림 5-15] 유아가 만든 데칼코마니

대칭개념을 확실히 이해하고 활용하는 것은 초등학교 2학년 경이 되어야 가능하지만, 대칭에 대한 직관적 이해는 영아기부터 나타나기 시작한다. 유아는 비대칭적인 모양보다 대칭적인 모양을 더 잘 기억하고, 변별하고, 좋아할 뿐 아니라 종종 대칭을 이루고 있는 구조물을 만든다. 특히 수직선을 중심으로 한 좌우 대칭이 수평선을 중심으로 한 상하 대칭보다 빨리 발달하며, 생후 4~12개월이면 수직 대칭에 대한 선호가 발견된다(김경희, 2006; 안진경, 2005).

이와 같이 유아들도 도형의 변환 및 대칭에 대한 직관적인 인식을 갖고 있으므로 다음과 같이 다양한 활동을 지원하는 것이 좋다.

일상생활 속에서 도형의 변환 및 대칭 경험을 지원한다.

- 신체 회전이나 회전 물체 타보기

- 주변 자연물이나 교실에서 대칭인 것 찾아보기

유아의 이해 수준에 맞추어 활동의 난이도를 조절한다.

- 단면 퍼즐: 퍼즐 조각을 옮기고 주변 형태에 맞추어 조각의 방향도 돌려보아야 하지만, 조각의 뒷면에 그림이 없으므로 뒤집기를 할 필요는 없다.
- 양면 퍼즐: 옮기기와 돌리기뿐 아니라 뒤집기도 해야 하므로 단면 퍼즐보다 어렵다.

미술활동을 통해 대칭의 원리와 아름다움을 느끼게 한다.

- 데칼코마니
- 색종이 접기
- 대칭인 미술 작품 감상하기

대칭을 이해하기 위해 절반의 모양으로 전체 모양을 추측하게 한다.

- 절반만 보고(예 ◖) 어떤 도형인지 말하기(동그라미)
- 절반만 보고(예 ◖) 나머지 반쪽을 채워 그리기(●)

[그림 5-16] 도형의 변환과 대칭과 관련된 교구

심층탐구 칠교판과 칠교놀이

- 준비물 : 색종이, 가위
- 칠교놀이의 유래

  칠교놀이는 정사각형 모양을 잘라 만든 7개의 조각(칠교판)으로 여러 가지 사물의 모양을 만드는 놀이이다. 칠교놀이가 언제부터 시작되었는지는 정확하지는 않지만 중국에서 들어온 것으로 추정된다. 서양에서도 칠교놀이를 탱그램(tangram)이라고 부르면서 많은 관심을 갖고 있다. 일례로 애드가 앨런 포우는 상아로 칠교판을 만들었고, 나폴레옹은 귀양살이를 할 때 칠교놀이를 하면서 고독을 달랬다고 한다.
- 칠교판의 원리

  칠교판이란 일곱 개의 교묘한 판을 뜻하며, 이등변 삼각형 5개, 평형사변형(45도, 135도) 1개, 정사각형 1개로 구성된다. 칠교놀이를 할 때에는 이들 일곱 조각을 모두 사용해야 하며, 이를 통해 모양과 크기의 비교, 도형의 특성, 합동, 대칭, 닮음, 변환, 공간지각력 등이 길러질 수 있다.
- 칠교판 만들기

  칠교판의 재료로는 주로 나무가 사용되었으나 최근에는 플라스틱 등으로 된 상업용 제품들이 나와 있다. 그러나 칠교판은 아래 도면을 참고하여 쉽게 만들 수 있다. 일회용으로 사용하려면 색종이로 만들고, 입체감 있는 교구를 원한다면 문구점에서 EVA원판을 구입하여 제작할 수 있다. 또한 고무자석으로 만들면 자석 판이나 냉장고에 붙일 수 있다.

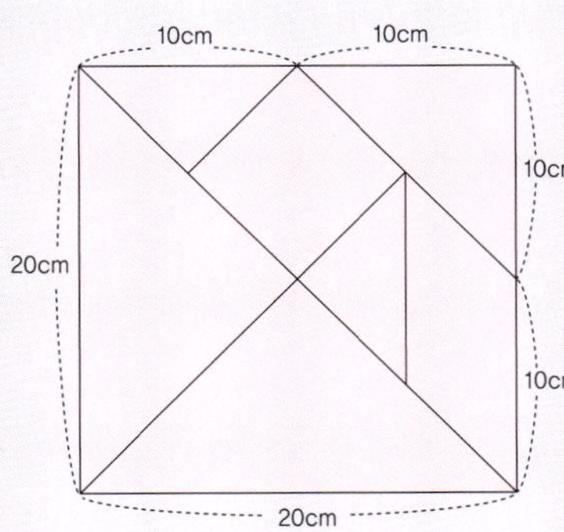

칠교판 도면

유아의 작품 샘플

- 위의 도면대로 색종이로 칠교판을 만든 후 원하는 모양을 구성하고 작품의 이름을 붙이시오. 친구에게 자신의 작품을 보여주고 무엇을 만든 것인지 추측해보게 하시오.

3) 도형의 합성과 분할

도형의 합성(compose)과 분할(decompose)은 도형을 모으거나 나누는 활동으로 도형 결합, 도형 조합 또는 도형 분해 등의 용어로도 사용된다. 유아는 기하학적 놀잇감을 결합해서 어떤 모양을 만들어 보는 것을 좋아한다. 이러한 놀이에서 유아는 도형의 속성을 인식하고, 돌리기나 뒤집기 등 도형의 변환을 경험할 뿐 아니라 자연스럽게 여러 가지 도형을 합성하고, 다시 분할해 보는 기회를 갖게 된다. 또한 일상생활에서도 다음과 같은 도형의 합성과 분할을 경험할 수 있다.

- 조각을 이어 퀼트 이불을 만든다.
- 벌집은 육각형 모양의 셀(cell)로 나누어 볼 수 있다.

도형의 합성과 분할은 '가역성' 개념과도 관계가 있다. 예를 들어, 정사각형 색종이를 대각선으로 접으면 이등변 삼각형(분할)이 되지만, 다시 펼치면 정사각형(합성)으로 되돌아온다. 도형의 합성과 분할을 지도할 때 가장 중요한 것은 [그림 5-17]과 같이 유아에게 여러 가지 해결책이 가능하며, 유아 스스로 자유롭게 문제를 해결해 나갈 수 있음을 인식시키는 것이다. 한편 패턴블록을 합성해서 새로운 모양을 만드는 과정에서 유아는 패턴블록을 도형 이름(예 사각형) 대신 색깔로 부르는 경우가 있는데(예 "노란색 좀 줘"), 도형의 이름에 따라 블록을 인식하고 명명하도록 지도해야 한다. 도형의 합성과 분할에 대한 유아의 발달 수준은 122쪽 심층탐구에 상세히 제시되어 있다. 이러한 유아의 특성을 참고하면서 다음과 같이 도형의 합성과 분할 활동을 지원할 수 있다.

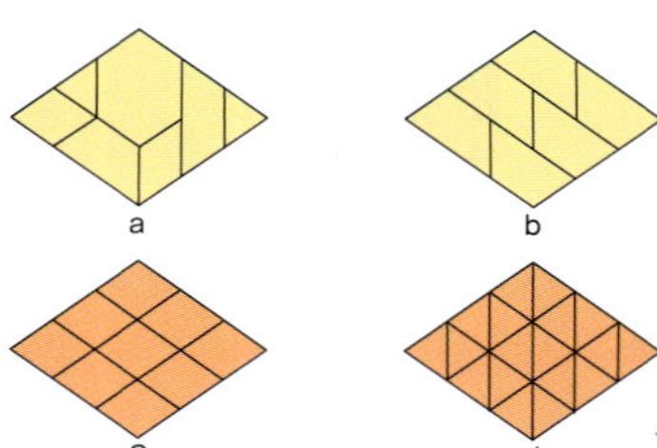

출처: 곽향림, 허미화, 김선영(2007)

[그림 5-17] 평형사변형을 합성하는 다양한 방법들

- 일과를 통해 도형의 합성과 분할의 경험을 지원한다.
  - 피자나 케이크를 자를 때 조각 모양이나 개수에 관심을 갖기
  - 큰 책상이 없을 때 작은 책상을 두개 연결하기
- 유아의 이해 수준에 맞추어 활동의 난이도를 조절한다([그림 5-18] 참조).
  - 예시 그림에 도형의 윤곽선 모두 제시하기(a)
  - 예시 그림에 도형의 윤곽선 부분적으로 제시하기(b)
  - 예시 그림에 도형의 윤곽선 없이 전체적인 모양만 제시하기(c)
  - 도형 예시 그림 없이 상상하거나 실물 사진을 보고 합성하기(d)

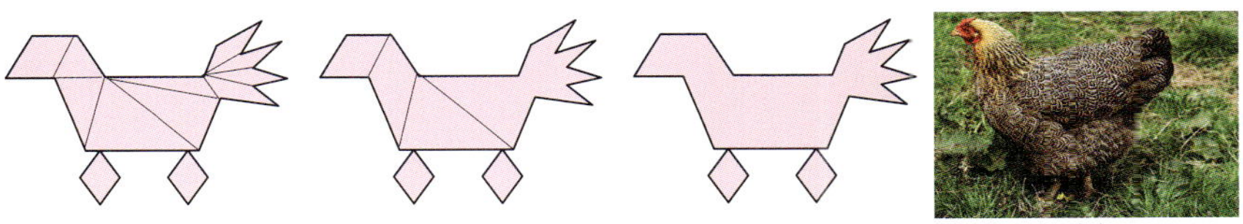

(a) (b) (c) (d)

[그림 5-18] 윤곽선 제시에 따른 난이도 조절

- 도형의 합성과 분할 시 수 개념을 적용한다.
  - ~을 만들기 위해 필요한 도형의 수 예측하기
  - ~을 채우기 위해 사용한 도형의 수 세기
  - 도형 종류별로 사용한 수 비교하기

[그림 5-19] 도형의 변환과 대칭과 관련된 교구

심층탐구 우리나라 유아의 도형의 합성과 분할 발달

도형의 합성에 관한 발달은 전–합성자, 조각 조립자, 그림 제작자, 도형 합성자, 대치 합성자 등 다섯 가지 수준으로, 도형의 분할은 전–분할자, 조각 분할자, 중복 분할자, 도형 분할자 등 네 가지 수준으로 분류된다. 연령이 다른 유아 몇 명을 대상으로 각기 어떠한 수준에 있는지 관찰해보시오.

〈표 5–1〉 도형의 합성 수준

수 준	내 용
전–합성자 (pre–composer)	도형을 모아놓기를 거부하거나 도형을 붙여 놓지 못한다. 하나의 모양을 나타내기 위해여 하나의 도형만을 사용한다.
조각 조립자 (piece assembler)	도형을 연결하며, 이 때 각각의 도형은 고유한 역할을 나타내기 위해 사용된다. 도형을 전체로 인식하고, 도형들 간의 관계 또는 도형의 부분들 간의 관계는 인식하지 못한다. 뒤집기와 돌리기를 제한적으로 사용한다.
그림 제작자 (picture maker)	그림을 맞추기 위해 도형을 연결하며, 하나의 역할을 나타내기 위해 여러 개의 도형을 연결해서 사용한다. 그러나 도형의 연결 결과를 예측하지 못하고 변의 길이와 같은 단순한 기하학적 속성만을 고려하여 시행착오를 거쳐 구성한다. 뒤집기와 돌리기를 사용한다.
도형 합성자 (shape composer)	의도와 기대를 갖고 새로운 형태를 만들기 위해 도형을 합성한다. 길이와 각도를 고려하여 도형을 선택한다. 혼합도형의 상이 발달한다.
대치 합성자 (substitution composer)	도형간의 대치 관계를 인식, 사용한다.

〈표 5–2〉 도형의 분할 수준

수 준	내 용
전–분할자 (pre–decomposer)	도형의 분할을 거부하거나 원래 도형 그대로 놓는다.
조각 분할자 (piece decomposer)	도형을 2~3조각으로 나누어 대치하여 분할하기가 출현하나 대체적으로 1~2 경우만 가능하고 중복된 분할이 있다.
중복 분할자 (repeating decomposer)	도형을 시행착오를 통해 다른 도형으로 분할하고 대치하여 놓을 수 있으나 이미 만든 배열을 2~3개 중복된 분할을 한다.
도형 분할자 (shape decomposer)	의도성과 기대성을 갖고 도형의 분할을 할 수 있으며, 가능한 모든 경우를 찾을 수 있고 중복된 분할은 없다.

우리나라 3~5세 유아의 경우 연령이 높을수록 도형의 합성과 분할 수준은 높아지지만 남아와 여아 간의 차이는 없는 것으로 나타났다.

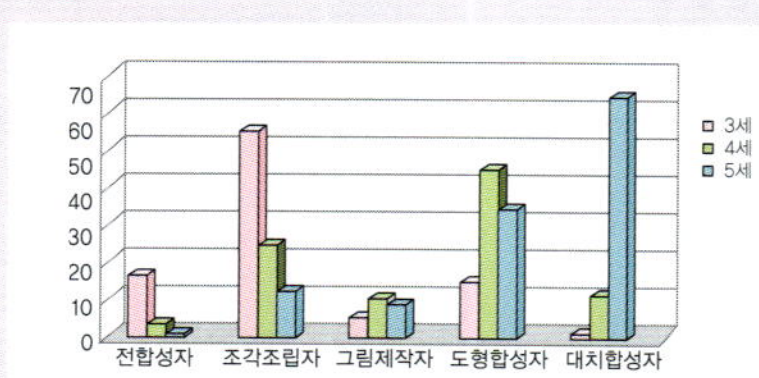

[그림 5–20] 도형의 합성

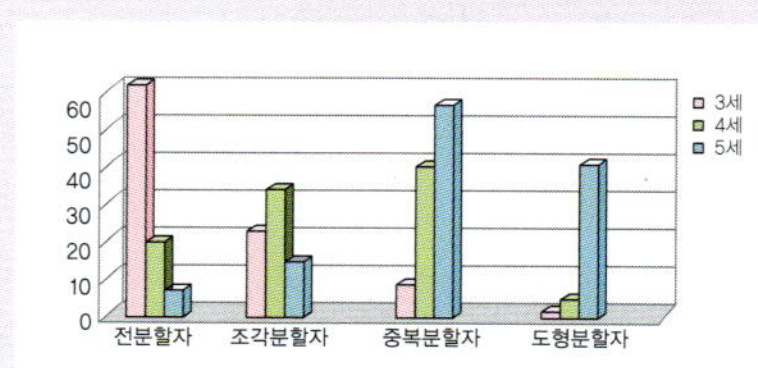

[그림 5–21] 도형의 분할

CHAPTER 6

측정

측정(measurement)은 어떤 대상의 크기를 수치화하는 것으로 '측정'의 단위로 비교한다. 측정을 하고자 할 때에는 "길이, 넓이, 부피, 무게 등 물체의 '속성' 중에서 무엇을 측정해야 할 것인가? 적절한 단위는 무엇인가? 어떤 측정 '기술'을 사용할 것인가?"와 같은 문제를 동시에 고려해야 한다. 성인들은 물체가 얼마나 긴지, 짧은지, 무거운지, 가벼운지를 측정할 때 자나 저울 등의 측정 도구를 이용하여 "이것은 저것보다 30cm 더 길고, 5kg이 더 무겁다"고 말할 수 있고, 100cm는 1m와 같고 1kg은 1,000g과 같음을 이해한다. 그러나 유아는 더하기, 빼기와 관련된 연산 개념이나 단위에 대한 이해가 어렵기 때문에 성인과 같은 측정을 하기는 힘들다. 또한 이들은 작은 단위와 큰 단위의 관계를 단순히 '수'로 파악하기 때문에 1,000(g)이 1(kg)이 어떻게 같을 수 있는지 혼란을 느낀다(김영선 외, 1997). 측정의 과정이 어려운 이유는 또 있다. 수세기는 사탕이 몇 개 있나 알아내는 것과 같이 '불연속적'인 물체에 관련된 것인 반면, 측정은 '연속적'인 과정이기 때문이다. 예를 들어, 사탕 한 개의 무게를 측정하기 위해서는 저울 숫자를 읽어야 하는데, 사탕 한 개는 정확히 3g이나 4g이 아니라 3.14g의 무게가 나갈 수 있다(Smith, 1997).

따라서 보존개념이 형성되지 않은 유아에게는 m나 g과 같은 표준 단위를 사용한 측정보다는 한 가지 속성에 따라 두 가지 물체를 비교하거나 세 가지 이상의 물체를 순서를 지어 보는 활동으로 시작하는 것이 적절하다. 이러한 입장에서 측정의 기초를 이루는 비교하기와 순서짓기 그리고 길이, 넓이, 부피, 무게, 시간 등의 측정하기를 살펴보면 다음과 같다.

1 비교하기와 순서짓기

비교하기와 순서짓기는 물체들을 어떤 속성에 따라 비교하거나 순서대로 배열하는 것을 말한다. '분류하기'가 사물의 '공통'된 속성을 알아내는 과정이라면(상세한 내용은 8장 1절 참조), '비교하기'와 '순서짓기'는 한 가지 속성에 따른 차이점을 인식하거나 '차이'의 정도를 변별하여 배열하는 과정이라고 할 수 있다. 예를 들어, [그림 6-1]과 같이 아빠, 엄마, 수현, 민섭으로 구성된 가족의 경우 성별에 따라 분류하기를 하면 아빠와 민섭이는 남자로, 엄마와 수현이는 여자로 나누어진다. 남자의 키를 비교를 하면 아빠가 민섭이 보다 더 크다. 가족 전체를 키에 따라 순서를 지으면 아빠가 제일 크고, 다음은 엄마와 수현이고, 민섭이가 제일 작다. 이와 같이 비교하기와 순서짓기는 유사한 과정이지만 '대상의 수'에 차이가 있다. 비교하기는 두 개의 대상을 비교하는 것이고, 순서짓기는 세 개 또는 그 이상의 대상을 포함한다.

[그림 6-1] 유아가 가족을 키 순서대로 그린 그림

1) 비교하기

비교하기(comparison)는 순서짓기 보다 먼저 발달하며, 이후 순서를 지을 수 있는 능력의 기초가 된다. 비교하기는 생존을 위해 필수적이며 인간의 기본적인 성향 중 하나로 다음과 같이 우리의 일상생활 곳곳에 스며들어 있다.

- 타사 제품과 비교하면서 상품을 광고한다.
- 엄친아와 비교를 당하면 기분이 나빠진다.

이와 같이 비교하기는 어떤 '속성'에 따라 두 개의 물체를 관계 짓는 것을 말한다. 즉, 비교를 하려면 비교의 기준이 되는 속성이 있어야 한다. 예를 들어, 우리가 두 명의 달리기 선수 중 누가 더 빠른지를 비교를 한다면, '속력'이 속성이다. 사물이나 사람 또는 사건을 비교할 때에는 다양한 속성에 따라 비교가 이루어질 수 있다. 일례로 결혼 상대자로 두 여자를 비교하는 경우 A라는 여자는 키가 더 큰데, B

라는 여자는 얼굴이 더 예쁠 수 있다. 또한 A가 더 똑똑한 반면 B는 더 젊고, A는 성격이 더 좋은데 B가 돈은 더 많을 수도 있다. 이 때 비교의 기준이 되는 속성들 중에는 어떤 것은 객관적이고(키, 연령), 어떤 것은 주관적이며(외모, 성격), 상황에 따라 객관적일 수도 주관적일 수도 있는 속성도 있다(지능, 재산)(Tucker, Singleton, & Weaver, 2006).

비교를 하기 전에는 먼저 비교할 속성에 대해 인지해야 한다. 예를 들어, 유아는 길이에 대한 개념이 발달하기 전에는 두 연필 중 어떤 것이 더 긴지 판단할 수 없다. 유아가 흔히 비교 기준으로 사용하는 속성은 길이(긴-짧은), 크기(큰-작은), 무게(무거운-가벼운), 속도(빠른-느린), 높이(높은-낮은) 등이다. 이와 같은 비교하기는 주로 두 물체의 속성이 가시적인 관찰로 측정될 수 있을 때 활용된다. 예를 들어, "곰 인형이 토끼 인형보다 크다"고 말하는 유아는 실제 두 인형을 엄밀하게 측정하기 보다는 크기나 키를 눈으로 관찰하고 비교한 것이다. 이러한 과정에서 유아는 수학적 용어를 습득하게 된다. '~보다 더 크다', '~보다 더 길다'와 같은 비교하기와 관련된 용어는 수학적 사고를 신장시킬 수 있기 때문에 유아가 정확히 사용할 수 있도록 유도해야 할 것이다. 나아가 유아에게 비교하기 결과를 거꾸로 표현해 보도록 격려할 수도 있다. 예를 들어, "곰 인형이 토끼 인형보다 크다"면 "토끼 인형이 곰 인형보다 작다"고 역으로 말해보게 하는 것이다. 이를 통허 유아는 'a>b'와 'b<a'는 질적으로 동등한 진술임을 이해할 수 있다(김숙자·김현정, 2005).

비교하기의 또 다른 유형은 '더 많은'이나 '더 적은' 등과 같이 수량에 따라 비교를 하는 것이다. 예를 들어, "나는 너보다 과자가 더 많아"라고 말하는 유아는 자신의 과자와 친구의 과자의 숫자를 비교하고 있는 것이다(Charlesworth & Lind, 2003). 한편 비교하기 결과 물체(또는 집단)간에 차이가 없는 경우도 있다. 예를 들어, 두 인형의 크기가 똑같거나 내 과자와 친구 과자의 개수가 같을 수 있는 것이다.

전조작기 초기의 유아는 보존 개념이 형성되지 않아서 두 물체를 비교할 때 주로 지각에 의존한 측정을 한다. 예를 들어, 다음 그림과 같이 길이가 같은 두 개의 연필을 비교할 때 연필 양쪽 끝을 살피지 못하고, 한쪽 끝만 보고 판단하여 아래 연필이 위 연필보다 길다고 말한다.

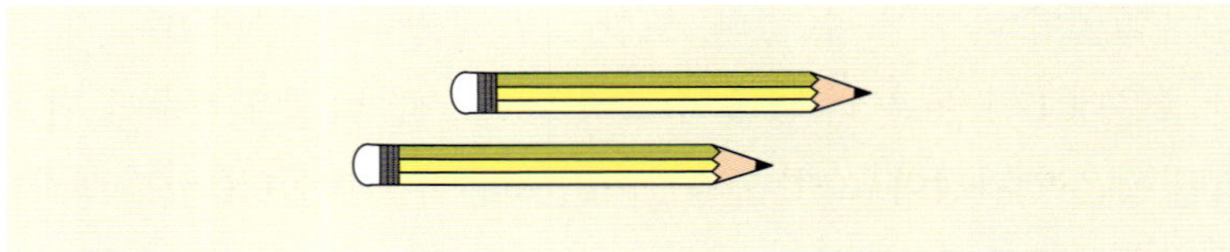

[그림 6-2] 지각에 의존한 길이의 비교

이러한 맥락에서 다음과 같이 유아에게 비교하기를 지원할 수 있다.

- 일과를 통해 비교하기 경험을 제공한다.
  - 정확한 비교 용어를 사용하여 상호작용하기
    "어떤 친구가 색연필 개수가 더 적을까?"('작을까?'가 아님)
  - 반대되는 비교 용어를 함께 사용하기
    "어제는 일찍 왔는데 오늘은 늦었네."
- 사물의 '같다' 개념과 '다르다' 개념을 경험하도록 한다.
  - 여러 가지 물체 중 비슷한 물체를 고르고, 무엇이 비슷한지 말하기
  - 여러 물체들 중 다른 한 물체를 고르고, 어떻게 다른지 말하기
- 여러 물체들을 서로 반대되는 속성에 따라 분류해 보는 경험을 제공한다.
  - 빠른 동물과 느린 동물
  - 뜨거운 음식과 차가운 음식
- 물체간의 차이가 뚜렷하지 않을 경우 정교한 비교하기를 위한 지원을 제공한다.
  - 두 물체를 나란히 두기 : 길이
  - 보조 도구(예 저울) 사용하기 : 무게

[그림 6-3] 비교하기와 관련된 교구

심층탐구

아래의 왼쪽 줄에는 유아가 흔히 사용하는 비교 용어들이 적혀 있습니다. '커다란–작은'의 예시를 참고로 해서 빈칸을 채워보세요. 먼저 각각의 비교 용어와 관련된 속성을 쓰고, 0 에 따라 유아가 비교를 할 수 있는 물체의 예를 몇 가지씩 적으면 됩니다. 이러한 속성 중 어떤 것이 유아가 비교하기가 가장 쉬울지(어려울지), 또 그 이유는 무엇인지 친구와 토의해보시오

비교 용어	속 성	해당 물체의 예
커다란↔작은	크기	인형, 책상, 장난감 자동차, 블록
긴↔짧은		
무거운↔가벼운		
빠른↔느린		
차가운↔뜨거운		
두꺼운↔얇은		
가까운↔먼		
늦은↔이른		
오래된↔새로운		
시끄러운↔조용한		
많은↔적은		

2) 순서짓기

일반적으로 순서짓기 또는 서열화(seriation)는 세 개 이상의 물체를 어떤 속성에 따라 순서대로 배열하는 단순서열을 의미한다. 그러나 이외에도 두 가지 속성을 동시에 고려해서 순서를 짓는 복합서열과 두 개의 집합을 쌍을 이뤄 순서대로 배열하는 이중서열이 있다. 일상생활에서 순서짓기의 예를 살펴보면 다음과 같다.

- 가게에 대개의 상품은 소형, 중형, 대형으로 나와 있다(단순서열).
- 좌표 위의 점의 위치는 X축과 Y축의 수치에 의해 결정된다(복합서열).
- 1등에게는 금메달을, 2등에게는 은메달을, 3등에게는 동메달을 준다(이중서열).

순서짓기에는 시작과 방향이 있고, 일관된 규칙이 적용되고 있어야 한다. 즉, 어느 쪽(예 좌 또는 우, 상 또는 하)에서 순서짓기를 시작해도 좋지만, 중간에 진행 방향을 바꾸어서는 안 된다. 왼쪽에서 오른쪽으로 순서를 짓는 것은 읽기에 도움이 되고, 오른쪽에서 왼쪽으로 순서짓는 것은 가역적 사고에 도움이 된다(권영례, 1997).

처음 순서짓기를 할 때 유아는 두 개의 물체에 대해서만 길이(짧은–긴), 폭(좁은–넓은), 높이(낮은–높은), 크기(작은–큰)를 생각한다. 그 결과 [그림 6–4]의 ⓐ와 같이 막대기를 배열하곤 한다. 발달과 연습에 의해 점차 유아는 전체적인 순서를 '동시'에 생각할 수 있고 결국 [그림 6–4]의 ⓑ와 같이 배열하게 된다. 나아가 유아는 명도(밝은–어두운), 질감(거친–매끈한), 용량(적은 양–많은 양), 소리(조용한–시끄러운) 등의 어려운 속성에 따라서도 순서짓기를 할 수 있게 된다. 이와 같이 한 가지 기준에 의한 단순서열을 할 수 있게 되면, 점차 유아는 복합서열이나 이중서열도 가능해진다.

3~4세

물체간의 차이를 비교할 수는 있고 처음 두세 개는 순서대로 배열하지만, 그 이후에는 지속적으로 순서짓지 못한다. 길이가 다른 막대를 주면 순서대로 배열하지 못하고 아무렇게나 놓는다.

5~6세

시행착오를 거쳐 막대를 순서대로 놓는다. 1~2개를 빠뜨리고 배열한 경우 빠진 것을 적절한 위치에 놓으라고 요구하면 처음부터 다시 배열을 시작하는 경향이 있다.

6~7세

길이가 다른 막대를 순서짓기 할 때 막대의 양쪽 끝을 다 고려한다. 또한 막대를 움직이기 전에 모든 막대를 생각한다. 즉, A>B이고, B>C이면, A>C임을 추론할 수 있으므로 먼저 계획하고 나서 체계적으로 배열한다. 그리고 순서짓기를 양방향으로 할 수 있다. 예를 들어, 큰 것에서 작은 것 순서로 배열할 수 있을 뿐 아니라 작은 것에서 큰 것의 순서로도 늘어놓을 수 있다.

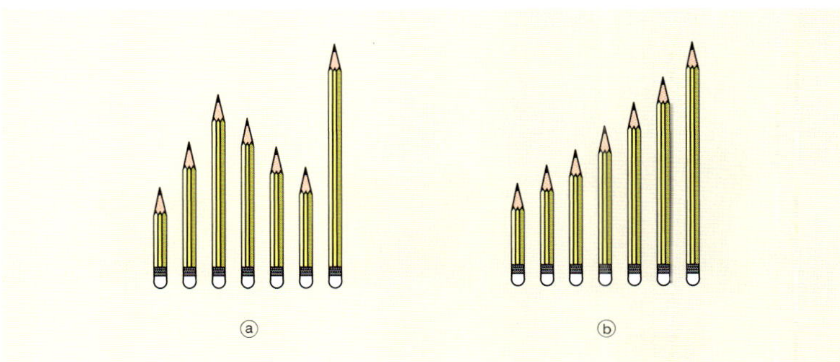

[그림 6-4] 길이에 따른 순서짓기

(1) 단순서열

단순서열은 순서짓기 유형 중 가장 기본적인 것으로서, 세 개 이상의 물체를 한 가지 속성에 따라 배열하는 것을 말한다. 단순서열의 기초는 비교하기 능력이다. 유아는 물체 두 개를 비교하는 것보다 세 개 이상의 순서를 짓는 것이 훨씬 더 어려움을 느낀다. 순서를 짓기 위해서 여러 차례 판단을 해야 하기 때문이다. 예를 들어, 길이가 다양한 막대가 3개 있을 때 한 막대가 앞의 막대보다는 크고, 다음 막대보다는 작다는 것을 동시에 인식해야 한다. 이와 같이 단순서열이 비교하기보다 훨씬 더 어려운 활동이므로 단순서열을 가르치기 위해서는 먼저 2개의 물체를 대상으로 비교하기 활동을 제시한 후 3개의 물체를 순서짓게 하고 차차 물체의 개수를 늘려가야 한다. 처음부터 다섯 개 이상의 물체를 사용하면 시각적으로 쉽게 변별되지 않기 때문에 좋지 않다. 단순서열을 적용하여 만든 교구로는 [그림 6–5]의 ⓐ와 같은 몬테소리 교구가 있다.

(2) 이중서열

이중서열(double seriation)이란 '일대일 대응'을 사용해서 두 집단의 사물들을 순서적으로 배열하는 것이다. 즉, 두 집단을 짝을 지어 순서짓는 것을 말한다. 이중서열의 대표적인 예는 아빠 곰에게는 큰 그릇, 엄마 곰에게는 중간 그릇, 아기 곰에게는 작은 그릇을 짝지으면서 배열하는 것을 들 수 있다. 그러나 두 집단을 서로 반대 방향으로 배열하는 것도 가능하다. 예를 들어, 아빠 곰은 다이어트를 하기 때문에 작은 그릇을 갖고, 엄마 곰은 중간 그릇을 갖고, 아기 곰은 배가 고파서 큰 그릇을 갖도록 짝지을 수 있다.

[그림 6–5] 이중서열의 예

(3) 복합서열

복합서열(multiple seriation)은 세 개 이상의 물체를 두 가지 속성에 따라 순서를 짓는 것을 말한다. 복합서열은 두 가지 속성을 동시에 고려해야 하므로 단순서열보다 유아가 이해하기 훨씬 더 어렵다. 다음 [그림 6–6]의 ⓑ는 원기둥의 높이와 둘레에 따른 복합서열을 이용한 몬테소리 교구이다. 즉, 왼쪽에서 오른쪽으로 갈수록 원기둥의 높이는 높아지면서 원 둘레는 좁아지고 있다.

이상과 같은 순서짓기는 다음과 같은 활동으로 지원할 수 있다.

- 일과를 통해 순서짓기 경험을 제공한다.

- 장난감이나 교구 등을 정리 시 순서대로 보관하기
- 일과 활동의 사진을 찍어서 게시판에 순서대로 붙이기

물체 간의 차이를 발견하도록 장려한다.

- 이 연필들은 어떤 점이 다를까?
- 가장 긴 것은 어느 것이니?
- 가장 짧은 것은?

유아의 발달에 따라 순서짓기 활동의 난이도를 조절한다.

- 먼저 두개를 비교한 뒤 세 개를 순서짓고 차차 숫자를 늘이기
- 세 개를 순서짓기 어려우면, 가장 긴 것을 고른 후 나머지 두 개를 대어보기
- 순서짓기라는 말을 이해하지 못하면, 시범을 보여주거나 처음 몇 개는 교사가 배열한 후 나머지를 유아가 놓아보기

ⓐ

ⓑ

[그림 6-6] 단순-순서짓기(ⓐ)와 복합-순서짓기(ⓑ)와 관련된 몬테소리 교구

2 측정하기

인간은 출생 그 순간부터 체중과 키가 측정되며, 이후 체온, 혈압, 지능지수, 신발 치수, 바지 치수 등 수많은 측정을 경험한다. 이와 같이 측정은 어떤 속성에 대해 비교할 수 있도록 물체에 숫자를 부여하는 것이다(Charlesworth, 2000).

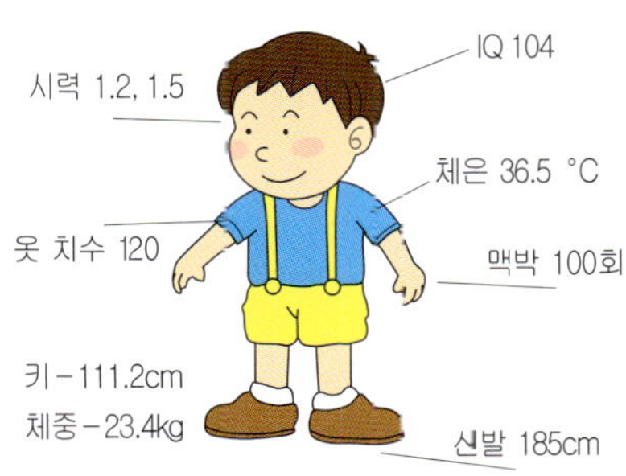

[그림 6-7] 유아와 관련된 측정의 예

측정 개념은 다음과 같은 다섯 단계를 통해 발달하는데, 대개 3~4세 유아는 첫 번째와 두 번째 단계에 속하고, 5세 유아는 두 번째 단계에서 세 번째 단계로 발달하는 과정에 있다(전희영, 2001 ; Charlesworth, 2000).

놀이와 모방(play and imitates)

출생 후 시작하여 감각운동기를 지나 전조작기까지 계속되는 단계로 자기보다 나이 많은 아동이나 성인을 모방한다. 다른 사람들이 하는 것을 보고 숟가락이나 자 또는 저울을 갖고 측정하는 시늉을 하면서 논다. 모래나 물을 한 쪽 그릇에서 다른 쪽 그릇으로 옮겨 부으면서 부피의 속성을 탐색한다. 자기보다 키가 큰 유아들이 더 많은 활동을 할 수 있음을 발견하면서 길이에 대한 첫 개념을 갖게 된다. 그리고 팔이 짧아서 자기가 원하는 물건을 잡을 수 없음을 발견하게 된다.

비교(comparisons)

주로 전조작기에 해당하며, 무거운 것과 가벼운 것, 긴 것과 짧은 것, 큰 것과 작은 것, 뜨거운 것과 차가운 것 등 비교하기를 좋아한다. 그러나 아직 보존개념이 형성되지 않아서 지각에 의존한 측정을 한다. 예를 들어, 길이가 같은 두 개의 막대기를 비교할 때 막대기 양쪽 끝의 관계를 생각하지 못하고, 한 쪽 끝만 보고 판단한다.

임의적 단위 사용(arbitrary units)

전조작기 말과 구체적 조작기 초에 오는 이 단계에서 유아는 소위 임의적 단위를 사용하는 것을 배운다. 예를 들어, 자기 발이 이쑤시개로 몇 개의 길이인가 또는 양동이에 물이 몇 컵 들어갈까를 알아내려고 하는 경우 이쑤시개의 길이나 컵의 부피를 임의적 단위라고 할 수 있다. 임의적 단위를 사용하는 단계를 통해 유아는 표준 단위의 필요성을 학습하게 된다.

표준 단위의 필요성 인식(need for standard units)

구체적 조작기가 되면 표준 단위를 사용할 필요성을 느끼기 시작한다. 다른 사람이 이해할 수 있는 방법으로 의사소통을 해야 한다는 것을 알게 되며, 다른 사람들이 쓰는 것과 같은 단위를 사용해야 함을 발견하게 된다. 예를 들어, 유아가 "엄지 손가락 9개의 넓이의 종이를 주세요"라고 말하는 경우 다른 사람들은 그 유아의 손으로 측정하지 않는 한, 같은 폭의 종이를 찾을 수 없다. 만약 유아가 "20cm 폭의 종이를 주세요"라고 말했다면 다른 사람들도 정확히 종이의 폭을 알 수 있다. 이 예에서 엄지손가락은 임의적 단위이고, cm는 표준 단위이다.

표준 단위 사용 (uses standard units)

마지막 단계는 구체적 조작기에 시작한다. 이 단계에서 유아는 cm, m, ℓ, g 등의 표준적 측정 단위를 사용하고 이해하기 시작한다.

이상과 같은 발달 특성으로 볼 때 측정활동은 비교하기나 순서짓기를 통한 측정활동, 신체 단위를 이용한 측정, 비표준 단위를 이용한 측정, 표준 측정도구를 이용한 측정의 순서로 진행되어야 한다. 측정 활동은 무엇보다 유아에게 의미 있고, 유아에게 익숙하며, 유아가 이미 알고 있는 것을 확장할 수 있는 활동이 좋다. 또한 유아에게 측정의 '필요성'을 깨닫게 하는 활동이 바람직하며, 문제를 해결한 방법을 설명하기 위해 측정 '용어'를 사용할 기회가 있어야 한다(Charlesworth, 2000). 한편 유아들이 측정 활동에 관심이 없을 때 교사는 "나무와 나무 사이의 거리는 얼마나 될까?", "여기 있는 것 중 어떤 것이 가장 무거울까?"라고 질문하여 유아들이 측정 활동에 관심을 갖도록 할 수 있다. 유아들이 놀이 중 서로 갈등을 느낄 때에는 측정 활동을 하도록 유도하면 좋다. 예를 들면, 자기 인형이 더 무겁다고 주장하는 경우 양팔저울을 이용하여 누구의 인형이 무거운지 알아낼 수 있다(김영선 외, 1997).

측정을 하기 위해서는 우선 측정하고자 하는 물체의 '특성'을 파악하는 것이 필요하고, 다음으로 그 특성을 측정하기에 적절한 '단위'를 선택할 수 있는 지식과 측정 기술이 요구된다. 측정 단위는 크게 표준 단위와 비표준 단위로 나눌 수 있는데, 구체적 조작기 이전의 유아에게는 '비표준 단위'의 사용이 우선적으로 권장된다. 그 이유는 첫째, 유아에게는 자나 저울 등의 표준 단위보다는 연필이나 블록 등의 비표준 단위가 주변에서 흔히 접하는 친숙한 물체이기 때문이다. 둘째, 단위의 크기 면에서 볼 때 비표준 단위가 유아가 느끼기에 적합하다. 예를 들어, 10g은 유아가 눈으로 측정하기에는 너무 적은 무게이며, 3m는 너무나 긴 길이이기 때문에 주변에서 자주 접하는 연필이나 지우개 등이 그 무게나 길이에서 보다 실제적으로 의미를 전달할 수 있다. 셋째, 비표준 단위는 유아들에게 '인지적 갈등'을 유발할 수 있다. 예를 들어, '뼘'이라는 비표준 단위를 이용해 책상의 길이를 측정하는 경우, 유아의 뼘으로는 10배의 길이이지만 교사의 뼘으로는 7배의 길이로 나타날 수 있다. 또한 같은 유아가 잴 경우에도 손을 쫙 펴고 쟀을 때와 손을 대충 펴고 쟀을 때 결과가 다르게 나오게 된다(Charlesworth, 2000). 따라서 먼저 교사는 유아에게 손, 발, 키 등 자신의 신체를 이용하여 측정하고, 측정 결과 몇 단위였는지 말하게 하고(7뼘), 이때 신체 단위를 일관성 있게 적용해야 함을 깨닫도록 해주어야 한다(손을 일정하게 편다). 또한 같은 신체 단위를 사용해도 측정한 사람이 다르면 측정 결과도 다를 수 있음을 경험하게 할 수 있다(유아의 뼘과 교사의 뼘). 이와 같이 유아는 신체 단위를 이용한 측정의 부정확성을 인식하면서 여러 사람이 동의할 수 있는 표준 단위를 사용해야 함을 깨닫게 된다.

〈표 6-1〉 비표준 단위의 예

	표준 단위	비표준 단위
길이	cm, m, km	클립, 깎지 않은 연필, 이쑤시개, 발, 눈금 없는 자, 끈
넓이	cm^2, m^2	타일, 디스켓, 색종이, 책, 일정한 크기로 자른 종이
부피	cm^3, m^3, cc, ml, l	종이컵, 컵, 우유팩, 페트병, 주전자, 양동이, 상자
무게	g, kg	양팔저울, 동전, 바둑알

흔히 측정하려는 속성에는 길이, 넓이, 부피, 무게, 온도 등이 있으며, 각각에 적합한 비표준 단위는 〈표 6-1〉과 같다. 먼저 교사는 유아에게 이상과 같은 비표준 측정 도구 중에서 측정하고자 하는 속성에 적절한 도구를 선택하고, 이에 따라 '추정'해 보게 한다("세면대에 물이 얼마쯤 될까? 여기 있는 것 중 무엇으로 알아볼까?"). 다음으로 유아가 직접 측정을 한 후 측정 단위를 말하게 하고 기록하도록 돕는다("컵으로 물이 몇 번 나왔니?").

표준 측정 도구의 사용법(예 자로 잴 때에는 물체의 한쪽 끝을 0에 놓음)이나 단위들 간의 관계(예 1cm=10mm)를 이해하는 것은 초등학교에서 다루어야 할 내용이다. 따라서 유아에게는 자나 저울의 눈금의 의미를 이해하고 해석하는 활동보다는 자를 보여주면서 "뭐 할 때 쓰는 거지?", "집에 자가 있니?", "자에 눈금은 왜 있는 걸까?", "자에 숫자는 왜 있는 걸까?" 등과 같은 질문 정도로 소개하는 것이 좋다. 이상은 길이, 넓이, 부피, 무게 등 측정하고자 하는 모든 속성에 공통적으로 적용되는 것이며, 각각의 특징적인 성격을 살펴보면 다음과 같다.

1) 길이

길이(length)는 두 지점 간의 거리로 정해지는 속성으로서 다음과 같이 일상생활의 다양한 상황과 관련 있다(Troutman & Lichtenberg, 1972).

- 높이(height) : 네 키는 얼마니?
- 길이(length) : 이 연필은 얼마나 기니?
- 폭(width) : 인도(사람이 다니는 길)와 차도(차가 다니는 길) 중 어느 길이 더 넓니?
- 둘레(circumference) : 허리둘레가 얼마나 되니?
- 거리(distance) : 유치원에서 집까지 얼마나 떨어져 있니?
- 깊이(depth) : 물이 얼마나 깊니?

[그림 6-8] 길이와 관련된 상황

유아는 이와 같이 길이와 관련된 여러 속성과 용어들의 개념적 차이를 정확히 이해하지 못하는 경우가 많다. 예를 들어, '높다'고 표현해야 할 때 '길다'라고 말하는 경향이 있다. 이 경우 막대기를 벽에 세워놓고 재면서 '높이'와 연결하고, 막대기를 바닥에 뉘어놓고 재면서 '길이'와 연결함으로써 두 개념의 차이를 구별하는 데 도움을 줄 수 있다(홍혜경, 2004). 이와 같이 교사는 길이와 관련하여 정확한 용어를 사용해 보임으로써 개념들 간의 미묘한 차이를 이해할 수 있도록 해야 한다.

한편 높이나 거리 등 직선의 길이를 잴 때보다 둘레와 같은 곡선의 길이를 재는 것이 훨씬 어렵다. 입체도형의 둘레를 잴 때는 끈이나 훌라후프 등을 이용할 수 있다. 예를 들어, 축구공과 야구공의 둘레를 잰 실의 길이를 나란히 놓고 비교하면 된다. 운동장 둘레의 경우에는 훌라후프에 시작점을 표시한 한 다음 굴리면서 측정할 수 있다(김숙령, 2000). 납작한 접시와 같은 평면도형의 둘레는 클립과 같은 작은 단위를 연결해서 측정할 수 있다. 이외에도 길이의 측정 개념은 다음과 같은 활동을 통해 촉진될 수 있다.

- 일과를 통해 길이의 측정을 지원한다.
  - 길이와 관련된 다양한 용어를 상황에 맞게 정확히 사용하기
  - 우리 반 친구들의 키 그래프를 만들어 붙이기
  - 교실의 친숙한 물체들(책상, 피아노)의 길이를 재어보기
- '~보다 길다'와 같은 용어를 사용하면서 물체를 비교하거나 순서짓는 활동으로 시작한다.
  - 물체를 나란히 놓고 직접 비교하기
  - 멀리 있는 물체는 제 3의 기준 물체(끈)로 간접 비교하기(교실 의자와 실외의 의자)
- 비표준 단위로 물체를 측정하는 방법을 생각해보게 한다.
  - 한 가지 단위를 반복하여 측정하기(이쑤시개)
  - 동일한 단위를 연결하여 측정하기(클립)
  - 측정하고자 하는 물체보다 더 큰 측정단위를 사용하여 측정하기(지우개와 크레용의 길이를 같은 나무젓가락에 표시해서 비교)

- 측정과 관련하여 인지적 갈등을 지원한다.
  - 같은 대상을 각기 다른 단위로 측정하기(이쑤시개로 10배인데 연필로는 3배)
  - 긴 블록이 없으면 작은 블록 두 개를 합쳐서 사용하기

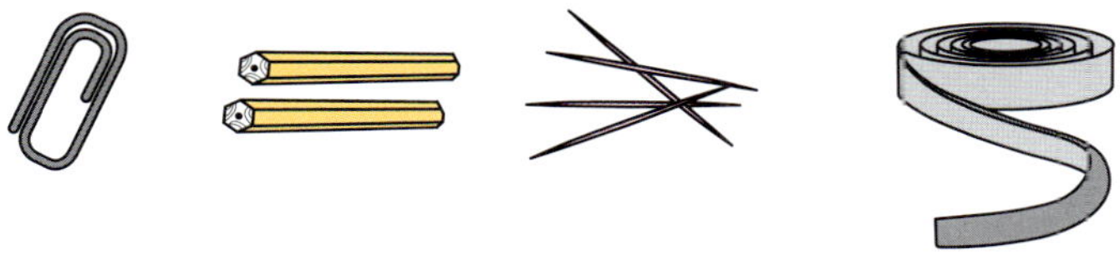

[그림 6-9] 길이의 측정과 관련된 비표준화 단위

2) 넓이

유아교육에서 넓이(area)의 측정은 주요 학습내용으로 다루어지지 않았으나 유아의 놀이나 게임 중에는 넓이와 관련된 것들이 많으며, 일과를 통해도 다음과 같이 넓이를 경험할 기회가 있다.

- 아파트는 넓이(평)에 따라 분양한다.
- 옷감을 살 때에는 옷감의 폭과 길이를 측정한다.

넓이의 속성 중 하나는 '넓이가 같아도 모양은 다를 수 있다'는 것이다. 예를 들어, 다음 [그림 6-10]과 같이 두 명의 유아가 넓이가 같은 종이 6장을 이용해서 만든 모양은 각기 차이가 있을 수 있다.

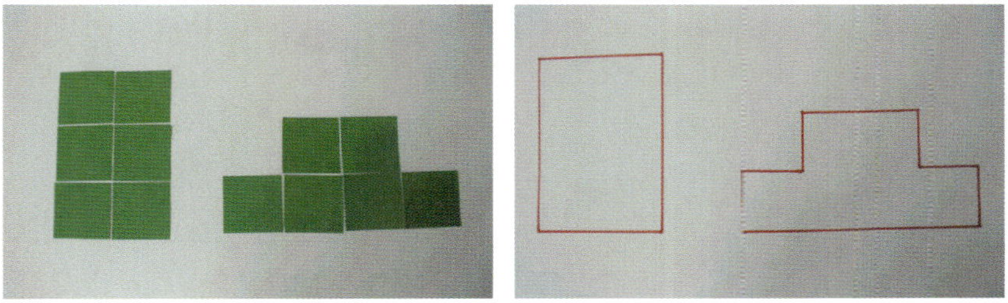

[그림 6-10] 같은 면적의 다른 형태

넓이의 보존개념은 길이의 보존개념보다 더 늦게 발달하며, 넓이의 측정은 길이의 측정보다 더 어려운 과제이다. 길이가 일차원적 측정이라면, 넓이는 가로와 세로를 모두 고려해야 하는 이차원적 측정이기 때문이다(Troutman & Lichtenberg, 1972). 그러나 길이와 넓이의 측정 과정 자체는 상당히 유사하므로 지도 원리는 크게 다르지 않다. 이러한 입장에서 넓이의 측정은 다음과 같은 활동을 통해 지원할 수 있다.

- 일과를 통해 넓이의 측정을 경험하게 한다.
  - 주변 환경을 탐색하는 활동과 연결하여 넓이의 측정을 경험하기
  - 넓이의 측정을 생활 속의 문제해결(예 더러워진 책상 커버를 만들기)을 위해 활용하기

- 비표준 단위로 두 물체의 넓이를 비교한다.
  - 일정 크기(예 1cm×1cm)의 종이로 측정 대상의 표면을 덮어 측정하기
    종이가 몇 조각 필요할지 추정해 본 후 실제 측정 결과를 추정치와 비교한다. 이때 종이가 서로 겹쳐지거나 틈이 생겨나지 않도록 주의한다.
  - 측정 대상을 바둑판 모양의 종이 위에 올려놓고 측정하기
    바둑판 종이에 물체의 윤곽을 그린 후 내부를 색칠하고, 칸의 개수를 세어 본다.
  - 바둑판 모양을 그린 투명 필름(예 OHP)을 측정 대상 위에 올려놓기
    측정 대상을 덮고 있는 칸의 개수를 세어본다.

놓기 전략 / 조절 전략	겹쳐 놓기	한 변 맞대어 놓기	나란히 놓기
모양 조절	유사 모양으로 조절하여 겹쳐서 놓기 	유사 모양으로 조절하여 한 변을 맞대어 놓기 	유사 모양으로 조절하여 나란히 놓기 
변 조절	한 변만 조절하여 겹쳐서 놓기 	한 변만 조절하여 맞대어 놓기 	한 변만 조절하여 나란히 놓기 
조절 없음	무작위로 겹쳐서 놓기 	비틀어 맞추기 	무작위로 나란히 놓기 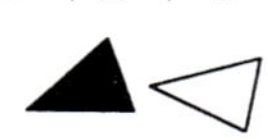

[그림 6-11] 넓이 비교 전략

- 측정 전략을 사용 하여 두 물체의 넓이를 비교한다([그림 6-11]).

- 놓기 전략
- 조절 전략

[그림 6-12] 넓이의 측정과 관련된 비표준화 단위

3) 부피

부피(volume)는 입체가 차지하는 공간의 크기를 말한다. 부피의 측정은 초등학교에서도 넓이의 측정 이후 고학년에 제시되는 내용이나 유아교육현장에서도 비형식적 활동을 통해 부피의 측정이 이루어지고 있다. 또한 부피의 측정은 다음과 같이 우리의 일상생활과도 밀접히 관련되어 있다.

- 여행을 갈 때 짐의 양에 따라 여행 가방의 크기를 정한다.
- 요리를 할 때 컵으로 물의 양을 측정한다.

부피의 측정을 이해하려면 높이, 길이, 폭 등의 삼차원을 협응할 수 있어야 하는데, 이러한 능력은 유아에게 매우 어려운 것이다. 또한 넓이와 마찬가지로 부피가 같아도 형태는 다를 수 있다.

[그림 6-13] 용량은 같지만 모양이 다른 용기

부피의 기초 단위는 cm3이다. 액체의 경우에는 '용량(capacity)'이라고드 하며, 단위는 cc 또는 ml를 사용한다. 엄밀히 말하면 부피와 용량은 다른 개념이다. 부피는 물체가 얼마만큼의 공간을 차지하는지를 측정하는 것이며, 용량은 어떤 용기가 담을 수 있는 양을 측정하는 것이다. 부피의 측정에 대한 학습은 다음과 같은 활동을 통해 이루어질 수 있다.

일과를 통해 부피 또는 용량의 측정을 지원한다.

- 요리하기, 물놀이 및 모래놀이를 통해 특정을 경험하기
- 우리 모둠의 친구들이 다 마시려면 주스가 얼마나 필요한지 측정하기

부피 또는 용량이 같아도 형태는 다를 수 있음을 발견하게 한다.

- 같은 수의 블록으로 입체물을 만든 후 친구의 것과 비교하기
  이 때 블록의 면과 면이 서로 맞닿게 쌓아야 한다.
- 용량이 같지만 모양이 다른 용기에 액체를 옮겨 부어보기([그림 6-14])

용량의 변화를 쉽게 관찰할 수 있도록 지원한다.

- 페트병 등 용기에 눈금을 그리기
- 물을 측정할 때에는 물감을 섞은 물을 사용하기

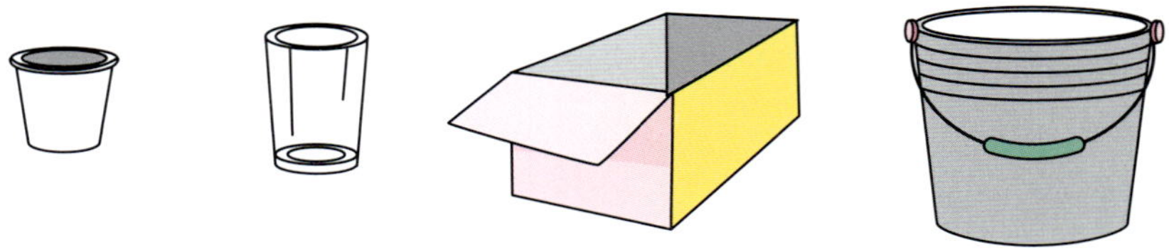

[그림 6-14] 부피의 측정과 관련된 비표준화 단위

심층탐구 한 줌의 크기는?

신체를 이용한 부피의 측정 단위로는 '줌'이 있다. 줌은 '주먹'이라는 뜻으로 한 주먹을 가득 채운 만큼을 나타낸다. 한 줌으로 잴 수 있는 물건에는 구슬, 블록, 콩, 지우개 등이 있다. 그러나 물과 같은 액체는 줌으로 잴 수 없고, 모래나 밀가루 등은 줌으로 쥐면 손가락 사이로 빠져나가기 쉽다. 큰 블록이나 교구장, 의자 같은 물건들도 한 줌으로 잴 수 없다. 즉, 손에 여러 개가 들어갈 수 있을 만큼 크기가 작은 물건들이 줌으로 재기 적당하다. 블록 한 줌과 구슬 한 줌의 개수는 다르다. 블록은 구슬보다 커서 많이 잡을 수가 없기 때문이다. 또한 같은 물건이더라도 성인의 한 줌과 유아의 한 줌은 개수가 다르며, 손을 꽉 잡고 쥘 때와 살짝 잡아 쥘 때도 개수가 달라진다. 이와 관련된 활동을 소개하면 다음과 같다.

몇 줌의 쌀을 옮겨야 할까?

아이들은 가족의 한 줌을 비교해 보면서 비형식적인 측정 방법에 관심을 갖고, 수의 비교 개념을 형성하게 됩니다.

1. 우리 가족의 손의 크기 비교하기

- 우리 가족 중에서 손이 가장 큰 사람은 누구일까?
- 이렇게 알아볼 수 있을까?(손을 벌려서 대어보며 비교해 보고, 도화지에 손 모양을 그려보세요.)

2. 손으로 한 줌을 집을 수 있는 물건 탐색하기

- 한 손으로 집을 수 있는 물건을 찾아볼까?
- 아빠는 어떤 물건을 한 손에 집을 수 있니?
- 내가 집을 수 있는 물건과 크기가 어떻게 다르니?

3. 가족 모두 쌀을 한 줌씩 잡아 양을 비교하기

- 쌀을 한 줌씩 집는다면 얼마나 집을 수 있을까?
- 누가 얼마나 더 많이 집을 것이라고 생각하니?
- 누구의 한 줌이 가장 적었니(많았니)? 왜 그럴까?

4. 한 줌씩 한 줌씩 그릇에 쌀을 옮겨 몇 번에 옮겨지는지 알아보기

- 우리가 먹는 밥의 양만큼 쌀은 한 줌씩 몇 번이나 옮겨야 할까?
- 아빠는(동생은) 몇 줌이면 될까?

출처: 교육인적자원부(2005b)

4) 무게

무게(weight)는 만류인력 법칙의 결과이다. 즉, 지구나 달과 같은 거대한 물체가 있음으로 인해 다른 물체를 끌어당기게 되는 중력의 크기가 곧 무게인 것이다. 따라서 지구상의 모든 물체는 무게를 갖게 마련이며, 우리는 다음과 같은 일상생활에서 무게의 측정을 흔히 경험한다.

- 엘리베이터를 타면 무게 제한이 있다.
- 야채를 살 때 저울로 무게를 달고 무게에 따라 가격을 지불한다.

물체는 신체의 감각을 통해서도 측정될 수 있다. 물체를 들기 위해서는 근육의 힘의 양을 적절히 사용해야 하며, 이러한 감각으로 무게를 느낄 수 있는 것이다. 따라서 성인뿐 아니라 유아도 자신이 든 물체의 무게를 판단할 수 있다. 보다 정확히 무게를 비교하기 위해서는 [그림 6–15]와 같이 일상용품으로 양팔저울을 간단히 만들어서 물체가 몇 개의 추와 같은 무게인지 측정할 수 있다. 또한 무게를 측정하기 전에 유아에게 평형 개념이나 양팔저울의 원리를 소개해야 하며, 양팔저울이 평형을 이루려면 몇 개의 추가 필요할지 예측해보게 하는 것이 좋다.

대개 부피가 큰 물체는 무겁고 부피가 작은 물체는 가볍다고 생각하기 쉽지만, 실제로는 '풍선'처럼 커도 가벼운 물체가 있는가 하면, '쇠구슬'처럼 작아도 무거운 물체도 있다. 그러나 유아는 '밀도(density)'의 개념을 이해하지 못하고 무게와 부피를 동일시하는 경향이 있다. 이와 같이 물체를 보는 것만으로는 물체의 무게를 판단할 수 없으므로 무게의 측정을 지도할 때에는 손으로 무게를 느껴보게 하는 것이 좋다. 이러한 맥락에서 무게의 측정은 다음과 같은 활동을 통해 지원할 수 있다.

일과를 통해 넓이의 측정을 경험하게 한다.

- 무거운 물체를 들려면 몇 명이 함께 들어야 할지 추정하기
- 신체를 이용하여 측정하기

  양쪽 손바닥에 물체를 올려놓고 비교하기

  양쪽 손에 물체를 들고 비교하기

  차례로 친구 업어보기

- 유아가 직접 양팔저울을 이용하여 측정하도록 지원한다.
  - 저울 양쪽에 비교하고자 하는 물체를 하나씩 올려놓기
    어떤 쪽이 기울어졌는지 관찰한다.
  - 저울 한쪽에 물체를 올려놓고, 반대쪽에는 추를 올려놓아 평형이 되었을 때의 추의 개수를 세기
    이번에는 저울에 다른 물체를 올려놓고 마찬가지 방법으로 측정하고, 추의 개수를 비교하여 어떤 것이 무거운지 확인한다.
- 무게의 개념과 관련하여 인지적 갈등을 유발한다.
  - 부피가 비슷하지만 무게가 다른 물체(골프공과 뽕뽕이)의 무게 비교하기
  - 작지만 무거운 물체(동전)와 크지만 가벼운 물체(스티로폼 블록)를 물에 띄어보기
  - 3~4개의 필름 통에 각기 다른 물체(솜, 쌀, 동전) 넣고 무거운 순서대로 배열하기

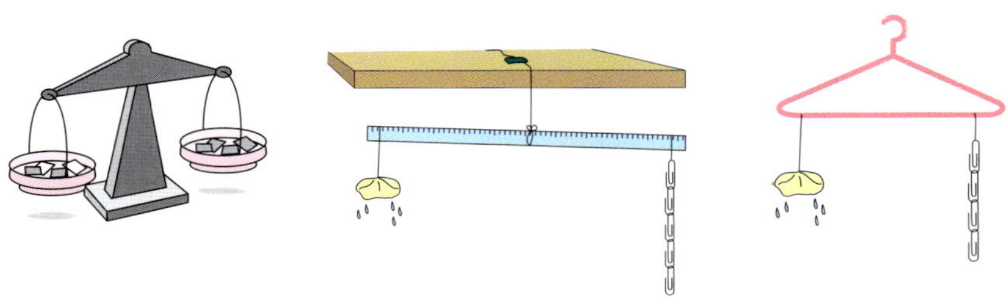

[그림 6-15] 무게의 측정과 관련된 비표준화 단위

5) 시간

시간은 과거로부터 현재를 통해 미래로 움직이는 '비(非)공간'적인 연속체를 말한다. 따라서 길이나 넓이, 부피, 무게와 달리 시간은 눈으로 보거나 느낄 수 없다. 시간에는 사건의 순서와 관계있는 '순차적 시간(sequence)'과 사건이 얼마나 오래 걸렸는가 하는 '시간 간격(duration)' 등 두 가지 차원이 있다. 일상생활에서 경험하는 이 두 차원의 시간 개념은 다음과 같다.

- 아침에 일어나서, 세수를 하고, 옷을 입고, 아침식사를 한다(순차적 시간).
- 대체로 영화는 2시간 동안 상영된다(시간 간격).

이중에서 유아는 대개 초, 분, 월, 년 등의 시간 간격보다 사건의 순서에 기초하여 순차적 시간 개념을 먼저 이해한다(Charlesworth, 2000).

유아는 일상생활에서 매일매일 시간과 관련된 말을 듣지만, 진정 시간의 의미를 이해하는 것은 매우 어렵고 오랜 시일이 걸리는 과정이다. 시간을 가르치거나 학습하기 어려운 이유는 다음과 같다. 첫째, 시간은 추상적인 개념이다. 예를 들어, '목욕 시간'은 어느 날은 5시인데, 다른 날은 7시일 수 있다. 유아에게 '옛날'은 4년 전일 수도 또는 400년 전일 수도 있다. 둘째, 어떠한 경험을 하느냐에 따라 시간의 길이가 다르게 느껴진다. 예를 들어, 같은 1분이라도 즐거운 일을 할 때에는 짧게 느껴지고, 괴로운 일을 할 때에는 길게 느껴질 수 있다. 셋째, '내일'이 되면, '내일'이었던 것이 '오늘'이 된다. 유아는 현재에 주의가 집중되어 있으며, '미래'보다는 '과거'를 먼저 이해한다. 넷째, 연령에 따라 시간 개념은 변화한다. 예를 들어, 여름 방학이 유치원생에게는 길게 느껴지지만, 대학생에게는 짧게 느껴질 수 있다. 대개 나이가 들수록 시간이 빨리 지난다고 느끼는 경향이 있다. 다섯째, 문화마다 시간을 다르게 구성한다. 삶을 느긋하게 보는 문화가 있는가 하면 바삐 움직이는 문화가 있다. 가족의 경우에도 휴식과 여가 시간을 많이 갖는 가족이 있는 반면 너무나 바쁘게 사는 가족도 있다. 여섯째, 시간을 이해한다는 것은 단순히 몇 시인지 말할 수 있는 것 이상을 의미한다. 예를 들어, 닭 울음소리는 새벽을, 석양은 저녁을, 함박눈은 겨울을 나타낸다(Eliason & Jenkins, 1990).

피아제에 의하면 유아들의 시간 개념은 다음과 같은 단계를 거쳐 발달한다(김영선 외, 1997; 김영선, 2002).

1단계 (0~2세)

감각운동기의 영아는 전, 후의 사건 관계를 경험함으로써 시간의 흐름을 인식한다. 즉, 일시적인 경험에 의하여 막연한 감정의 경험을 하게 된다. 예를 들면, 배가 고파서 울면 엄마가 나타나고 곧이어 우유를 먹게 된다는 것을 알게 됨으로써 사건이 차례로 일어난다는 것을 학습하게 된다.

2단계 (2~7세)

전조작기 유아는 점심시간, 낮잠 시간과 같은 사건의 순서와 간격을 이해하기 시작한다. 그러나 자기중심적인 인지 특성으로 인해 시간을 비연속적이며 멈출 수 있는 것으로 생각한다. 예를 들면, 누구에게나 나이가 증가한다거나 시간이 흐르면 엄마도 할머니처럼 된다는 것을 이해하지 못한다. 그리고 '연대'에 대한 개념이 부족하기 때문에 과거의 사건들을 연대적으로 순서짓는 데 어려움을 느낀다. 최근 일어난 두 사건의 전후관계를 순서짓는 것은 4세경이면 가능하지만, 60일 전의 두 사건의 전후 관계를 순서짓는 것은 9세경이 되어야 한다(Siegler, 1998). 또한 시간을 재려는 물건이 시계바늘이 빨리 움직이고, 물건이 느리게 움직이면 시계바늘도 느리게 움직인다고 생각한다.

3단계 (8세 이후)

구체적 조작기에 도달하면, 유아는 일련의 사건을 연속적으로 배열할 수 있고 서로 관련지을 수 있다. 또한 시계의 동시성을 파악할 수 있어서 사람이나 물체가 빨리 움직이든, 느리게 움직이든 간에 시계바늘이 움직이는 속도는 항상 일정하다는 것을 이해한다. 이는 '시간=거리/속도'임을 이해하는 능력으로서, 시간과 관련된 단위(시, 분, 초)를 이해하기 위한 기초가 된다.

유아가 학습해야 할 시간의 유형에는 개인적 경험 시간, 사회적 활동 시간, 문화적 시간 등이 있다.

개인적 경험 시간(personal experience time)

유아는 자신만의 과거, 현재, 미래에 관한 시간이다. 과거는 종종 '어젯밤', '내가 아기였을 때' 등으로 표현되며, 미래는 '내가 크면', '낮잠 잔 후에' 등과 관련지어 표현된다. 유아는 자신이 태어나기 전 그리고 엄마 아빠가 어렸을 때가 있었다는 것을 잘 이해하지 못한다.

[그림 6-16] 일과표는 사회적 시간을 이해하는 데 도움이 된다.

사회적 활동 시간(social activity time)

유치원에 도착하면 먼저 코트를 사물함에 걸고, 선생님께 인사를 한 후 자유 선택 활동을 시작하는 것과 같은 일과의 순서에 관한 것이다. 유아에게는 사회적 활동에 따른 시간이 큰 의미가 있으며 학습하기도 쉽다. 유아들의 경우 규칙적인 스케줄에 편안함을 느끼며, 스케줄이 변경되면 당황해 하는 것도 이들에게 시간이란 예측 가능한 사건의 순서이기 때문이다.

문화적 시간(cultural time)

시계와 달력에 의해 고정된 시간이다. 구체적 조작기 전의 유아는 시간과 관련된 용어(분, 초, 일)나 도구(시계, 달력)의 이름 등은 학습할 수 있지만, 문화적 시간을 완전히 이해하기는 어렵다. 시각 읽기가 어려운 것은 시계가 10진법이 아니라 12진법으로 만들어졌으며, 시계 바늘이 가리키는 숫자와 시각이 일치하지 않기 때문이다. 예를 들어, 긴 바늘과 짧은 바늘이 모두 1을 가리키고 있을 경우 짧은 바늘은 숫자 그대로 1(시)로 읽으면 되지만, 긴 바늘은 5(분)로 읽어야 한다.

이와 같이 시간은 손으로 만지거나 잡을 수 없지만, 시계, 주, 월, 계절과 같은 단위로 측정할 수 있는 개념이다(응우엔, 2008). 시간의 측정을 지원할 때에는 다음을 참고할 수 있다.

일과를 통해 시간의 개념을 경험하게 한다.

- 개인적 경험을 통한 시간 개념을 소개하는 것으로 시작해서 사회적 활동 시간인 하루를 사건 순서대로 생각해 볼 수 있는 기회를 제공하기
- 그림과 글로 된 일과표를 게시하기([그림 6-16])
- 시간과 관련된 용어를 사용하는 모델이 되어주기

· 전에, 후에

· 요일, 달, 계절

· 어제, 오늘, 내일, 그제, 엊그제, 모레, 글피

· 아침, 점심, 저녁, 밤, 새벽

· 첫 번째, 두 번째

· 먼저, 지금, 다음, 나중

- 순차적 시간 개념을 느낄 수 있는 기회를 제공한다.
  - 사건의 순서를 회상, 표상, 설명하기(예 요리 순서도)
  - 같은 장소를 봄, 여름, 가을, 겨울에 찍은 사진을 게시하기
  - 같은 사물을 아침, 점심, 저녁 등 다른 시점에서 그리기
- 시간 간격을 경험할 수 있는 기회를 제공한다.
  - 작업 시 모래시계나 요리용 타이머를 사용하기
  - 눈을 감은 뒤 일정 시간(1분)이 지났다고 생각되면 눈뜨기
  - 어떤 일을 하려면 얼마나 시간이 걸릴까 추정하기

    예 색칠을 하려면 얼마나 걸릴까?
- 달력이나 시계에 대해 관심을 갖고 기초적인 개념을 형성하도록 지원한다.
  - 달력을 관찰하여 1년은 12개월이며, 12월이 지나면 새해가 됨을 이해하기
  - 소풍, 생일 등 행사 일을 달력에 표시하고, 매일 하나씩 날짜를 지워 가기
  - 시계의 원리를 가르치기보다 시계에 관심을 갖게 하는 데 초점을 두기

    예 "간식 시간인데, 짧은 바늘은 10에 있고 긴 바늘은 6에 있네."
  - 이중시계판([그림 6-17])을 통해 시각 읽기에 익숙해지기

[그림 6-17] 시간의 측정과 관련된 교구

심층탐구 우리 몸의 비밀

인간의 혈관을 한 줄로 이으면 112,000km로서 지구를 두 번 반이나 감을 수 있다.
하루에 섭취하는 열량의 1/40이 뇌에서 사용된다.
뇌는 체중의 2%밖에 차지하지 않지만 산소 사용량의 20%를 사용한다.
인간의 수명을 70세라 할 때 일어나는 일들을 살펴보면,

- 머리카락이 자란다. : 563km
- 손톱이 자란다(한 손가락) : 3.7m
- 물을 마신다. : 49,200리터
- 음식물을 먹는다. : 50톤
- 소변을 본다. : 38,300리터
- 심장에서 피를 퍼 보낸다. : 331,000,000리터.

두 살이 되면 그 키가 태어날 때의 두 배가 되는데,
이는 어른이 되었을 때의 키를 예측하는 기준이 된다.
두 살 된 남자 아이의 키는 어른이 되었을 때의 49.5%이고,
두 살 된 여자 아이는 어른이 되었을 때의 52.8%라 한다.

이제 내 몸의 비밀을 직접 알아보기로 하자.

- 준비물: 1m 정도의 끈이나 리본 테이프

준비한 끈을 가지고 다음과 같이 친구와 서로의 몸을 측정해본다.

- 긴 끈으로 엄지손가락 둘레를 재고, 표시한다.
- 끈을 엄지손가락 둘레의 2배 길이로 만들어서 손목 둘레를 잰다.
- 끈을 손목 둘레의 2배 길이를 만들어서 목둘레를 잰다.
- 끈을 목둘레 길이의 2배 길이를 만들어서 허리둘레를 잰다.
- 끈으로 허리둘레를 재고 자른다.

CHAPTER 7

규칙성

규칙성이란 흔히 패턴(pattern)으로도 불리는 것으로서 어떠한 기본 단위가 일정한 순서로 반복되는 것을 말한다. 규칙성은 다음과 같이 자연현상이나 일상생활의 많은 부분에서 발견된다.

- 봄, 여름, 가을, 겨울로 계절이 순환한다.
- 달의 모양은 1달을 주기로 변화한다.
- 월, 화, 수, 목, 금, 토, 일을 단위로 일주일이 반복된다.

이와 같은 자연법칙과 일상생활뿐 아니라 우리나라 단청과 같은 전통 문양이나 현대 작가들의 예술작품에서도 규칙성은 흔히 발견된다. 수 역시 규칙성을 갖고 있는 대표적인 예로 볼 수 있다. '두 자리 수'(11, 12⋯21, 22,⋯31, 32⋯)는 '한 자리 수'(1～9)가 되풀이되는 규칙성을 갖고 있고, 이후 '세 자리 수'(101, 102⋯), '네 자리 수'(1001, 1002) 역시 마찬가지 원리로 이루어진다. 이러한 규칙성은 수의 체계를 이해하는 기초를 제공할 뿐 아니라, 수학의 아름다움을 느낄 수 있게 해준다.

[그림 7-1] 단청

규칙성에 대한 인식은 현상에 대한 통찰력을 가질 수 있도록 한다. 예를 들어, 기후 변화의 규칙성을 통해 다가올 계절이나 날씨의 변화를 예측할 수 있도록 하며, 무게와 거리, 경사와 속도, 높이와 압력 등의 함수관계도 예측할 수 있게 한다. 유아는 규칙성을 발견하고 이를 수학적으로 표현하는 기회를 통해서 자신이 살고 있는 주위 환경에서 수학이 어떻게 활용되고 있는가를 이해하게 되며, 주어진 정보를 분류하고 조직하는 능력을 향상시킬 수 있다. 또한 유아는 자신이 인식한 규칙성을 언어화하고 표현할 수 없더라도 다음 상황이 어떻게 될지 예측할 수는 있다. 예를 들어, 구슬 목걸이가 빨강, 파랑, 빨강, 파랑의 순서로 규칙적으로 반복되는 것을 관찰한 후 다음에 오는 구슬의 색깔이 빨강이라는 것도 예측할 수 있다(김숙자·김현정, 2005). 이와 같이 규칙성 개념은 대수의 기초로서 중·고등 수학 교육에서 매우 중요한 비중을 차지하고 있으므로 유아기부터 많은 관심을 가지고 지원할 필요가 있다.

규칙성의 유형은 다음과 같이 학자에 따라 다양하게 분류되고 있는데, 일반적으로 다음과 같이 정리할 수 있다.

표상 양식에 의한 분류

- 운동적 패턴 : '스키핑–호핑–스키핑–호핑'과 같이 동작을 통해 패턴을 찾는 것으로 신체표현 능력을 길러 줄 수 있음
- 청각적 패턴: 손뼉 치기(예 따단~다딴따), 박자(악보)에 따라 노래하기, 동물 소리 등과 같이 청각을 통해 패턴을 찾는 것으로서 운율적 반응 능력을 길러 줄 수 있음
- 시각적 패턴 : 벽지나 포장지, 옷감 등과 같이 시각을 통해 패턴을 찾는 것으로서 미술영역에 있어서 구성 능력을 길러 줄 수 있음

[그림 7-2] 운동 패턴 활동의 예

생성 방식에 의한 분류

- 반복 패턴 : 246 246 246과 같이 기본 단위가 계속 반복됨
- 증가 패턴 : XY XYY XYYY와 같이 기본 단위가 다음 패턴의 일부분으로 사용됨(예 양파 단면이나 조개 껍질 등의 자연물)

- 관계 패턴 : 1−8, 2−16, 3−24과 같이 두 개의 조합 간에 연관성이 만들어짐 (예 8개짜리 크레용 상자)
- 대칭 패턴 : ◁ ▷ ◁ ▷ ◁ ▷과 같이 기본 단위가 대칭을 이루는 규칙성이 나타남
- 회전 패턴 : ↑ ↓ ↑ ↓ ↑ ↓과 같이 기본 단위가 회전하면서 규칙성이 나타남

대상에 따른 분류

- 실물 패턴 : 구체적인 물체로 규칙성을 만듦
- 신체 패턴 : 유아 자신으로 규칙성을 만듦
- 상징 패턴 : 기호나 글자로 규칙성을 만듦

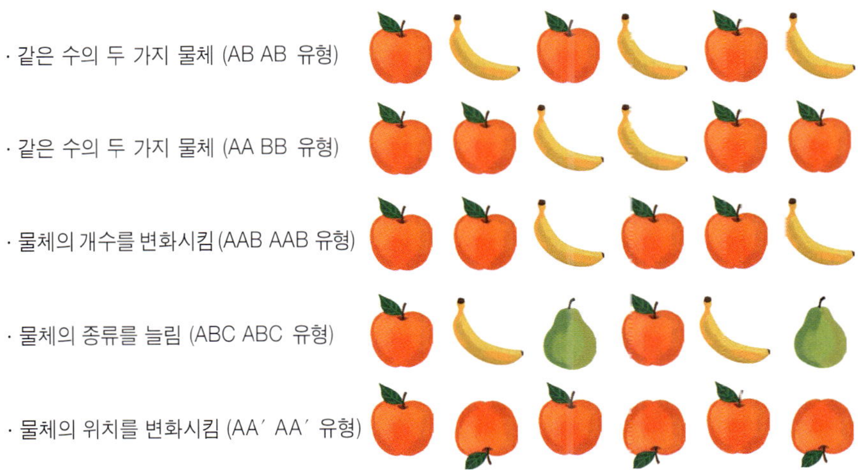

[그림 7-3] 실물 패턴의 다양한 변형

어떤 형태의 패턴이든 [그림 7−3]과 같이 간단한 것에서부터 복잡한 것에 이르기까지 규칙을 다양하게 변화시킬 수 있다. 예를 들어, 가장 간단한 패턴은 AB 유형인데, 여기에서 물체의 개수를 동일하게 늘여 AA BB 유형, 그리고 물체의 개수를 서로 다르게 변화시켜 AAB AAB 유형을 만들 수 있다. 또한 물체의 종류를 늘려서 ABC ABC 유형으로 만들거나 물체의 위치만을 바꿔서 AA′유형으로도 만들 수도 있다.

이와 같은 패턴에 대한 이해는 수세기라는 구체적인 기술을 습득하기 전에 단순한 '지각적 작용'에 의해서 형성된다는 까미(Kammi)의 이론과 패턴 인식은 '수세기 기술 습득'을 토대로 발달된다는 겔만(Gelman)의 입장이 있다(김숙자·김현정, 2005). 그러나 이 두 가지 상반된 주장들에 관계없이 확실한 사실은 유아는 형식적인 교육이 시작되기 전부터 주변의 사물과 자신의 신체 활동을 통해 규칙성을 인식하기 시작한다는 것이다. 예를 들어, 아주 어린 유아도 반복적인 리듬과 노래를 학습하면서 패턴을 경험한다. 또한 유아는 계절의 변화 등을 인식하면서 규칙성 개념을 발달하게 된다. 유아기에는 수를 이용하여 패턴을 만들어보기(예 246 246 246)보다는 실물이나 신체, 패턴 카드 등을 이용한 활동을 하는 것이 바람직하다. 이러한 유형의 패턴 활동은 원리는 동일하지만, 실물을 이용하여 패턴을 만드는 것이 유아에게 가장 쉽다. 신체를 이용해서 패턴을 만들 경우에는 유아가 신체 활동에 너무 몰입하면 원래의 의도(패턴)를 망각할 수 있다. 책상 위에서 실물로 구성된 패턴을 관찰할 때와 달리 유아 자신이 패턴 속에 포함되어 있기 때문이다. 초등학교에 들어가면 패턴을 비교하거나 수의 패턴을 학습하고, 패턴을 복잡하게 확장하는 등 어려운 패턴 학습으로 전이하게 된다(Charelworth & Lind, 2003; Smith, 1997).

이상과 같은 특징을 갖고 있는 규칙성 개념에는 패턴 인식·표현하기, 패턴 따라 만들기, 패턴 이어 나가기, 패턴 끼워 넣기, 패턴 창조하기 등이 있으며, 각각의 내용을 살펴보면 다음과 같다(채현주, 2006).

패턴 인식·표현하기

주어진 패턴의 규칙을 발견하고 설명하는 것으로 유아에게 비교적 쉽다. 예를 들어, '아침, 점심, 저녁, 아침, 점심, 저녁'과 같은 일상생활이나 미술작품 또는 전통문양 등의 예술에서 패턴을 관찰하고 패턴 규칙을 말로 표현해 본다.

사례 패턴에 따라 의미를 부여한 이름 짓기

공방에서는 지속적으로 새로운 액세서리 만들기 놀이가 이루어진다. 남아와 여아 모두 놀이에 참여하여 다양한 형태를 구성하고 공유한다. 다양한 줄을 함께 연결하거나 복잡한 짜임사 모양을 만들며 놀이한다. 유아들은 서로의 작품을 비교하며 차이를 비교하다가 자연스럽게 액서서리 속에 숨어 있는 순서와 규칙에 주의를 기울이고 '패턴'을 발견한다. 또한 각각 다른 패턴에 따라 의미를 부여한 이름을 짓는다.

[그림 7-4] 패턴에 따라 의미를 부여한 이름 짓기

출처: 교육부, 보건복지부(2019b)

- 패턴 따라 만들기

주어진 패턴을 보고, 이와 동일한 패턴을 모방하여 배열하는 것이다. 특히 유아에게 패턴 과제를 말로 설명하는 것은 어렵기 때문에 처음에는 교사가 만드는 패턴을 그대로 따라해 보게 하는 것이 효과적일 수 있다.

- 패턴 이어 나가기

제시된 패턴을 보고 순서대로 연장해나가는 것이다. 예를 들어, 사과, 귤, 사과, 귤, 사과가 있을 때 다음에 뭐가 와야 할지 예측해 본다.

- 패턴 끼워 넣기

주어진 패턴이 중간쯤에서 일부분이 비워졌을 때 알맞은 것을 찾아 넣는 것이다. 예를 들어, 사과, 귤, 사과, (　　), 사과, 귤이 있을 때 괄호 안에 무엇이 와야 할지 알아본다.

- 패턴 창조하기

유아가 스스로 규칙을 만들어서 패턴을 구성해가는 것이다. 유아는 스스로 패턴을 창조하기 전에 주어진 패턴을 가지고 충분한 경험을 해야 한다.

이상과 같은 맥락 하에서 규칙성 개념을 다음과 같이 지원할 수 있다.

- 일과를 통해 규칙성 개념을 경험하게 한다.
  - 일상의 사건에서 패턴을 수집하고 기록하기
    - 예 신호등: 초록색 불 다음에 노란색 불 그리고 빨간색 불이 켜지면 멈추어야 한다.
  - 패턴을 이용하여 일과를 구성하기
    - 예 간식 메뉴를 규칙적으로 바꾸기
- 유아의 발달 수준에 따라 패턴 활동의 유형을 정한다.
  - 실물 패턴에서 시작해서 점진적으로 수를 포함하는 패턴으로 전개하기
  - 처음에는 패턴 인식·표현하기 활동으로 시작하고, 익숙해 진 후 패턴 이어가기나 창조하기 활동으로 진행하기
- 패턴과 문화를 연결한다.
  - 패턴은 문화를 반영하고 있음을 이해하기

예 우리나라 전통 문양, 아프리카 바구니, 인디언 직조물 등

- 미술관을 방문하여 작품 속에서 패턴을 찾아보기

[그림 7-5] 규칙성과 관련된 교구

사례 패턴으로 알아보는 숫자 학습

3월말까지 100까지의 모든 숫자를 배우는 것이 목표라고 말하자 유아들은 귀를 쫑긋했다. 숫자 1을 어떻게 쓰는지 가르쳐주고 유아들에게 알게 된 숫자가 몇 개인지 질문하자 "1"이라고 대답했다. "그게 전부니?"라고 묻자 100차트를 가리키면서 11도 쓸 수 있다고 했다. 유아들은 1과 11을 쓸 수 있다는 것을 알았고, 100차트 위에 이 숫자들에 빗금을 쳤다. 트라비스는 "겨우 두 가 뿐이네. 한 달 안에 100까지 어떻게 다 배워요?"라고 했다.

다음날 크리스틴이 불쑥 "앞으로 98을 더 가야돼."라고 말했다. 나는 2를 쓰는 법을 알려주고 유아들에게 새로 쓸 수 있게 된 숫자가 무엇이냐고 물었다. 유아들은 100차트를 쳐다보면서 2, 22, 21, 12라고 했다. 터미는 "4개 더다. 이제 우린 6개를 알아."라고 말했다.

그 다음날은 3을 쓰는 법을 알려주기 전에 유아들에게 3을 쓰는 방법을 배우게 되면 우리가 새로 쓸 수 있게 될 숫자가 몇 개인지 예상해보라고 했다. 유아들은 몇몇 숫자를 말했지만 6개라는 것을 확인할 수 없었다. 나는 100차트에서 6개의 새로운 숫자들을 칠했다: 1, 2, 3, 11, 12, 13, 21, 22, 23, 31, 32, 33.

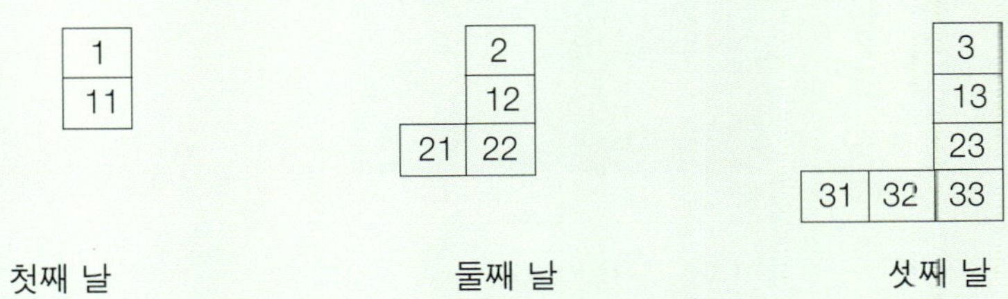

[그림 7-6] 첫째 날, 둘째 날, 셋째 날

"이제 12개야! 우린 아직 갈 길이 멀어."라고 제프가 말했다. 나는 "언제쯤 우리가 거의 반을 쓸 수 있게 될 것 같니?"라고 질문했다. "5가 10의 반이니까, 아마 5를 쓸 수 있을 때겠죠." 제니가 대답했다. 이 예상은 정확하지는 않았지만 좋은 생각이고 그럴듯한 예상이었다. "나는 그렇게 생각하지 않아. 벌써 3인데 겨우 12개 숫자들을.. 그리고 5는 2개밖에 안 남았어."크리스틴이 말했다......(중략).......

8일째 되는 잘 제프는 패턴을 보았다고 말했다. "첫날 우리는 2개의 새 숫자를 배웠고, 둘째 날에는 4개를 배웠고, 셋째 날에는 6개를 배웠어요." 매일 더해진 새로운 수들을 하나하나 열거하기 시작했다. "새로 배우는 숫자가 항상 전날보다 2개씩 더 많아져요." 그는 자신의 패턴을 보여주기 위해 OHP로 다가갔다. 나머지 유아들도 이 패턴을 눈여겨보았다. "그래서 네가 오늘 16개를 쓸 수 있을 거라고 예상하는구나."라고 하자 제프는 "예!"라고 말했다. 우리는 제프의 말을 검토했고 그는 정확했다. 그리고 클레어는 "그러면 내일은 18개고, 그 다음날은 20개다!"라고 말했다. 나는 10일째 되는 날 100까지 가려면 10개(10, 20, 30....100)의 새로운 숫자들만 쓰면 된다는 것을 알았지만 조용히 했다. 유아들은 이 발견을 매우 즐거워했고 여러 유아들이 놀이 시간 동안 100차트에서 이것을 검토했다. 아론은 10일째의 모순을 발견했고, 왜 패턴을 갖지 않는지에 대해 많은 토론이 이어졌다. 모든 유아들이 완전하게 이해하지는 못했다.

마침내 아론은 "새로운 숫자는 20개가 맞아요. 그렇지만 100을 넘겨요. 110까지에요."라고 말했다. 그는 100차트 밑에 한 줄 더 쓰면서 자신의 생각을 설명했다. "110까지 하지 말아요!" 트라비스가 말했다. "그건 너무 어려워요. 목표는 100까지만이잖아요."

1	2	3	4	5	6	7	89		10
11	12	13	14	15	16	17	18	19	20
21	22	23	24	25	26	27	28	29	30
31	32	33	34	35	36	37	38	39	40
41	42	43	44	45	46	47	48	49	50
51	52	53	54	55	56	57	58	59	60
61	62	63	64	65	66	67	68	69	70
71	72	73	74	75	76	77	78	79	80
81	82	83	84	85	86	87	88	89	90
91	92	93	94	95	96	97	98	99	100

[그림 7-7] 100차트 상의 성장 패턴

출처: 한종화 역(2004)

CHAPTER 8

자료 분석

자료 분석은 개개의 자료를 일정한 준거에 따라 수집·분류하고, 이를 그래프 등으로 조직하여 제시·설명하는 것으로 통계학에 해당하는 내용이다. 통계학은 과거에는 응용 수학의 한 분야 또는 하나의 기법이나 도구 정도로 여겨졌으나 오늘날에는 현실 사회에서 직면하는 모든 실질적인 문제를 해결하는 데 필요한 실용적인 학문으로 인식되고 있다(박태학, 2003; 여성가족부, 2006). 현대 정보화 사회에서는 사회과학뿐만 아니라 일상생활과 자연과학, 의학, 공학 등의 광범위한 분야에서 일어나는 각종 불확실한 현상에 대한 합리적인 판단을 할 수 있는 도구로서, 그리고 학문연구와 기술개발의 정보가공의 매개 역할로서 통계적 사고를 광범위하게 요구하고 있다. 즉, 21세기 정보화 사회에서는 여러 분야의 정보들이 숫자와 도표로 제시되기 때문에 올바른 판단과 합리적인 행동을 위해서는 기본적인 통계 지식과 해석력을 갖추어야 한다는 것이다(박태학·김화라, 2004).

통계적 사고를 길러주기 위해서는 유아기부터 생활 속에서 궁금한 문제를 해결하기 위해 필요한 자료를 수집하고, 이를 적절하게 조직하고 분석하는 경험을 할 필요가 있다. 또한 유아가 자료를 수집하고, 이를 조직할 수 있기 위해서는 사물을 준거에 따라 분류할 수 있는 능력이 선행되어야 한다(여성가족부, 2006). 이러한 입장에서 유아기의 자료 분석을 분류하기와 그래프 활동으로 나누어 살펴보기로 한다.

1 분류하기

분류하기(classification)란 사물을 유목이나 범주로 나누거나 모으는 과정을 말한다. 분류를 하려면 먼저 여러 속성 중 다른 속성은 무시하고, 물체들 간의 '공통성'만 추출할 수 있어야 하며, 그 준거를 다른 물체에도 적용할 수 있어야 한다. 분류하기 능력이 없다면 우리는 생활을 영위할 수 없다. 예를 들어, 합리적인 소비를 위해서는 꼭 필요한 물건과 그렇지 않은 물건을 구별할 수 있어야 하며, 결혼을 하기 위해서도 여러 단계의 분류하기 과정(예 성별, 연령, 외모, 성격 등)을 거쳐 상대방을 선택해야 한다. 이와 같이 분류하기는 수 개념의 기초일 뿐 아니라 환경을 이해하고 대처하는 데 필수적인 능력이며(Troutman & Lichtenberg, 1972), 자료를 체계적으로 정리·관리해야 하는 정보화 사회에서 더욱 중요시 되고 있다.

분류하기는 아주 어린 연령에서부터 발달한다. 예를 들어, 모든 것을 입으로 가져가지만 음식물이 아닌 것은 빨기는 하되, 먹지는 않으며, 인형에게 낮에는 놀기 좋은 옷으로, 밤에는 편안한 옷으로 갈아입히는 행동은 모두 분류하기의 기초라 할 수 있다. 그러나 유아의 분류 행동을 보면, 성인의 관점에서 볼 때는 맞지 않고 자신에게만 의미가 있는 분류 기준이 사용된 경우가 많다. 유아는 발달함에 따라 점차 성인의 관점에 부합하는 기준으로 분류를 하기 시작하며, 다음과 같은 발달 과정을 겪는다(Charlesworth, 2000; Smith, 1997).

〈표 8-1〉 유아들이 사용하는 분류 기준의 예

- 색 깔 : 빨강, 파랑, 노랑 등
- 형 태 : 둥근 것, 네모난 것, 세모난 것 등
- 크 기 : 큰 것, 작은 것, 두꺼운 것, 가는 것, 짧은 것, 긴 것
- 재 료 : 나무, 플라스틱, 유리, 종이, 옷감, 금속, 가죽
- 패 턴 : 줄무늬, 점무늬, 꽃무늬, 무늬 없음
- 질 감 : 매끈한 것, 거친 것, 부드러운 것, 딱딱한 것, 축축한 것, 건조한 것
- 기 능 : 먹는 데 사용되는 것, 글 쓰는 데 필요한 것

2~3세경

전조작기 초기의 유아에게 분류하기란 물체의 유사성에 따라 분류하는 활동을 말한다. 즉, "이것들은 비슷해 보이니까 함께 놓아야 해"라는 유아의 자연적인 성향이 바로 분류 행동인 것이다.

4~6세경

속성에 따라 물체를 분류하기보다 어떤 형태를 완성(graphic collection)하려고 물체를 배열한다. 따라서 분류 기준이 물체들 간 유사성에만 있지 않고, 공간적 형태의 영향을 받는다. 또한 분류 기준을 중간에 바꾸는 등 일관성 없이 분류하는 경향이 있다. 예를 들어, 처음에는 형태에 따라 분류하다가 나중에는 색깔에 따라 분류하기도 한다. 이는 물체를 분류하는 기준은 여러 가지가 있을 수 있는데, 전조작기 유아는 이 기준에 혼란을 느끼기 때문이다(Smith, 1997). 유아들이 주로 사용하는 기준은 〈표 8-1〉과 같은 것이 있으며, 각각의 난이도는 차이가 있다. 예를 들어, 가장 쉽고 일찍 발달되는 분류 기준은 색깔이다. 5~6세 정도가 되면 물체의 색깔에 따라 분류할 수 있으나 질감과 같은 고차원적 속성에 따라 분류하는 것은 전조작기 유아에게는 불가능하다(조복희, 2006).

7~8세경

구체적 조작기가 되면 아동은 두 가지 기준에 따라 물체를 분류하고, 그 이유를 말할 수 있게 된다. 또한 분류 대상(예 노란 블록, 초록 블록)이 존재할 경우에는 유목 포함 과제를 해결할 수 있다.

8~9세

- 더욱더 세련되게 분류할 수 있다. 예를 들어, 다음과 같은 질문에 답할 수 있다.
- 떤 꽃다발이 더 크니? 장미꽃이니? 빨간 장미니?
- 정원에서 꽃을 모두 꺾었다면, 장미가 남아 있을까?
- 장미를 모두 꺼내면, 꽃이 남아 있을까?

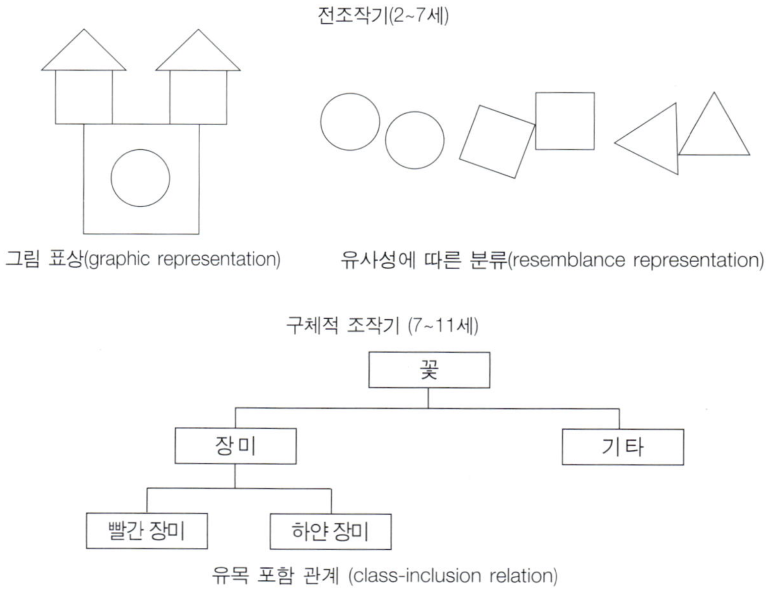

출처 : Morrison(1996). p.134.

[그림 8-1] 분류하기의 발달 과정

분류하기는 짝짓기, 단순분류, 복합분류, 유목포함 등의 유형으로 나누어 볼 수 있으며, 각각의 내용을 살펴보면 다음과 같다.

1) 짝짓기

짝짓기(matching)는 같은 것 또는 관련 있는 것끼리 연결하는 것으로 일상생활에서 다음과 같이 경험된다.

- 냄비마다 제 뚜껑이 있다.
- 짚신도 제 짝이 있다.
- 젓가락 두 짝이 똑같아요 ♬.

짝짓기는 분류하기의 가장 초보적인 단계로서 일대일 대응의 개념과도 관계가 있다. 유아는 차이점보다 공통점을 먼저 인식하게 되므로 같은 물체끼리 짝짓는 활동을 일찍 시작한다. 짝짓기는 학교 시험뿐 아니라 유아용 학습지에 자주 등장하는 문제이며, 유아교육현장에서 [그림 8-2]과 같이 교사의 직접적인 교수를 통해 흔히 이루어지는 활동이다. 그러나 짝짓기 기회는 일상생활 속에 많이 존재하므로 자연스러운 경험을 통하여 짝짓기 능력을 길러 주는 것이 바람직하다. 짝짓기 개념은 다음과 같은 활동을 통해 지원할 수 있다.

[그림 8-2] 함께 작업하는 것끼리 짝짓기

- 일과를 통해 짝짓기 경험을 지원한다.
  - 양쪽 신발을 신발장에 나란히 정리하기
  - 악기의 그림자 모양을 붙여 놓고 그 위에 해당 악기를 보관하기
- 사물들 간의 공통된 속성을 탐색하는 경험을 지원한다.
  - 자연적인 짝끼리 짝짓기
    젓가락, 우리 몸에서 짝(눈, 귀, 손, 발)
  - 유사한 것끼리 짝짓기
    동물과 그 새끼를 연결하기(어미 닭-병아리)
  - 함께 작업하는 것끼리 짝짓기
    우유-컵, 구두-발, 실-바늘
  - 어울리는 것끼리 짝짓기
    아기-유모차, 유아-세발자전거, 조종사-비행기

2) 단순분류

단순분류(simple classification)는 물체들 간의 공통된 속성 한 가지에 따라 집합을 만들어 보는 활동을 말한다. 단순분류는 짝짓기와 더불어 분류하기 중에서 쉽고 초기에 나타나는 것으로서 일상생활에서 다음과 같이 발견된다.

- 책표지에는 집합의 이름(과일)이 있고, 각 페이지에는 원소(포도, 사과)가 그려져 있다.
- 남성복은 2층에, 여성복은 3층에 있다.

단순분류를 할 때 처음에는 "이 물체의 특성은 무엇인가?"하는 질문에 초점을 둔 다음 "다른 물체들은 왜 포함되지 않았을까?"라는 질문으로 옮겨가야 한다. 예를 들어, 개라는 집합에 포함되는 예에는 다리가 네 개이고 꼬리가 길고 귀는 쫑긋하면서 멍멍 짖고 덩치가 크면서 털이 짧은 하얀색 개(진돗개), 다리가 네 개이고 꼬리는 부실부실하고 귀는 쫑긋 하면서 멍멍 짖어대며 몸집은 작고 털이 긴 갈색 개(요크셔테리어), 혹은 다리가 네 개이고 꼬리는 가늘고 길며 귀는 축 늘어졌고 멍멍 짖으며 몸집이 크고 하얀색에 검정색 점무늬가 있는 개(달마시안) 등이 있다. 이러한 개들이 갖고 있는 공통적인 특징은 무엇인가? 이번에는 개에 속하지 않은 예들을 생각해보자. 꼬리가 길고 가늘며 몸집이 작고 털은 짧은 갈색 원숭이, 다리는 네 개이고 꼬리는 길고 가늘며 귀는 크며 몸집이 크고 털이 짧은 갈색 송아지 등은 어째서 개에 포함되지 않는가? 이 동물들은 개에는 없는 어떤 특성을 갖고 있는가? 이 동물들은 왜 개가 아닌가? 개라는 동물을 특징짓는 핵심적인 특성은 무엇인가? 원숭이나 송아지가 갖고 있지 않은 개의 핵심적인 특성은 '멍멍 짖는다'이다. 이와 같이 단순분류에서 어떤 유목(class)에 속한 다양한 사례들(진돗개, 요크셔테리어, 달마시안)은 그 유목과 관련된 속성들을 보여주며, 그 유목에 속하지 않는 다양한 사례들(원숭이, 송아지)은 그 집합의 핵심적인 특성들이 무엇인지를 보여준다. 따라서 두 가지 사례 모두를 다루어보는 것이 중요하다(Weaver et. al., 2006).

[그림 8-3] 개에 속하는 것과 아닌 것

단순분류와 관련해서 유아교육현장에서 다루는 속성들은 위에 열거한 개의 특성처럼 복잡하지 않으며, 어린 유아도 지각적으로 차이가 뚜렷한 구체적인 대상에 대해서는 단순분류를 쉽게 할 수 있다. 분류 대상이 유아에게 친숙한 것이거나 분류 상황이 과제 방식이 아닌 자연적인 동기나 필요에 의한 것일 때가 단순분류의 학습에 더욱 효과적이다. 따라서 유아 자신을 분류 대상으로 삼을 수도 있으나 이러한 경우에는 신중을 기해야 한다. 예를 들어, 키에 따라 분류하는 경우 키 작은 유아가 상처받을 수 있기 때문이다.

분류활동을 실시할 때에는 처음에는 준거를 제시해주고 이에 따라 유아로 하여금 분류를 하도록 하지만, 점차 유아 스스로 준거를 만들어 분류를 하게하고, 나아가 이미 분류된 결과를 보고 어떤 준거에 의해 분류되었는지 유아에게 유추하게 할 수 있다(예 "이 단추들은 어떻게 모았을까?"). 이러한 맥락에서 분류하기는 다음과 같은 활동에 의해 발달될 수 있다.

- 일과를 통해 짝짓기 경험을 지원한다.
  - 놀잇감을 갖고 논 다음 정리하기
  - 게임에서 팀을 나눌 때 분류하기를 활용하기
- 먼저 사물의 유사점과 차이점을 인식하도록 돕는다.
  - 다양한 물체들 중에서 서로 비슷한 물건과 다른 물건을 탐색하기
  - '비슷한', '똑같은', '같지 않은', '전혀 다른' 등의 개념을 이해하기
- 분류 준거에 대해 생각하도록 지원한다.
  - 유아가 분류 준거를 생각해 내지 못하는 경우 힌트를 주기
    색깔에 따라 분류할 수 있다고 직접 알려주기보다 "어떤 색깔 단추가 제일 마음에 드니?"라고 간접적으로 색깔이라는 준거를 생각하게 한다.
  - 각자가 생각한 분류 준거는 서로 다를 수 있고(예 색깔, 모양, 크기), 옳고 그른 준거는 없음을 이해하기
  - 성인의 관점에서 논리적인 준거가 아니더라도 나름대로의 이유(예 "내가 좋아하는 색깔이라서요.")를 댄다면 수용하기

3) 복합분류

복합분류(multiple classification)는 사물을 한꺼번에 둘 또는 그 이상의 속성을 고려하여 분류하는 것을 말한다. 예를 들어, '하얀'이라는 공통적인 속성을 지닌 유목과 '개'라는 공통적인 속성을 지닌 유목이 동시에 결합하여 '하얀 개'라는 유목을 형성하는 경우이다. 이러한 복합분류는 일상생활에서 다음과 같이 경험된다.

- 트럼프의 패는 숫자와 모양으로 구성된다.
- 초등학교에는 여자 교사는 많지만 여자 교장은 별로 없다.

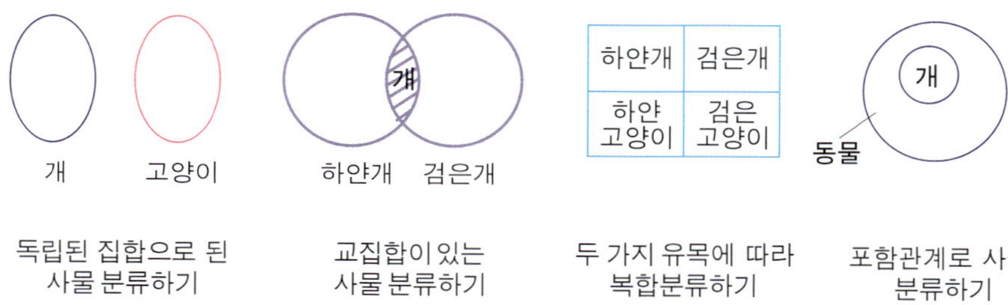

[그림 8-4] 집합들 간의 관련성 유형

복합분류를 할 수 있으려면 유아는 단순분류를 하는 동시에 한 물체가 여러 유목에 속한다는 것을 인식해야 한다. 인헬더와 피아제(Inhelder & Piaget, 1964)의 연구에 의하면, 4세부터 복합분류가 가능하며, 2속성 과제(모양, 색)를 더 쉽게 해결하고, 3속성 과제(모양, 색, 크기)는 8세가 되어도 수행하기 어렵다. 이와 같이 복합분류는 단순분류보다 훨씬 어려우므로 교사의 체계적인 지원이 필요하다.

- 일과를 통해 복합분류를 경험하게 한다.
  - 두 가지 속성의 용어를 동시에 사용하여 상호작용하기
    - 예 "색깔이 파라면서 크기가 작은 가위를 쓰자."
  - 교재교구 정리 시 두 가지 속성에 따라 라벨을 붙여 분류하기
    - 예 하얀 네모(□), 검정 네모(■), 하얀 둥근(○), 검정 둥근(●) 단추로 분류
- 분류의 준거는 한 가지가 아님을 인식하게 한다.

- 한 가지 준거로 분류한 뒤 다른 준거로 재분류하기
  단추 크기에 따라 분류한 뒤, 모양에 따라 다시 분류
- 자신이 선택한 분류 준거를 친구의 분류 준거와 비교하기
  예 "나는 단추 크기에 따라 했는데, 재는 단추 모양에 다라 했어요."

유사한 두 물체에 대해 공통점과 차이점을 찾아보도록 지원한다.

- 어떤 면에서는 같지만(예 용도, 털 길이), 어떤 면에서는 다른(예 손잡이 길이, 털의 수) 물체를 제공하기([그림 8-6])
- 벤다이어그램 만들기
  소집단 활동의 경우에는 바닥에 전지를 깔고 훌라후프 2개를 겹쳐 사용한다.

[그림 8-5] 공통점과 차이점이 있는 물체

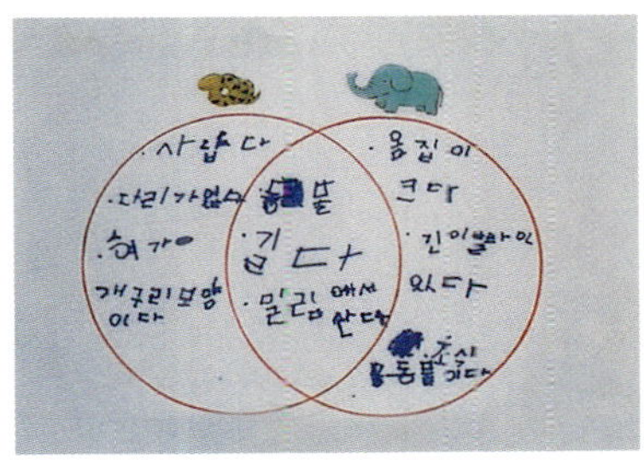

[그림 8-6] 벤다이어그램

4) 유목포함

유목포함(class-inclusion)이란 사물들 간의 위계적 관계를 말하는 것으로 어떤 한 가지 유목에 속하는 물체는 다시 상위 유목에 포함될 수 있다는 것을 의미한다.

- 서울 ⊂ 한국 ⊂ 아시아
- 수신제가치국평천하

이와 같이 유목포함은 어떠한 '기본 개념(basic-level)'은 하위 개념(subordinate-level)을 포함하는 동시에 상위 개념(superordinate-level)에 속함을 이해하는 것이다. 예를 들어, '개'가 기본 개념이라면 상위 개념은 동물, 하위 개념은 진돗개, 치와와 등이 될 수 있다([그림 8-7]). 이러한 범주들의 위계적인 관계에 대한 이해는 개념 획득에 중요한 역할을 한다. 예를 들어, 진돗개가 개에 속한다는 것을 안다

면 우리는 진돗개가 털을 가지고 있을 것이고, 네 발을 갖고 있고, 멍멍 짖는다는 사실을 알 수 있다. 즉, 진돗개의 속성들을 일일이 학습하지 않더라도 진돗개가 개의 일종이므로 개의 속성으로부터 진돗개가 가질 수 있는 속성들을 추론할 수 있다. 따라서 처음 보는 대상의 유목포함 관계만 알 수 있다면 그 새로운 대상이 갖고 있는 여러 속성들을 일일이 다 학습할 필요가 없다(김혜리·조경자, 1993).

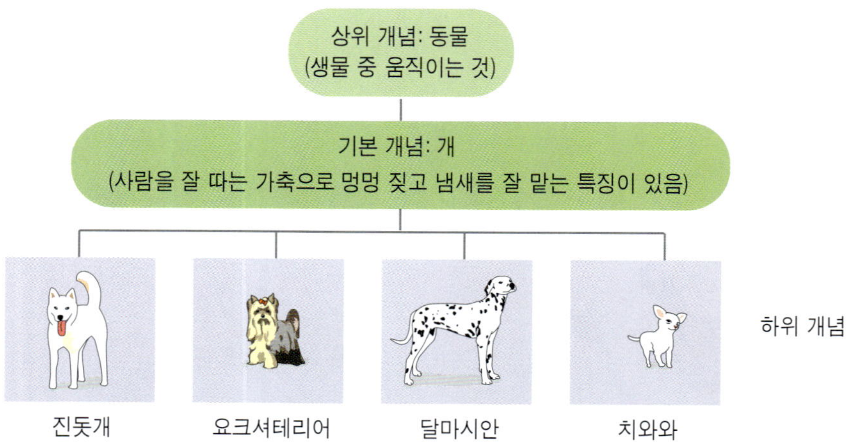

[그림 8-7] 유목포함의 예: 개

유목포함은 짝짓기, 단순분류, 복합분류보다 고차원적인 것으로 전조작기 유아에게는 어려운 과제이다. 자연적인 상황에서 유목포함을 습득하기는 어려우며, 또 말로 설명하거나 시각 자료로 반복해 가르쳐도 이해하기 힘들기 때문이다. 따라서 교사는 다음과 같이 유아가 전체와 부분의 관계를 인식하도록 지원함으로써 유목포함의 개념을 기초를 형성하도록 할 수 있다.

일과를 통해 유목포함을 경험하게 한다.

- 전체와 부분 용어를 함께 사용하여 상호작용하기

  예 "이 차에 우리 반 친구들이 모두 탈 수 있을까? 몇 명만 탈 수 있을까?"

- '~이 아닌'이라는 용어의 사용을 통해 보충유목 개념을 경험하기

  예 "검정색 공은 여기 넣고, 검정색이 아닌 공은 저기에 넣자."([그림 8-8]).

전체와 부분 관계를 인식할 수 있는 경험을 지원한다.

- 전체와 부분 관계를 떠올릴 수 있는 질문하기

예 "우리 반에 모두 몇 명의 어린이가 있지?(20) 여자친구는 몇 명이지?(8) 남자친구는?(12)"이라고 한 뒤 "어린이가 많니? 남자친구가 많니?"

[그림 8-8] 보충유목

[그림 8-9] 분류하기와 관련된 교구

2 그래프

통계는 정보를 수집, 분류, 표현, 분석, 해석하는 것이다. 성인들은 숫자를 통해 현상을 기술하거나 예측하는 등 다음과 같이 실생활에서 통계를 유용하게 사용하고 있다.

- 일기예보에서 비 올 확률을 알려준다.
- 매년 출산율을 조사한다.
- 신문에 종합주가지수나 소비자 물가 상승률 등이 보도된다.

위 예에서 일기 예보에서 내일 비 올 확률이 10%라고 하느냐 또는 90%라고 하느냐에 따라 우리는 우산을 들고 갈 것인가 말 것인가를 결정한다. 이와 같이 통계의 의미를 알면 의사결정을 성공적으로 할 수 있다. 유아도 일과를 통해 무의식적이고 부정확할지라도 통계를 경험한다. 예를 들어, "이번 주말에는 할머니가 오실 것 같아"라거나 "우리 반 친구들은 미술 영역에 제일 많이 가고, 음률 영역은 잘 안 가는 것 같아" 등과 같이 유아는 비형식적으로 정보를 수집하고 현상을 이해·예측한다. 교사는 보다 체계적이고 계획적인 방법을 통해서 유아에게 통계적 경험을 제공할 수 있다. 유아 수학 교육에서 초점을 두고 있는 통계의 기초 개념은 숫자적 정보를 시각적으로 제시하는 그래프 활동이다. 다음은 유아들이 유치원에서 문제 해결을 위해 그래프 활동을 한 예이다.

사례 그래프 활동

유아들이 공동 제작한 동물원의 울타리를 무슨 색으로 칠할 것인가에 대해 정민이와 기수가 큰 소리로 이야기하고 있다.

정민 : 파란색보다 초록색을 좋아하는 애들이 더 많아.
기수 : 아니야! 파란색을 좋아하는 애들이 더 많다니까!
정민 : 아니야.
기수 : 내 말이 맞는다니까.
교사 : 왜 그러니?정민 : 울타리를 초록색으로 칠해야 되는데, 기수가 자꾸 파란색으로 하재요.
기수 : 아이들이 파란색을 더 좋아한다니까.
교사 : 누구 말이 맞는지 어떻게 알아볼 수 있을까? 혹시 너희들 대통령 선거하는 것을 본 적 있니?
정민 : (잠시 당황한 후) 엄마 아빠가 투표하던 거 기억나요.
기수 : 그래. 좋은 생각이야. 우리도 투표하자. 그런데 손들고 투표하면 친구들이 하는 것을 따라할 것 같아.
교사 : 파란색을 좋아하는 사람은 여기 투표함에 파란색 블록을 넣고, 초록색 블록을 좋아하는 사람은 초록색 블록을 넣으면 어떨까?

정민과 기수는 자기반 다른 유아들에게 투표 방법을 설명한다. 유아들은 각자 좋아하는 블록을 고른 후 투표함에 넣는다. 투표가 끝난 후 정민과 기수는 블록을 [그림 8-10]과 같이 색깔별로 쌓아 올린다.

정민 : 초록색 블록이 더 높으니까 울타리를 초록색으로 칠하자는 애들이 더 많은거야.

기수 : 선생님! 아이들이 모두 볼 수 있게 게시판에 그림을 붙여 주세요.

교사는 파란색 종이와 초록색 종이를 정사각형으로 잘라 준다. 정민과 기수는 종이 우에 '파란색', '초록색'이라고 쓰고 나서, '파란색'이란 글자 옆에는 파란색 종이를, '초록색'이란 글자 옆에는 초록색 종이를 풀로 붙인다. 교사는 '동물원 울타리 색깔 고르기'라고 제목을 적어 준다(Charlesworth, 2000).

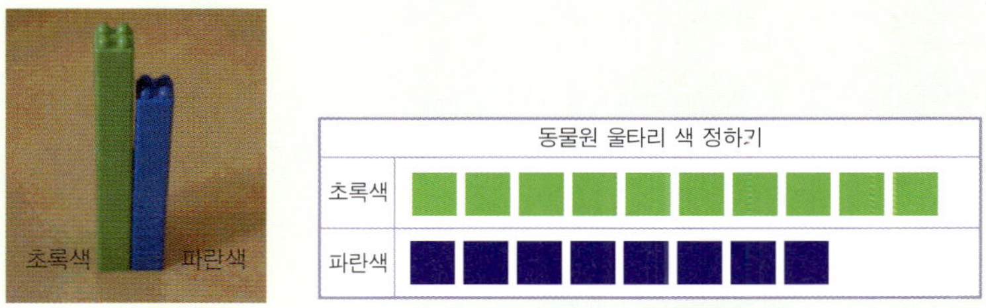

[그림 8-10] 초록색 울타리와 파란색 울타리의 투표에 대한 그래프

이와 같이 그래프 활동은 유아가 흥미를 갖는 여러 가지 정보를 수집하여 체계적으로 조직해 봄으로써 전체적인 경향을 알아볼 뿐 아니라 문제 해결 도구로도 사용될 수 있다. 또한 그래프 활동은 기본적으로 분류하기와 순서짓기, 수 개념, 부분과 전체 등 다른 수학적 개념들을 내포하고 있는 종합적인 수학적 과정으로 볼 수 있다.

그래프는 그림그래프, 막대그래프, 원그래프, 꺾은 선 그래프 등 여러 가지 형태로 표현될 수 있다. 이중 그림그래프와 막대그래프가 유아에게 가장 쉬우며, 원그래프는 초등학교 단계에서도 어렵다. 꺾은선그래프는 구체적 조작 능력을 필요로 하므로 초등학교 저학년부터 시작할 수 있다. Charlesworth(2000)에 의하면, 유아가 그래프를 이해하고 만드는 데는 다음과 같은 발달 단계를 거친다.

실물 두 가지를 비교하는 단계

이 단계에서는 실물을 이용하여 그래프를 만들며, 두 가지 항목만 비교할 수 있다. 주로 일대일 대응을 하거나 높이 또는 길이를 시각적으로 보고 비교한다. 정민과 기수가 블록을 쌓아 그래프를 만든 것이 여기 해당한다.

그림을 이용하여 두 개 이상의 항목을 비교하는 단계

두 가지 이상의 항목이 비교될 뿐 아니라, 기록이 더 영구적으로 남는 단계이다. 주로 그림이나 사진을 오려 붙여서 그래프를 만든다.

상징물을 이용하여 비교하는 단계

실물 없이 색종이 조각을 오려 붙이거나 기호를 사용하여 그래프를 만든다. 이 단계에서 유아는 보다 독립적으로 활동할 수 있다.

눈금이 그려진 종이를 사용하는 단계

눈금이 그려진 종이를 사용하고 네모 칸 안에 색깔을 칠하여 그래프를 만든다. 앞의 세 가지 단계를 충분히 경험한 이후에만 가능하다.

꺾은 선 그래프를 사용하는 단계

기온이나 강우량의 변화를 보여주는 데 유용한 방법이다. X축과 Y축이 만나는 지점에 표시를 한 후, 이전의 점과 다음의 점을 연결한다.

이 중에서 유아에게 사용할 수 있는 그래프로는 실물그래프, 그림그래프, 상징그래프 등 세가지가 있으며, 이를 구체적으로 살펴보면 다음과 같다.

실물그래프

실물그래프(real object graph)는 해당 사물을 그래프 판 위에 직접 놓아서 만드는 3차원적 그래프이다. 예를 들어, 유아들 중 구두를 신은 유아가 많은지 혹은 운동화를 신은 유아가 많은지 알아보기 위해 교실 바닥에 커다란 그래프 판을 놓고 그 위에 각자의 신발을 올려놓을 수 있다. 또한 유아 자신이 그래프가 될 수도 있다. 예를 들어, 운동장에 나가서 구두를 신은 유아와 운동화를 신은 유아가 줄서기를 할 수 있다. 실물 그래프는 그림그래프나 상징그래프 활동의 기초가 되며, 유아에게 구체적인 경험을 제공하므로 가장 중요한 유형의 그래프로 볼 수 있다.

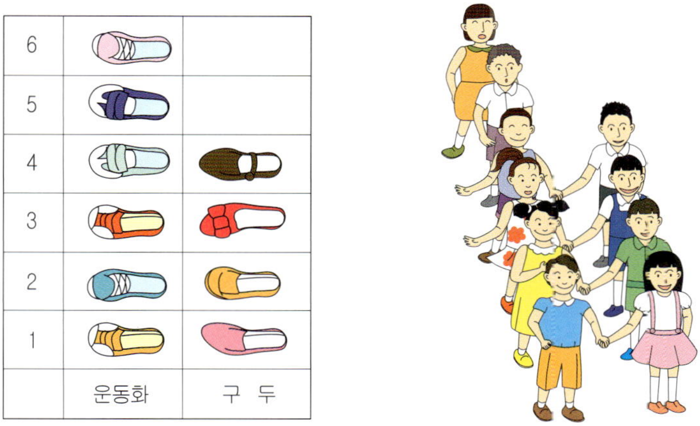

[그림 8-11] 실물그래프

그림그래프

그림그래프(picture graph)는 실물 대신 실물의 그림을 이용하는 것으로서 실물그래프와 상징그래프 간의 중간적인 성격을 갖고 있다. 유아의 발달 특성상 실물을 이용한 그래프 활동이 가장 바람직하나 실물그래프를 만드는 것이 불가능한 경우가 있다. 예를 들어, 집에 있는 애완동물, 좋아하는 텔레비전 프로그램, 이용해 본 교통 기관 등은 유아가 흥미 있어 하는 통계 주제이지만 실물을 교실에 가지고 올 수는 없는 것들이다. 또한 유아가 좋아하는 음식은 실물로 그래프를 만들 수는 있어도 그래프를 영구적으로 보존하기는 어렵다(예 부패). 따라서 이러한 경우는 해당 물체의 그림에 색칠을 하거나 해당 물체의 사진이나 스티커를 붙이는 그림그래프 활동을 하는 것이 좋다.

상징그래프

상징그래프(symbolic graph)는 어떤 물체를 표상하기 위해 추상적 매체, 예를 들어 블록이나 세기표(//// 또는 正) 등을 사용하는 것이다. 또한 해당 칸을 채운 차트를 책상 위나 벽에 붙이는 경우가 많지만 끼우기 블록을 쌓아 올리거나 종이 클립 또는 색종이 고리를 연결하여 그래프를 나타낼 수도 있다.

이상과 같은 그래프 활동 즉, 통계는 다른 수학 개념들보다 어려운 개념이다. 따라서 그래프 활동을 계획할 때에는 먼저 유아의 흥미나 이해 수준에 적절한 주제를 선택하는 것이 필수적이다(김숙령, 2000). 통계 주제가 선택되면 비교할 집단의 개수와 그래프의 유형을 결정해야 한다. 처음에는 두 집단을 비교하다가(예 밥/빵) 점차 집단 수를 늘린다(예 밥/빵/국수/떡). 또한 그래프의 유형은 구체적 그래프에서 추상적 그래프의 방향으로 나아간다. 즉, 처음에는 실물그래프나 그림그래프로 활동을 해야 하며, 상징그래프는 이미 실물그래프나 그림그래프로 해보았던 주제에 대해 활동해야 한다.

그래프를 만드는 과정에서는 그래프에 사용될 자료를 '동일한 간격'으로 배열하는 것이 중요하다. 유아는 일대일 대응과 수의 보존 개념이 부족하므로 배 4개의 줄이 귤 6개의 줄보다 길면, 배가 더 많다고 해석할 수 있기 때문이다. 따라서 그래프 판에 동일한 크기의 칸(바둑판 모양)을 만드는 것이 도움이 된다.

그래프 활동을 지도할 때에는 수집한 자료를 조직하거나 표현하는 기술에만 초점을 둘 것이 아니라, 관심 있는 자료를 모으고 기록하고자 하는 '태도'를 기르고, 이렇게 하는 일의 '목적'을 이해하도록 한다. 특히 개인적 선호도에 관한 그래프 활동을 할 때 유아는 친구(특히 인기아)를 따라서 투표하거나 다수의 편에 서고 싶어 하는 경향이 있으므로 주의한다. 이런 경우 유아에게 손을 들게 하기보다는 비밀주머니에 투표용지를 넣도록 하는 것이 좋다. 또한 한 사람만이 낸 의견일지라도 소중한 것임을 이해해야 한다. 이러한 입장에서 그래프 활동은 다음과 같이 지원할 수 있다.

일과를 통해 그래프 활동을 경험하게 지원한다.

- 그래프 활동을 학급 일과의 일부로 만들기
  예 출석 그래프, 생일이 있는 달
- 학급 내의 의사 결정을 위해 그래프를 구성하기
  예 견학 장소, 어머니 초대 날에 사용할 간식
- 학습을 위해 그래프를 사용하기
  예 양파의 성장, 날씨 비교 또는 기온 변화

- 유아의 발달에 적절한 그래프 활동을 제공한다.
  - 유아의 관심과 흥미, 이해 수준에 적절한 주제를 선택하기
  - 유아의 발달 수준이나 사전 경험에 따라 비교집단의 수나 그래프의 유형을 정하기
  - 개인별 조사 활동을 격려하기
    우리 반 유아들이 좋아하는 것 조사(예 동물, 음식, TV 프로그램 등)

- 그래프가 완성된 후 다음과 같은 언어적 상호 작용을 할 수 있다.
  - 어떤 것이 더 많니(기니)?, 어떤 것이 더 적니(짧니)?
  - 제일 많은(긴) 것은 무엇이니? 제일 적은(짧은) 것은 무엇이니?
  - 개수가 같은 것은 어떤 것들이니?
  - ~에는 몇 개가 있니?
  - ~보다 ~가 몇 개 더 많니? ~보다 ~가 몇 개가 더 적니?

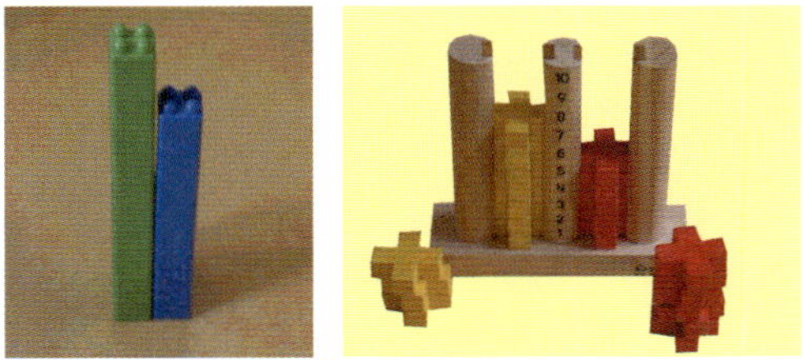

[그림 8-12] 상장그래프와 관련된 도구

심층탐구 수학 개념 찾아보기

다음 상황은 4장~8장에 제시된 유아 수학 교육 내용 중 무엇에 해당하며, 교사 또는 부모로서 어떻게 지도할 것인지 설명하시오.

- 재활용 쓰레기를 버리는 날이다. 신문지, 휴지, 우유팩, 헌 책 등을 한꺼번에 모아두었는데, 우유팩은 따로 분리해서 내야 된다고 한다.

- 혜정이와 수빈이는 소꿉놀이 영역에서 식사준비를 하고 있다. 이들은 의자 앞에 접시 하나씩을 놓고 있다.

- 네 명의 유아들이 모래놀이 영역에서 모래를 붓고 있다. 이들은 모양과 크기가 다양한 소꿉놀이 그릇들을 잔뜩 갖고 있다. 세민이가 "난 더 큰 컵이 필요해"라고 다영이에게 말한다.

- 철환이는 "내가 너보다 색연필이 더 많다"라고 말한다. 미성이는 "아니야"라고 하지만 철환이는 "맞아, 내가 더 많아"라고 한다.

- 파랑새반 유아들은 학예회 준비를 하고 있다. 어떤 유아들은 동극을 준비하자고 하는데, 반대하는 아이들도 있다. 성수는 투표를 하자고 제의했고, 아이들은 모두 동의했다. 정민이와 수진이가 투표 결과를 세었다. 유아들은 동극을 하는 것에 찬성하는 아이들이 15명, 반대하는 아이들이 9명이라는 데 동의했다.

제3부
유아 수학 교육의 방법

3부 유아 수학 교육의 방법은 실제 교육현장에 적용할 수 있는 능력을 기르는 것을 목적으로 한다. 9장 유아 수학 교육의 운영에서는 개정 누리과정 입장에서 유아 수학교사의 역할과 교수-학습 원리, 수학 학습의 유형, 집단 구성 등을 살펴본다. 10장 유아 수학 교육의 환경 구성에서는 수학 교육 자료의 준비나 수학영역의 구성뿐 아니라 언어영역이나 미술영역 등 교실 내 다른 영역과 실외 영역 및 지역사회를 통한 수학 교육 방안을 제시한다. 11장 유아 수학 교육의 평가에서는 유아에게 적합한 평가를 선택하고 실시할 수 있도록 다양한 평가방법을 소개한다. 12장 AI 시대의 유아 수학 교육에서는 유아 코딩의 개념 및 중요성을 이해한 후 누리과정과 연계 방안을 모색한다.

CHAPTER 9

유아 수학 교육의 운영

본 장에서는 먼저, 유아 수학 교육과 관련한 교사의 역할과 교수학습 원리를 학습한 후 자연적 학습, 비형식적 학습, 형식적 학습 등 수학 교육이 일어날 수 있는 다양한 학습 상황을 살펴보기로 한다. 아울러 대집단 활동, 소집단 활동, 개별 활동 등 집단 구성 방법의 특징을 비교해봄으로써 수학 교육의 효과적인 운영 방안을 알아보고자 한다.

1 교사의 역할

유아 수학 교육에서 교사는 매우 중요한 역할을 담당한다. 개정 누리과정에서는 유아에게 마음껏 놀이할 권리를 회복시켜주기 위해 '유아와 교사가 동시에 주체'가 되는 교육과정 실현에 초점을 두고 있다. 이에 따라 놀이지원자 역할과 협력자 역할이 강조되고 있다(교육부, 보건복지부, 2019a). 이러한 입장에서 유아 수학 교육과 관련한 교사의 역할을 구체적으로 살펴보면 다음과 같다.

촉진자 역할

촉진자 역할은 유아가 갖고 있는 수학적 능력과 가능성을 최대한 개발해 주는 것을 말한다. 그러나 이는 유아에게 지식을 주입하거나 선행학습을 통해 발달을 압박해야 한다는 의미는 아니다. 유아는 수동적인 학습자가 아니며, 또 모든 유아가 획일적으로 학습하는 것도 아니기 때문이다. 촉진자 역할은 수학에 대한 유아의 자연적인 흥미와 성향을 중요시하는 것과 관계있으며, 이를 이용하여 수학 활동에 대한 참여를 높이는 것을 말한다. 또한 적절한 비계의 역할을 하고 유아의 개인차에 입각하여 수학 활동을 안내함으로써 수행된다.

제공자 역할

환경에 따라 수학에 대한 유아의 흥미 유발과 교육 효과가 크게 달라질 수 있다. 따라서 교육적 가치가 있고, 유아의 흥미 및 발달에 부합하는 수학 교육 환경 및 자료를 제공하는 것은 매우 중요한 역할이다. 특히 유아의 능동적인 지식 구성을 강조하는 구성주의 입장에서 볼 때 교사는 자신이 계획한 수학 활동을 직접적으로 제시하기보다는, 활동을 소개하고 유아가 수학 활동에 흥미를 느낄 수 있도록 간접적으로 암시를 주거나 분위기를 조성함으로써 활동의 최종 선택과 주도는 유아가 하도록 하는 것이 바람직하다(조복희·곽혜경·김암이·양연숙·장미자·한우미, 1999).

질문자 역할

놀이 상황에서조차 교사는 질문자 역할을 수행해야 한다. 적절한 시기에 적절한 질문은 유아로 하여금 현재 다루고 있는 수학 개념을 인식하게 하며, 수학 용어를 익숙하게 사용할 수 있도록 해주기 때문이다(Forston & Reiff, 1995). "이것은 무엇이니?", "어떻게 할 거니?"와 같이 교사가 기대하는 답을 염두에 둔 질문보다는 "선생님은 이런 생각이 드는데, 너는 어떻게 생각해?", "그것도 좋은 방법인데 무겁진 않을까?"와 같이 유아와 능동적으로 생각을 나눌 수 있는 질문이 바람직하다(교육부, 보건복지부, 2019a). 한편 교사의 질문은 유아의 집중을 방해하거나 활동을 멈추게 할 수도 있으므로 교사는 먼저 자신의 질문이 유아의 탐색을 강화할 것인가, 아니면 방해할 것인가를 검토해 보아야 한다.

사례 질문자 역할

건물과 길을 만드는 비슷한 놀이가 동시에 이루어지면서 공간이 부딪히는 문제가 유아들 간에 발생하였다. 교사는 두 놀이를 연결해줄 수 있지 않을까 생각하여 "두 동네를 서로 왔다 갔다 할 수도 있지 않을까? 그래서 더 큰 동네를 만들려면 길을 어떻게 만들 수 있을까?", "더편 블록이 필요할까?"라고 질문하였다. 교사와 상호작용하면서 더 많은 수의 유아들이 참여하여 도시를 함께 구성하는 놀이로 진행되었다.

출처: 교육부, 보건복지부(2019a)

관찰자 역할

[그림 9-1] 유아의 눈높이에 맞춘 관찰

관찰자 역할은 2019 개정 누리과정으로 인해 그 중요성이 더욱 증가한 역할이다. 개정 누리과정은 교사가 주도하는 활동이 아닌 유아의 자발적인 놀이를 강조하고 놀이 속 배움을 강조하므로 수학 학습도 유아가 주도하는 놀이에서 자연스럽게 일어나야 한다. 이러한 인식을 토대로 교사는 수학 교육을 위해 유아의 놀이를 자세히 관찰하며, 놀이 과정에서 일어나는 수학 교육의 순간을 포착하는 것이 중요함을 인식해야 한다.

참여자의 역할

참여자의 역할은 가장 간과되기 쉬운 역할이다. 유아들은 놀이를 할 때 교사를 놀이의 대상으로 여기지 않는 경향이 있다. 이는 교사가 유아의 학습에 참여자로서의 역할을 하지 않는다는 것을 말해준다(박혜경 외, 1999). 그러나 교사는 유아들에게 직접 게임 규칙을 결정하게 함으로써 유아와 마찬가지로 규칙에 복종하는 한 사람의 참여자가 될 수 있다(이윤경 외, 1985). 이러한 과정에서 교사는 놀이의 속성을 더 잘 이해하게 되고, 자연스럽게 시범을 보이거나 활동을 제안하고 문제해결을 돕는 등 보다 효과적으로 지원할 수 있게 된다(교육부, 보건복지부, 2019a) . 이와같이 교사가 유아와 대등한 위치에서 수학 활동에 참여할 때 유아의 활동은 더욱 풍부해지며 확장될 수 있으며, 모델의 역할도 하게 된다. 개정 누리과정에서는 이러한 교사의 역할을 놀이지원자의 역할 중 함께 배우며 성장하는 역할로 제시하고 있다.

사례 참여자의 역할

〈반짝이끈으로 상상놀이하기〉

한 유아는 교실에 만들기 재료로 있던 박스를 가져와 반짝이끈 놀이에 함께 사용하였다. 몸을 웅크리고 박스안에 들어가서 숨는 놀이를 하다가 한 두 명의 유아가 반짝이끈으로 몸을 덮어서 숨는 놀이를 하였다. 점점 많은 수의 유아가 참여하였고 놀잇감을 숨기는 놀이로 확장되었다. 유아들은 이 놀이를 보물찾기 놀이라고 이름을 붙였다.

"낚싯줄로 낚시하고 있어."

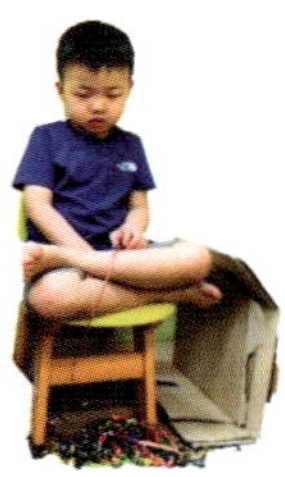

"반짝이끈 정수기 설치하겠습니다!"

〈교사의 놀이 지원 실제〉

상호작용(질문하기/놀이 참여하기)

교사는 유아 자신의 경험을 놀이로 표상하는 유아의 놀이에 참여하며 상호작용하면서 놀이가 지속될 수 있도록 지원하였다.

"물고기는 몇 마리 잡으셨나요?"

"낚시하는 데 또 뭐가 필요할까?"

"정수기는 어떤 물건이야?"

"물은 어디에서 나오는 거야?"

출처: 교육부, 보건복지부(2019a)

전달자의 역할

전달자의 역할은 수학적 지식이나 사실을 언어를 통해 직접 알려주는 것을 말한다. 전달자의 역할은 빠른 시간에 가장 많은 지식을 가장 많은 학습자에게 전달할 수 있는 방법이라 할 수 있지만, 발달 특성상 유아는 언어적 이해력이 부족하며 유아에게 지식을 가르치는 것은 바람직하지 않다는 점에서 오늘날 바람직하지 않은 역할로 평가받고 있다. 그러나 수학 교육 내용 중에는 교사에 의해 직접 가르침을 받지 않으면 안 될 부분(예 수의 명칭)도 있으므로 전달자로서의 역할을 전적으로 무시하기는 어려운 실정이다.

2 교수-학습원리

개정 누리과정 해설서(교육부, 보건복지부, 2019c)에서는 유아의 놀이 지원을 위한 교수학습원리를 첫째, 유아가 흥미와 관심에 따라 놀이에 자유롭게 참여하고 즐기도록 하고, 둘째 유아가 놀이를 통해 배우도록 하고, 셋째 유아가 다양한 놀이와 활동을 경험할 수 있도록 실내외 환경을 구성하며, 넷째 유아가 다른 유아, 교사, 환경과 능동적인 상호작용을 하도록 하고, 다섯째 5개 영역의 내용이 통합적으로 유아의 경험과 연계되도록 하며, 여섯째 개별 유아의 요구에 따라 휴식과 일상생활이 원활히 이루어지도록 하고, 일곱째 유아의 연령, 발달, 장애, 배경 등을 고려하여 개별 특성에 적합한 방식으로 배우도록 하는 것으로 제시하고 있다. 수학의 경우 학문의 성격상 유아의 자발적 참여와 탐색이 특히 중요하기 때문에 다음과 같은 교수학습 상황을 조성해야 한다.

유아의 능동적 학습을 격려한다.

교사가 활동을 주도하거나 학습지와 같이 주어진 문제에 유아가 반응해야 하는 수동적인 학습 방법은 논리·수학적 지식의 일종인 수학적 개념을 학습하는 데 적절하지 않다. 논리·수학적 지식을 구성하기 위해서는 유아가 학습의 주체로서 능동적으로 문제를 탐색하고 다양한 방법으로 문제해결을 시도해야 한다. 따라서 교사는 자신의 계획이나 생각을 유아에게 강요하기보다 유아의 선택과 자발적 활동의 가치를 인정해 주어야 한다.

유아에게 구체적 조작 경험을 제공한다.

인지 발달 단계의 특성상 유아기에는 지필식 학습보다 활동 중심의 학습이 바람직하다. 또한 이 시기에는 경험적 추상과 관련짓지 않고는 내성적 추상이 일어나기 어렵다. 따라서 유아가 논리·수학적 지식을 습득하려면 실제 물체를 조작하는 것이 반드시 필요하다. 그러나 단순히 물체를 손으로 만져 보고 조작하는 것만으로는 부족하며, 정신적 조작 활동이 수반되어야 한다.

유아의 사전 지식을 기초로 사용한다.

유아는 유아교육기관에 오기 전부터 가정에서 이미 수학적 경험을 시작하였으므로 풍부한 비형식적인 수학적 지식을 갖고 있다. 유아는 수학적 문제 상황에 직면했을 때 먼저 자신이 알고 있는 수학적 지식을 적용하여 문제를 해결하려고 한다. 따라서 유아가 이미 알고 있는 개념과 관련된 활동을 제공함으로써 유아가 새로운 개념을 습득하고 기존의 이해를 확장할 수 있도록 하는 것이 좋다.

유아의 개인차를 수용한다.

유아는 서로 다른 수학적 지식 수준과 경험을 갖고 있다. 또한 수학 활동에 대한 이들의 태도나 접근법에도 개인차가 있다. 교사는 이러한 다양성을 적극 수용하고, 개별 교육이 이루어질 수 있도록 배려해야 한다. 또한 교사는 같은 수학 활동에 참여하는 유아들이라도 이들이 경험하거나 구성하는 내용은 다를 수 있음을 이해하고, 각 유아가 자신의 수준에서 자신만의 방법을 통해서 수학적 지식을 구성하도록 도와주어야 한다.

유아에게 표현의 기회를 제공한다.

유아는 자신이 경험한 수학 활동이나 현재 학습하고 있는 수학적 개념을 언어를 통해 표현함으로써 더 잘 이해할 수 있다. 따라서 교사는 유아에게 자연스럽게 자신의 생각을 표현할 수 있는 기회를 제공해야 한다. 또한 말로 표현하는 것 외에도 글로 쓰기, 그림 그리기, 게시하기 등의 다양한 표현 방법을 사용하는 것이 바람직하다.

또래나 교사와의 상호작용을 강조한다.

또래와의 상호작용을 통해 유아가 자신의 생각이 타인의 생각과 다를 수 있다는 것을 알게 되고, 자신의 생각을 객관적인 입장에서 봄으로써 수정·확장한다. 따라서 공동 프로젝트나 소집단 활동이 유익할 수 있다. 또한 교사는 "어떻게 하면 ~할 수 있을까?", "~한다면 무슨 일이 생길까?" 등과 같이 유아의 수학적 사고를 자극할 수 있는 질문을 할 필요가 있다.

결과보다 과정에 관심을 기울인다.

정답만을 강요하거나, 승부에 집착하여 이긴 사람, 진 사람을 판정해 주거나, 몇 개 틀렸다는 것을 강조하는 등 결과를 중요시하면 유아에게 수학은 어렵고 지루한 것이라는 인식을 심어줄 수 있다. 따라서 유아의 답이 옳고 그른지 즉각적인 판단을 내려주기보다는 유아가 그러한 결과에 도달하게 된 과정에 관심을 갖고, 유아에게 설명해 보도록 하는 것이 좋다.

3 수학학습의 유형

수학학습은 다양한 상황에서 행해질 수 있다. 가정이나 일상생활에서 자연스럽게 수학학습이 일어날 수 있으며, 우연히 발생한 사건을 교사가 수학 교육으로 활용할 수도 있고, 교사의 체계적인 계획에 의해 형식적인 학습이 이루어질 수도 있다. 이들 세 가지 수학학습 유형의 특성과 적절한 교사의 지원 방법을 구체적으로 살펴보면 다음과 같다.

1) 자연적인 수학학습

유아는 선천적인 호기심으로 인하여 자신을 둘러싼 환경에 관심을 나타낸다. 환경을 탐색하면서 유아가 습득하는 수학 개념은 이후 형성하게 될 형식적인 수학 지식의 기틀을 이룬다. 따라서 유아를 둘러싸고 있는 일상생활은 수학학습 현장이라고 할 수 있으며, 이와 같은 일상적인 활동을 하면서 유아들이 자발적으로 시작하는 학습 활동을 자연적인 학습이라고 한다. 따라서 자연적인 학습은 유아교육기관이나 학교에 가기 훨씬 전 아주 어린 시기부터 가정에서 일어날 수 있다. 이러한 점으로 인하여 유아교육기관에서 이루어지는 수학학습은 흔히 체계적이고 형식적인 교육만을 의미하는 것으로 생각하기 쉽다. 그러나 수학의 속성상 유아교육기관에서도 유아가 자연스럽게 수학을 학습할 수 있는 기회가 많이 있으며, 이러한 학습 기회는 더욱 강화될 필요가 있다. 자연적인 수학학습은 감각운동기에 있는 영아에게 특히 주요한 학습 방법이지만 높은 연령의 유아에게도 귀중한 학습 방법이다 (Charlesworth & Lind, 2003).

자연적인 수학학습에서 교사의 역할은 흥미롭고 풍부한 환경을 준비하는 데 있다. 즉, 유아가 보고, 만지고, 듣고, 맛보고, 냄새 맡을 수 있는 물체들이 많이 있어야 한다. 또한 유아가 이 활동에서 저 활동으로 급히 옮겨 다니지 않고 한 자료를 충실하게 탐색하고 수학 개념을 발견할 수 있도록 충분한 시간을 제공해야 한다. 가능하다면 시간 부족으로 작업을 끝내지 못한 유아가 그대로 놔두었다가 나중에 돌아와서 계속 작업할 수 있도록 여유 있는 공간을 제공하는 것이 좋다. 아울러 교사는 유아의 활동을 관찰하고, 활동이 어떻게 전개되고 있는지 기록하면서, 유아에게 눈 맞춤, 끄덕임, 미소 등으로 반응을 해주고, 유아의 행동을 말로서 표현해 주거나 유아의 말을 다듬어주거나 유아를 격려하기 위해 칭찬해 줄 수 있다(Gallenstein, 2003; Charlesworth & Lind, 2003).

사례 자연적인 수학 학습에서 기다리며 지켜봐주기

교사는 유아가 직접적인 도움을 요청하거나 갈등이 발생하지 않아서 가만히 놀이를 관찰하며 미소, 끄덕거림 등 정서적 지원을 제공하며 지켜보았다. 유아들은 놀이 중 발생하는 문제도 서로 도와가며 해결해나갔다.

출처: 교육부, 보건복지부(2019a)

자연적인 수학학습은 유아가 선택과 행동을 스스로 통제하며, 유아와 환경 간의 직접적 상호작용이 가장 강조되는 학습 유형으로서 다음과 같은 사례들이 이에 포함된다.

- 2세인 민지가 블록 영역에서 커다란 종이 블록을 꺼내면서 "크다"라고 하자 교사는 고개를 끄덕이며 "그래, 큰 블록이네"라고 말해준다.
- 3세인 민준이는 혼자서 퍼즐을 맞추고 있다. 직각 삼각형 모양 퍼즐 두 개를 붙이더니 "와! 네모가 되었네!"라고 말한다.
- 4세인 지영이는 간식 시간에 "한 개, 두 개, 세 개."하면서 자신의 접시에 담긴

과자의 수를 센다. 간식을 먹다가 옆에 앉은 친구에게 "너, 아직 세 개 그대로네, 나는 한 개 먹어서 두 개 남았어"라고 말한다.

- 5세 현미는 점심 식사 후 매일 시계를 보다 교사가 "1시 15분이야. 일어나자"라고 말할 때 항상 시계의 짧은 바늘이 1에 있고 긴 바늘은 3에 있다는 것을 어느 날 깨닫게 되었다. 그 후로는 점심 식사 후 시계를 어떻게 읽어야 하는지 알게 되었다.

2) 비형식적인 수학학습

비형식적인 학습은 유아가 자연적인 학습 경험을 하고 있을 때 교사에 의해 시작된다. 즉, 교사가 수학학습을 위해 특별한 시간을 미리 계획하는 것이 아니라 교사가 경험이나 직관에 의해 스캐폴딩을 할 시간이 되었다고 판단할 때 일어나게 된다. 이는 주로 유아가 도움을 필요로 하거나 문제해결을 잘하고 있기는 하지만 힌트나 격려를 필요로 하는 상황에서 적절하다. 혹은 교사가 특별히 가르치고 싶은 개념이 있거나 가르칠 좋은 기회가 왔다고 생각했을 때에도 비형식적 학습이 일어날 수 있다. 즉, 비형식적 수학학습은 우연히 일어난 수학 상황을 교사가 유아의 요구와 흥미, 사건이 지닌 교육적 의미 등을 판단·검토하여 활동으로 확대하는 것이다. 이때 다음 예와 같이 적절한 교사의 적절한 언어적 상호작용이나 개입이 필요하다(Forston & Reiff, 1995).

여섯 명의 유아가 책상에 세 명씩 두 줄로 마주 앉아 있다. 교사는 이들에게 찰흙 세는 것을 도와달라고 한다. 유아는 곧 책상 위를 관찰하고 찰흙이 3개씩 2줄이 있다는 사실을 인식한다. 이후 이야기 나누기를 통해 유아는 6개의 찰흙은 두 개씩 세 집단으로도 배열될 수 있음을 알게 된다. 다음날 유아 한 명이 결석하자 교사는 단순히 찰흙을 치우면서 "여섯에서 하나를 빼니까 다섯이 남네"라고 말함으로써 '6－1=5'임을 보여준다.

위의 예에서는 수학학습을 위해 추가로 소비된 시간은 없다. 단지 교사는 유아가 수에 관심을 갖도록 할 수 있는 자연적인 기회를 활용했을 뿐이다. 이와 같이 물품을 나눠 주고, 책상에 유아를 앉히고, 집단을 구성하는 것과 같은 일과 활동은 수학 개념을 촉진하기 위한 목적으로 활용될 때 더욱 유익하고 흥미 있는 경험이 될 수 있다. 또한 비형식적인 수학학습은 유아가 수학이 우리의 생활주변 모든 곳에 존재함을 인식하고, 수학이 일상생활의 문제해결 도구로 활용될 수 있음을 깨닫게 해주는 이점이 있다.

따라서 교사는 수학 영역뿐 아니라 다른 영역에서도 수학학습이 일어날 수 있는 상황을 잘 포착하여야 하며, 일과 속에 수학 활동이 자연스럽게 녹아들어 있게 해야 한다. 등원 및 인사나누기시간, 자유선택활동시간, 활동계획시간, 간식 및 점심시간, 정리시간 등의 일과를 통해 제공할 수 있는 비형식적인 수학학습의 예를 들면 다음과 같다(Forston & Reiff, 1995; Kamii & DeVries, 1978).

등원 및 인사나누기시간

등원을 해서 인사를 나누는 동안 교사는 "아침에 뭘 먹었니?"와 같이 시간과 관련된 어휘를 사용하여 의사소통할 수 있다. 출석을 부르고 나서 교사는 "오늘 몇 명이 안 왔을까?"라고 질문을 함으로써 머릿속으로 기억하면서 수를 세는 기회를 제공할 수 있다. 이는 사물이 없어도 수를 셀 수 있도록 하며, 한 명, 한 명, 한 명이 안와서 모두 3명이 된다는 더하기의 기초개념으로 연결된다. 또한 학급 전체 인원을 고려하고, 출석한 유아들의 수와 결석한 유아들의 수를 관련지으면서 수의 부분과 전체 그리고 수의 차에 대한 비형식적 경험을 할 수 있는 좋은 기회이다.

활동계획시간

활동계획시간에 유아에게 사용되는 다양한 자료나 계획 과정은 유아의 수학적 개념발달에 중요한 기회가 될 수 있다. 예를 들어, 그날 놀이할 활동을 흥미 영역별로 나누어 소개하는 계획 판은 유아에게 특정한 놀이들을 영역별로 분류하는 수학적 과정을 간접적으로 경험하게 한다. 또한 실제적인 계획 활동을 할 때 어린 유아들은 원하는 놀이를 손가락으로 지적하거나 "~활동을 하고 싶어요."라는 식으로 교사와 상호작용하게 된다. 이때 교사는 유아에게 첫 번째로 하고 싶은 활동과 두 번째 또는 그 다음에 하고 싶은 활동을 선택하고 순서지어 보게 할 수 있다. 좀 더 큰 유아들은 스스로 자신의 놀이 계획을 기록하는 계획용지를 사용하기도 하는데, 이러한 과정에서 월, 일, 요일 등 날짜와 관련된 용어를 사용하고, 달력을 이용하게 되며, 하루가 지날 때마다 날짜가 하나씩 많아진다는 경험을 한다.

자유선택활동시간

자유선택활동 시간에 유아는 스스로 활동을 선택함으로써 수학 개념을 구성할 수 있다. 그러나 자유선택활동 시간에 비형식적인 수학학습이 효과적으로 이루어지기 위해서 교사는 이 시간이 단순히 방관 또는 보호의 시간이이 되지 않도록 주의해야 한다. 예를 들어, 교사는 유아들이 역할 영역에서 종이벽돌로 집을 짓고 있을 때 이들의 주도권을 인정하면서 블록의 수, 높이, 길이, 폭 등과 관련된 생각을 언어화하고 문제해결을 지원할 수 있다. "어떤 벽이 제일 높니?", "의자만큼 높은 벽을 쌓으려면 벽돌이 몇 개 필요할까?", "이 집에 몇 명이 들어갈 수 있을까?"라고 질문하거나 막대기나 줄을 이용해서 유아가 간단한 측정을 하는 것을 도울 수 있다. 이러한 활동을 반복하면서 유아는 '큰–작은', '위–아래', '앞–뒤' 등과 같은 개념을 직관적으로 이해할 뿐 아니라 스스로 발견했다는 기쁨과 즐거운 사회적 상호작용을 경험할 수 있다. 자유선택활동을 통해 유아가 수학 개념을 이해했다면, 교사는 굳이 이러한 개념들을 위해 형식적인 수업을 계획하지 않아도 된다.

간식 및 점심시간

간식 및 점심시간은 컵, 숟가락과 포크를 색과 형태에 따라 분류하거나 크기에 따라 순서짓기를 할 수 있는 좋은 기회이다. 또한 당번 유아로 하여금 자기 모둠의 유아 수만큼 식기를 갖다 놓고 접시, 컵, 냅킨 등을 준비하게 함으로써 일대일 대응과 수 개념을 자연스럽게 익히게 할 수 있다. 만약 어떤 유아가 자기보다 더 많이 가졌다고 항의하면 교사는 어떻게 하면 공평하게 분배할 수 있는지 스스로 토론하도록 지원할 수 있다.

정리시간

섞여진 놀잇감을 뒤적여 짝을 맞추고, 세트별로 바구니에 담고, 놀잇감이 원래 있었던 자리를 찾아 알맞은 방법으로 배열하는 것도 수학적 사고 과정을 동반한다. 따라서 교사는 유아가 쉽게 정리정돈하면서 수학 개념을 형성할 수 있도록 다음과 같이 지원할 수 있다. 놀잇감은 큰 바구니에 모두 섞어 수납하기보다 종류, 모양, 크기 등 기준을 정하여 각기 다른 바구니에 따로따로 보관하며, 바구니에 그림 표시를 붙여 쉽게 알아볼 수 있게 한다. 또한 놀잇감을 정해진 위치에 두어야 하는 경우(예 악기)는 놀잇감의 그림자 모양을 붙여 놓아 유아가 모양을 참조하여 정리할 수 있도록 한다.

정리시간은 시간에 관심을 갖게 할 수 있는 좋은 기회로 "시계의 긴 바늘이 5에 있을 때까지 정리하자"와 같은 교사의 반복된 지도로 유아에게 시계에 관심을 갖게 할 수 있다. 교사는 정리 시간을 여유 있게 계획하여 단지 놀잇감을 빨리 치우려고 서두르기보다는 즐겁게 정리하는 태도와 아울러 놀잇감의 속성을 파악하고 분류하기나 일대일 대응을 하는 기회를 갖는 시간이 되도록 한다.

[그림 9-2] 신발정리를 통한 짝짓기 경험

3) 형식적인 수학학습

개정 누리과정에서는 교사가 미리 계획하여 그대로 실행하는 것을 지양하고, 실행된 교육과정을 담는 것을 강조한다. 이와 같이 '만들어진' 교육과정이 아니라 '만들어 가는' 교육과정으로의 변화에 따라 정해진 형식에 맞추어 작성하던 기존의 계획안 방식에 비해 최근에는 사전 계획을 최소화하여 계획안을 수립하는 추세이다(교육부, 보건복지부, 2019c). 그러나 수학 학습은 다양한 상황에서 일어날 수 있다. 유아가 놀이를 통해 자연스럽게 학습하거나, 우연히 발생한 사건을 교사가 학습 기회로 활용할 수도 있지만, 교사가 체계적인 계획에 의해 형식적인 학습을 실시해야 하는경우도 있다. 형식적인 수학학습은 교사가 사전에 수업을 계획하고 자료를 준비하는 구조화된 학습을 말한다. 형식적인 수학학습은 특정 시간에 이루어지며, 이때 유아는 개별적으로 혹은 소집단이나 대집단으로 참여하면서 교사의 지시를 따르게 된다. 즉, 앞의 두 학습에 비해 교사가 많은 주도권을 쥐고 있는 학습 유형이라고 할 수 있다.

한편 개정 누리과정은 유아가 경험해야 할 수학 내용을 포괄적으로 제시하고 있을 뿐 제시 순서 등을 구체적으로 포함하지는 않고 있다. 따라서 교사는 생활주제에서 유아들이 알아야 할 수학적 개념들을 추출하고, 다른 영역의 활동계획과 더불어 수학 교육의 내용이 생활주제 안에서 고르게 다루어졌는지 살펴볼 필요가 있다. 또한 한 해 동안 다룰 수학 내용을 각각의 생활주제에 따라 편성해 봄으로써 수학 내용이 고르게 제시되었는지를 확인해 보는 것도 도움이 된다.

이와 같이 연간 수학 내용의 기본 틀이 결정되면, 주간 교육계획안 및 일일 교육계획안을 작성한다. 이러한 과정을 거치면서 교사는 수학 활동의 목표를 분명히 할 수 있으며, 구체적인 활동방법과 상호작용, 교재교구 등의 제반 준비를 체계적으로 할 수 있다. 또한 수학 활동이 진행되면, 그 목표에 따라 유아의 활동 수준을 다양한 방법으로 관찰하고 수학 활동을 내용별로 분석하여, 다음 주제의 교육활동 계획에 반영할 수 있다. 형식적인 수학 활동의 계획과정은 [그림 9-3]과 같다.

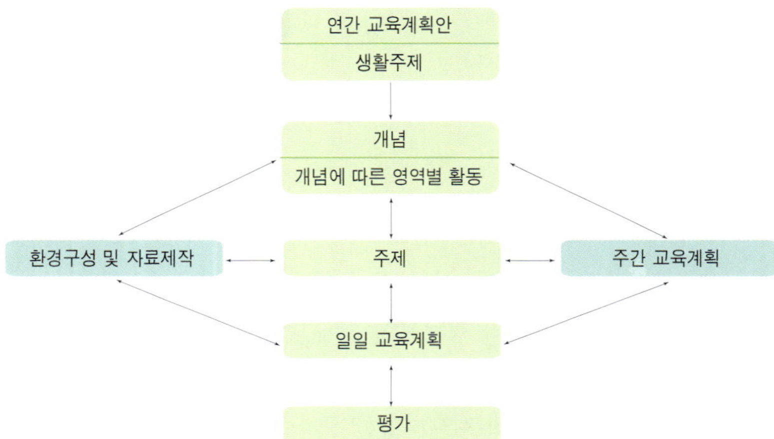

[그림 9-3] 교육계획 과정 모형

출처: 한유미 · 김혜선 · 권희경 · 양연숙 · 백은정(2013)

이상과 같이 계획된 형식적인 학습은 다음과 같은 단계로 진행될 수 있다.

도입

학습하고자 하는 수학 활동을 소개하고 학습 동기를 유발하는 단계이다. 일반적으로 이는 수학 개념과 관련 있는 교구나 환경의 제공, 사건이나 상황의 제시, 이야기나 그림 등의 제시, 유아의 사고를 유발하는 질문 등을 통해 이루어질 수 있다. 이 단계는 또한 유아의 현재의 지식 기반을 평가하기 위해 사용될 수 있다. 유아가 학습 동기를 나타내면 교사는 다음 탐색 단계로 이동한다.

탐색

제시된 자료와 도구들을 유아들이 자유롭게 관찰, 탐색하는 유아 중심의 단계이다. 즉, 이 단계에서는 유아의 자연스러운 호기심과 관찰하기, 비교하기 등의 과정을 통해 자료의 특성에 대한 탐색이 이루어지며, 유아의 감각이 활성화 된다. 또한 이 단계에서 유아는 문제를 해결하기 위해 다양한 방법을 고안하거나 여러 방법들의 장·단점을 비교해 보는 등 다양한 해결 전략을 탐색할 수 있다. 교사는 유아가 자유롭게 탐색을 할 수 있도록 충분한 기회와 시간을 제공하야 한다.

전개

자료에 대한 탐색이 충분히 이루어진 후 활동의 특성에 따라 개별적 또는 집단으로 자신의 생각을 적용하거나 실험해 보는 단계이다. 또한 이 단계에서 유아는 다른 유아와 의사소통하고, 추리와 증명을 하며, 문제를 해결하는 과정을 표상하기도 한다. 교사는 유아들간의 상호작용을 격려해야 하며, 유아의 생각을 파악하고 이에 적절한 제안을 언어적·비언어적 형태로 제공해야 한다. 예를 들어, 유아의 주도권을 존중하면서 교사는 이들의 지적 갈등이나 호기심을 일으킬 수 있는 질문을 할 수 있다.

확장

진행했던 활동과 관련하여 새로운 아이디어를 제안하여 확장하는 단계이다. 유아는 자발적으로 혹은 교사의 제안에 의해 새로운 활동을 진행할 수 있다. 예를 들어, 모형 아이스크림을 색깔이나 맛, 크기, 용기 등에 따라 분류하는 활동에서 아이스크림의 맛과 크기 등 두 가지 기준에 따라 복합분류하는 활동으로 확장하는 것이다. 또한 수학 영역이 아닌 다른 영역과의 통합 활동이 일어날 수도 있다. 위 활동의 경우 아이스크림 메뉴판을 만들고 아이스크림 가게를 꾸미면서 가게놀이를 하는 역할영역과의 통합이 가능하다.

마무리

모든 활동이 끝난 후 대집단 형태로 모여서 자신이 무슨 활동을 했고, 어떤 것을 발견했으며, 원하는 결과를 어떠한 방법으로 얻었는지 발표하는 단계이다. 또한 소집단 활동을 통해 얻은 결과를 대집단의 유아와 교사에게 이야기함으로써 수학 개념이 맞았는지 확인이 이루어질 수 있다. 활동 결과를 기록하거나 그림으로 그린 것 또는 그래프로 만든 것을 수학 영역이나 다른 영역에 전시할 수 있다. 따라서 이 단계에서는 의사소통하기와 표상하기가 활발하게 이루어진다.

심층탐구 수학 학습 관찰하기

만 2~3세와 만 5세 유아 학급을 방문하여 자연적인 수학 학습, 비형식적인 수학 학습, 형식적인 수학 학습 상황을 관찰, 기록하시오. 각각의 학습 상황이 모두 몇 번 발생했는지 아래 표에 적으시오. 어떤 학급에서 어떤 학습 상황이 많이 발생했는지 비교하고, 왜 그럴까 그 이유를 생각해보시오.

	만 2~3세 학급	만 5세 학급
자연적인 수학 학습	______ 번	______ 번
비형식적인 수학 학습	______ 번	______ 번
형식적인 수학 학습	______ 번	______ 번

이유

혹시 자연적 수학 학습이나 비형식적인 수학 학습이 일어날 수 있는 기회가 있었는데 그냥 놓쳐 버린 경우는 없었는가? 만약 당신이 교사라면 그러한 상황에서 학습이 일어나도록 어떻게 개입했을지, 그리고 4장~8장에 제시된 유아 수학 교육 내용 중 어떠한 학습이 일어날 수 있었을지 생각해보시오.

상황

수학 교육 내용

교사의 개입

4 집단구성

수학 교육은 대집단 활동뿐 아니라 소집단 활동이나 개별 활동으로 이루어질 수 있다. 이들 세 가지 유형의 집단 구성은 각기 장·단점이 있으므로 교사는 활동 목표나 유아의 특성, 교실 상황 등에 따라 가장 적절한 집단 구성을 선택하여 융통성 있게 운영하는 것이 바람직하다. 각 집단 구성의 특성을 구체적으로 살펴보면 다음과 같다.

1) 대집단 활동

일반적으로 대집단 활동이란 교사가 학급 전체 유아를 대상으로 동일한 내용을 동일한 속도와 동일한 방법으로 수업을 진행하는 것을 말한다. 대집단 구성은 교사가 학습 과제를 잘 조직하여 효과적으로 제시하므로 짧은 시간에 많은 지식과 기능을 습득하게 할 수 있다는 점에서 널리 사용되어 왔다. 그러나 유아의 수가 너무 많거나 이들의 흥미나 능력에 개인차가 큰 경우 대집단 활동의 효과는 크게 줄어들게 된다. 또한 대집단 활동은 기본적으로 한 명의 교사가 학급 전체의 유아를 대상으로 하는 것이므로 자연히 유아는 능동적 역할을 하기 힘들고, 교사중심의 주입식 수업이 되기 쉽다(김경미·김현주·송연숙, 2002). 이와 더불어 최근 소집단이나 개별 활동의 장점이 부각되면서 대집단 활동은 유아 개개인에 대한 배려가 부족한 집단 구성으로 부정적으로 인식되게 되었다.

그러나 이는 수학 교육에서 대집단 활동의 중요성을 과소평가한 것이다. 포스턴과 리프(Forston & Reiff, 1995)는 수학 교육에서 대집단 활동이 희생되어서는 안 되는 이유를 다음과 같이 설명한다. 첫째, 수학 활동을 촉진하는 상황 중에는 시끄럽고 공간을 많이 차지하는 경우가 있다(예 노래 부르기, 악기 연주하기, 신체 움직이기). 다른 영역에서 활동이 진행되고 있다면, 유아가 노래하고 손뼉 치고 블록을 두드리는 등 감각 기관을 이용하여 수학 활동을 하기 어렵다. 따라서 이러한 경우에는 대집단 활동이 소집단 활동보다 효과적이다. 둘째, 아래 예와 같이 대집단 활동은 소집단에게서는 나타날 수 없는, 일종의 집단정신인 '사회적 상호작용의 흥분'(excitement of social interaction)을 일으킨다.

> 유아들이 '코끼리 잡기 놀이'를 하고 있다. 이 놀이는 많은 수의 유아(코끼리)가 있어야 하며, 이들이 돌아다닐 수 있는 넓은 공간이 필요하다(교실의 한 영역만으로는 부족함). 처음에는 2명의 유아가 코끼리 흉내를 내고 교실을 돌아다니면서 각기 코끼리 1마리를 잡아 온다. 4마리가 된 코끼리들은 다시 각기 1마리씩을 잡아 와서 8마리로 늘어난다. 이와 같이 유아들은 코끼리 무리가 점점 늘어나는 것을 봄으로써 즐거움을 느끼고 수개념을 경험한다. 코끼리들은 실제로 둘씩 걸어 다닐 때 숫자에 대한 강한 충동을 느낀다. 그리고 학습한 것을 잊어버리지 않는 착한 코끼리가 된다. 구경하는 유아도 노래를 부르고, 코끼리가 다른 코끼리를 한 마리씩 데려오면 모두 몇 마리가 될까 추측하고, 코끼리 무리가 얼마나 많아졌나 알기 위해 세어보고, 나는 언제 선택될까 기대하면서 함께 참여한다.

이외에도 대집단 활동이 유용한 경우가 있다. 첫째, 새로운 수학 활동이나 자료를 소개하고 설명할 때, 그리고 활동 결과를 보고하거나 토의할 때 등이다. 둘째, 수학적 개념 중에는 특성상 대집단 활동이 적합한 것이 있다. 예를 들어, '우리 반 친구들이 좋아하는 동물'을 조사하는 것과 같은 통계 활동은 개별 활동이나 소집단 활동보다 대집단 활동으로 실시해야 한다. 따라서 교사는 대집단 활동에서 부족하기 쉬운 유아 개개인에 대한 배려를 소집단이나 개별 활동으로 보완하면서, 대집단 활동에서만 나타날 수 있는 학습 기회를 충분히 이용해야 할 것이다.

[그림 9-4] 대집단 활동

2) 소집단 활동

[그림 9-5] 소집단 활동

소집단 수업은 대집단 수업의 교사중심적인 진행과 비효율성에 대한 비판으로 일어난 것으로서 특정 수업 목표의 효율적 달성을 위해 전체 학급을 소집단으로 나누어 수업하는 형태를 말한다(김경미 외, 2002). 유아교육기관에서는 흔히 공동의 관심을 가진 유아 4~5명이 함께 협력하여 목표를 달성하기 위해서 자발적으로 소집단을 구성하기도 하며, 혹은 교사가 계획한 활동을 실시하기 위해 의도적으로 소집단을 구성해 주기도 한다. 교사가 소집단의 크기와 구성원을 임의로 선정하는 경우에는 유아의 성, 능력, 특성 등을 고려해서 신중히 집단을 구성해야 한다. 즉, 동질적인 집단 구성을 하기보다는 '이질적인 집단 구성'을 하는 것이 집단에 활력을 주고 학습 효과를 높일 수 있다. 또한 소집단 활동은 학급에 교사가 2인 이상일 경우 효과적이며, 그렇지 않은 경우에는 자원인사의 도움을 받는 것이 바람직하다.

많은 학자나 교사들은 유아의 능동적 참여로 이루어지는 수학 활동이 원활하게 전개되기 위해서는 소집단 구성이 바람직한 것으로 생각한다. 첫째, 소집단 활동에서는 교사와 유아 모두 생각하고 대화하고 질문할 기회가 많기 때문이다. 즉, 대집단 활동에 비해 교사와 유아간의 상호작용이 많으므로 유아가 교사의 수학 용어 사용을 모방하고 연습할 수 있다. 따라서 많은 언어 훈련이 필요하고 집단 내에서 성인과의 안정감을 필요로 하는 저 연령의 유아에게는 소집단 구성이 특히 효과적일 수 있다(이순희·윤복희·박혜경·최일선, 1998). 둘째, 소집단 활동에서는 또래간의 상호작용과 또래학습이 활발하므로 교사의 직접적인 지시가 감소할 수 있다. 따라서 교사는 유아를 자세히 관찰하고 이들의 학습과 사회·정서적 욕구를 평가할 기회가 있으므로 유아에 대한 개별적 배려가 가능하다. 셋째, 소집단이 수학 활동 자료를 함께 공유하므로 부족한 자료를 충분히 활용하여 물리적 환경을 보충할 수 있는 경제적 이점이 있다. 마지막으로 가장 중요한 장점은 유아와 유아간의 상호작용이 활발하게 일어날 수 있다는 것이다. 교사와의 상호작용의 경우 서로 의견이 다르면 유아는 자신의 의견을 포기하고 자신보다 유능한 존재인 교사의 의견을 그대로 수용하기 쉽다. 그러나 보다 대등한 관계인 또래와의 상호작용에서 유아는 자신의 생각을 표현하고, 나와 다른 의견을 수용하여 조절하는 경험을 하면서(교육부, 보건복지부, 2019c) 수학 지식을 구성할 수 있다.

3) 개별 활동

개별 활동은 교사가 계획한 활동과 관계없이 유아 자신이 선택하여 독립적으로 하는 것으로, 주로 흥미 영역에서 유아가 자유롭게 활동을 선택함으로써 이루어진다. 개별 활동을 통한 수학 교육은 새로운 개념이나 자료를 탐색하거나 획득한 개념을 반복 또는 익숙하게 할 때 특히 유용하다. 대부분의 유아들은 이러한 자유선택활동 시간을 가장 즐거워하는 경향이 있으나 교사의 입장에서는 가장 모호하게 느껴지는 시간으로 보고되기도 한다(고문숙·임영심·유향선·황정숙·김은심, 2002).

[그림 9-6] 개별 활동

개별 활동 시 교사는 유아에게 충분한 시간과 자유를 부여하고(그러나 무질서 또는 목적 없는 행동과 혼돈해서는 안 된다), 유아와 함께 모험을 할 자세가 되어 있어야 한다. 또한 교사는 유아가 발견하지 못한 개념을 제시해 줌으로써 유아가 이 개념을 인식하고, 이를 표현할 수 있는 수학 어휘를 발달시킬 수 있도록 도와야 한다. 이를 위해서는 유아의 놀이에 들어 있는 수학 개념을 교사와 유아가 함께 토론하는 것이 효과적이다. 이것은 놀이의 주인이 유아임을 부정하는 것이 아니므로 놀이의 가치를 손상시키지 않는다. 오히려 아래 예에서와 같이 간단한 설명이나 질문은 유아의 상상력을 자극하여 놀이 활동을 강화하고 더 즐기게 만들 수 있다.

> 수영이가 과일과 야채의 무게를 달고 있을 때 교사는 "양배추가 더 무겁니, 감자가 더 무겁니?", "어떤 것이 무게가 덜 나가니?" 등과 같이 간단한 질문을 통하여 귀중한 수학 개념을 학습할 수 있도록 돕는다. 수영이는 한 손에 양배추를, 다른 손에 감자를 놓고 상대적인 무게를 비교해 본다. 교사가 감자가 1kg이 될지, 안 될지 질문하자 수영이는 먼저 추측을 하고 나서 양배추의 무게를 잰다. 교사는 유아가 저울의 눈금을 세고, 해석하는 것을 도와준다. 마찬가지 방법으로 감자의 무게도 측정한다.

이러한 질문과 토론을 통해 유아는 자신이 의식하지 못하는 사이에 수학 어휘를 확장하고, 추정을 하고 추정치가 맞는지 확인하는 것이 중요함을 인식하게 된다 (Forston & Reiff, 1995).

CHAPTER 10

유아 수학 교육의 환경 구성

유아는 자신을 둘러싼 환경과의 지속적인 상호작용을 통해 수학 개념을 학습한다. 따라서 물리적 환경이 어떻게 구성되었느냐에 따라 유아의 경험과 행동이 달라질 수 있다. 본 장에서는 유아의 수학 개념 발달을 촉진하는 수학 자료를 소개하고, 수학 영역뿐 아니라 다른 여러 영역에서도 수학 학습이 일어날 수 있도록 환경을 구성하는 방법과 지역사회 환경을 이용한 수학 학습 기회를 살펴본다.

1 수학 영역

1) 수학영역의 구성

수학 영역은 정적 활동이 많이 이루어지므로 음률 영역, 블록 영역, 역할 영역 등과 같이 동적이고 소음이 많은 영역에서 먼 곳에, 그리고 언어 영역이나 조작 영역 등에서 가까운 곳에 배치하는 것이 좋다. 수학 영역은 유아가 개별적으로뿐 아니라 소집단으로 함께 교구 및 자료를 펼쳐 놓고 활동할 수 있도록 충분히 넓은 것이 바람직하지만, 상황에 따라 크기나 위치를 다르게 할 수 있다. 유아들의 활동이 확장되면 영역을 넓혀 주어서 공간에 제약을 받지 않도록 하는 반면, 활동이 제대로 이루어지지 않을 때에는 새로운 자료를 첨가해 주거나 영역을 잠시 축소해서 운영하도록 한다. 교실이 좁은 경우에는 복도나 유아들의 왕래가 적은 지역에 '게임하기' 코너, '측정하기' 코너, '모래숫자 쓰기' 코너 등을 마련해 줄 수도 있다(김영선 외, 1997).

이와 같이 수학 영역을 구성할 때 고려해야 할 가장 중요한 요인은 '융통성'이다. 소집단 활동의 경우에는 4~5명의 유아가 게임이나 요리, 그림 그리기 등의 협동 작업을 할 수 있도록 가구를 배열하며, 좀 더 많은 유아가 프로젝트를 수행할 때에는 규모를 더 크게 한다. 대집단 활동의 경우에는 학급 전체의 유아가 차트나 게시판, 수학 영역 등 근처의 바닥에 모여 앉을 수 있도록 한다(Martin, 2001). 공간의 융통성을 위해서는 고정된 가구보다는 이동식 가구를 사용하는 것이 바람직하다. 너무 무겁고 큰 탁자는 유아가 마주보고 상호작용하기 어려우므로 작은 탁자를 사용하거나 탁자 없이 바닥에 앉아 활동하는 것도 좋다. 또한 바닥재도 교체 가능한 것을 사용하는 것이 편리하다(Chaille & Britain, 1997).

사례 자연적인 수학 학습에서 기다리며 지켜봐주기

유아들이 스스로 자료장의 위치를 이동하거나 필요 없는 책상을 치워 원하는 놀이공간으로 재구성하였다.

유아들과 의논하여 관심이 적은 일부 놀이자료와 책상을 교실 밖 공간으로 옮겨 교실의 놀이공간을 넓혀보았다.

출처 교육부, 보건복지부(2019a)

2) 수학교육 자료

유아 수학 교육 자료는 구체적 조작적 자료와 반구체적인 자료, 그리고 추상적이고 상징적인 자료로 나누어 볼 수 있다. '구체적 자료'는 유아가 실제 생활에서 쉽게 접하고 다룰 수 있는 것들, 예를 들면, 단추, 블록, 병, 깡통, 숟가락 등으로 수의 실체를 배우는 데 도움이 된다. '반구체적인 자료'는 수학적 어휘를 가르치는 데 도움

이 되는 자료로서, 유아 도서나 그림 등을 말한다. 이러한 자료는 여러 상황에서 수학이 실생활에 적용되는 예를 보여줌으로써 유아로 하여금 수학을 일상생활에 사용하는 것에 대한 생각을 확장시켜 준다. '추상적이고 상징적인 자료'는 점이나 숫자로 표시한 상징적 형태의 자료들로, 유아가 구체적 자료를 가지고 많은 경험을 했을 때 그 다음 단계로 사용할 수 있다.

수학 교육 자료는 학습할 내용을 통제하며 학습 환경을 조성함으로써 유아가 수학적 지식을 구성하는 데 직접적인 영향을 미친다. 따라서 교사는 수학 교육 자료의 중요성을 인식하고, 다음과 같은 점을 고려하여 수학 교육 자료를 선택, 제공해주어야 한다. 첫째, 학습하고자 하는 수학적 개념이 무엇인가 생각해야 한다. 각각의 수학적 개념마다 적합한 자료가 따로 있기 때문이다. 둘째, 유아의 발달 특성 및 사전 경험을 고려하여 자료의 구체성 정도를 결정해야 한다. 처음에는 추상적인 자료보다 구체적인 자료를 제공해야 한다. 셋째, 상업용품과 일상용품 중에서 이상과 같은 목적을 충족시킬 수 있는 자료를 선택하거나 또는 교사가 직접 제작할 것인지를 결정한다.

(1) 상업용품

유아 수학 교육을 목적으로 개발, 판매되는 상업용 자료는 매우 많다. 예를 들면, 줄자와 삼각자 등의 각종 자, 모래시계, 시계, 블록, 퍼즐, 지오보드, 페그보드, 계량컵, 저울, 몬테소리 수 교구, 계산기, 컴퓨터 등이 있으며, 이들 각각의 자료들은 회사별로 다양한 상품들이 개발되어 있다. 유아 수학 교육 내용별로 활용하기에 적합한 상업용 자료의 예는 2부 제 4장에서 제 8장에 제시하였다.

상업화된 자료는 가격이 비싸다는 단점이 있지만 제작 시간이 들지 않는다는 장점이 있으므로 가능한 예산 안에서 경제적으로 구매를 계획해야 한다. 따라서 평소 영유아 교육용품 관련 회사(예 보육사, 국민서관, 특수교육)의 카탈로그를 살펴보거나 정기적으로 개최되는 유아 교재 교구 박람회를 방문해 보는 것이 바람직하다.

(2) 일상용품

수학 교육을 목적으로 만들어진 상업용 자료가 아니더라도 일상생활 용품이나 재활용품 중에는 얼마든지 수학 자료로 활용할 수 있는 것들이 많다. 예를 들어,

계란 판은 일대일 대응이나 그래프 판으로 사용하기 좋으며, 휴지심대, 호일 심대 등은 원이라는 도형의 속성을 탐색할 때 효과적으로 이용될 수 있다. 이러한 자료들은 비용이 들지 않는다는 경제적 이점과 환경보호의 차원에서 가치가 있다. 그러나 더욱 중요한 점은 일상용품을 사용할 경우 영유아가 수학 학습을 더욱 친근한 것으로 느낄 수 있다는 것이다. 따라서 평소에 영유아교육기관에서 쓰고 난 재활용품들을 보관하고 학부모들에게도 기증을 받는 것이 바람직하다.

재활용품을 수학 활동 자료에 활용할 수 있는 예를 들면 다음과 같다.

- 단추, 병마개 등 작은 물건 : 분류
- 리본, 끈, 막대기 : 순서짓기, 측정
- 깡통 : 순서짓기
- 계란 판 : 분류, 그래프
- 바둑알 : 수세기, 일대일 대응
- 전자계산기 : 숫자 인식, 더하기와 빼기
- 달력 : 패턴
- 옷걸이 : 측정(양팔저울)
- 필름 통 : 순서짓기(냄새상자, 소리상자)
- 구두 상자 : 보관함

[그림 10-1] 수학 교육 자료로 활용가능한 일상용품

사례 일상용품인 종이컵의 다양한 변신

교사는 주변에서 흔하게 볼 수 있는 종이컵을 수 · 조작 공간의 한 코너에 두었다. 현아가 종이컵에 호기심을 갖고 종이컵을 탐색하면서 쌓아 보고, 색깔별로 분류하고, 종이컵을 더 높이 쌓다가 막대를 올려 보기도 하면서 새롭게 표현한다. 교구장에서 인형을 가져와서 댄싱 컵을 상상하기도 한다...혼자서 놀던 현아의 종이컵 놀이에 서현이가 관심을 보인다. 수 · 조작 공간의 교구장에 있던 구슬을 종이컵 하나에 숨긴다. 이제 현아는 서현이와 종이컵 속 구슬 찾기 놀이를 한다...옆 반 파란반 교사는 종이컵으로 이렇게 다양하게 놀 수 있다는 사실이 신기했고, 우리 반에서는 어떠한 놀이가 이루어질지 궁금했다. 그래서 다양한 색깔의 더 많은 종이컵을 교실 전체 공간에 두었다. 그리고 나서 유아가 만들어 가는 종이컵 놀이를 지켜보았다. 그날은 교실 전체가 다양한 종이컵 놀이로 유아들이 신이 났다. 유아는 종이컵 따먹기 놀이를 하고, 종이컵으로 머리띠, 팔찌도 만든다. 한쪽 공간에서는 종이컵에 공 넣기 게임을 한다. 교실의 제일 넓은 공간에는 종이컵 울타리가 만들어지고 있다. 이렇게 유아는 주변의 재료를 활용해서 하고 싶은 놀이를 자유롭게 만들어 가며 몰입한다.

쌓기

놀이동산 댄싱 컵 만들기

게임

팔찌 만들기

공 던져 넣기

울타리를 만들기

출처: 교육부, 보건복지부(2019c)

(3) 교사 제작 교구

최근 유아교육기관에서는 수학 활동을 비롯한 교재 교구 구입에 지출하는 비용이 많이 증가하고 있지만, 교사가 교구를 직접 제작해야 하는 경우가 여전히 많다. 교사가 창의적으로 개발한 활동의 경우에는 활동의 목적이나 교사의 의도를 충분히 충족해 줄 수 있는 상업용 교구를 발견하기 어려울 수 있기 때문이다. 또한 교사가 교구를 제작하면 상업용 자료를 구입하는 것보다 경제적일 수 있다. 그러나 완성된 자료의 내구성이 떨어져서 반복 사용이 불가능하거나 제작에 지나친 시간이 소요되었다면 오히려 비경제적일 수 있다. 다른 일에 쓸 수 있었던 귀중한 시간이 희생되었기 때문이다. 따라서 수학 활동 자료를 제작하는 경우 교사는 효율성 원리에 입각해야 하며, 다음과 같은 사항을 고려해야 한다.

- 제작에 너무 많은 시간이 소요되지는 않는가?
- 방법이 너무 복잡하지 않은가?
- 처음부터 모두 제작하지 않고, 일부는 상업용품이나 재활용품을 활용하여 제작과정을 축소할 수는 없는가?

예를 들어, 주사위를 만들 경우 도면을 그려 제작하기보다 화장품 상자로 대신하고, 원형 돌림판은 피자나 케이크의 밑판을 활용하는 것이 교사가 직접 제작하는 것보다 경제적일 뿐 아니라 견고성과 완성도도 높다.

[그림 10-2] 교사가 제작한 수학 교육 자료

심층탐구 수학과 친해지기

유치원이나 어린이집, 유아교육박람회나 대학 유아교육과의 교재교구 전시회, 유아교구 온라인 오프라인 쇼핑몰 등을 방문하거나 일상생활이나 유아교구 카탈로그 등을 둘러보고 수학 교육이 가능한 교구를 찾아보시오. 상업용품, 일상용품, 교사제작 교구별로 각기 두 개씩 선택한 후 4장~8장에 제시된 수학 교육 내용 중 어떠한 것과 관련이 있으며, 어떻게 지도할 수 있는지 아래 표에 적으시오.

	교구명	관련 수학 내용	활용 또는 지도 방안
상업용품			
일상용품			
교사 제작 교구			

2 기타 영역

수학 학습은 수학 영역이 중심이 되지만, 언어 영역, 미술 영역, 역할 영역, 쌓기 놀이 영역, 요리 영역, 음률 영역, 컴퓨터 영역 등 교실내의 다른 영역과 실외 영역에서도 수학 활동이 이루어질 수 있다. 따라서 교사는 다음과 같이 이러한 영역들을 구성, 운영함으로써 다양한 수학 학습 기회를 제공해야 한다.

1) 언어 영역

최근에는 수학 개념 발달을 목적으로 고안된 수학동화 등의 출판이 늘고 있지만, 〈표 10-1〉과 같이 일반적인 문학작품(특히, 수상작품 중)에도 수학을 주제로 한 것들이 많이 있다. 예를 들어, 곰 세 마리(폴 갤돈 글/그림, 보림)에는 '뜨겁다-차갑다', '딱딱하다-푹신하다'의 반대 용어를 통한 비교하기와 '조그맣고 조그만', '크지도 작지도 않은', '커다랗고 커다란'으로 대비되는 크기 개념이 담겨 있다. 나아가 "곰 세 마리는 저마다 죽 그릇이 하나씩 있었어, 조그맣고 조그만 곰은 조그맣고 조그만 그릇, 크지도 작지도 않은 곰은 크지도 작지도 않은 그릇, 커다랗고 커다란 곰은 커다랗고 커다란 그릇"을 통해 일대일대응 개념을 나타내고 있다. 대부분의 유아는 교과서식의 딱딱한 문체나 학습지로 수학 문제를 푸는 것은 지루해 해도 이야기체로 된 문학작품을 읽거나 삽화를 보는 것은 좋아한다. 또한 동화책을 그대로 읽어줄 수도 있지만, 그림동화, OHP 동화, 융판동화, 텔레비전 동화, 슬라이드, 인형극 등의 매체를 사용하면 유아의 흥미를 더욱 유발할 수 있다. 문학작품은 실제와 유사한 상황에서 수학 문제를 보여주기 때문에 유아로 하여금 수학이 우리 주변에 있다는 사실을 깨닫고, 문학작품에서 수학적 개념을 추출하여 실생활의 경험으로 확장할 수 있게 해준다. 따라서 교사는 유아가 수학과 관련된 책을 읽으면서 자연스럽게 수학 개념을 탐색하고 수학과 관련된 활동을 할 수 있도록 언어 영역을 구성해야 한다.

〈표 10-1〉 수학적 개념이 포함된 문학작품의 예

제 목	수학 교육의 내용	저 자	출 판 사
1. 돌멩이 수프	부분과 전체, 분류	마샤 브라운 글/그림	시공주니어(2007)
2. 눈 오는 날	측정(시간, 온도), 패턴	에즈라 잭 키즈 글/그림	비룡소(1995)
3. 깊은 밤 부엌에서	도형, 분류	모리스 샌닥 글/그림	시공주니어(2017)
4. 까마귀 소년	측정, 분류	야시마 타로 글/그림	비룡소(1996)
5. 노아의 방주	분류, 패턴, 수세기(묶어세기)	피터 스피어 글/그림	미래 M&B(2004)
6. 괴물들이 사는 나라	수세기	모리스 샌닥 글/그림	시공주니어(2002)
7. 세상에서 가장 커다란 곰	공간, 측정(시간)	린드 워드 글/그림	시공주니어(2002)
8. 늑대와 일곱 마리 아기염소	수세기, 공간	그림 형제 글/펠릭스 호프만 그림	비룡소(2000)
9. 그림자	측정(길이, 시간), 공간	블레즈 상드라르 글/마샤 브라운 그림	보림(2003)
10. 배고픈 애벌레	수세기, 시간(요일), 분류	에릭 칼 글/그림	더큰컴퍼니(2007)
11. 화물열차	공간, 순서	도널드 크루즈 글/그림	시공주니어(2017)
12. 무지개 물고기	일대일 대응	마르쿠스 피스터 글/그림	시공주니어(2010)
13. 로지의 산책	공간	팻 허친스 글/그림	봄볕(2020)
14. 크릭터	숫자 인식, 측정(길이)	토미 웅게러 글/그림	시공주니어(2017)
15. 마들린느와 쥬네비브	일대일 대응, 시간, 수세기	루드비히 베멀먼즈 글/그림	시공주니어(2017)
16. 장갑	수세기	에우게니 M. 라쵸프 그림	한림출판사(2015)
17. 곰 사냥을 떠나자	순서	헬린 옥슨버리 그림/마이클 로젠 글	시공주니어(2017)
18. 두드려보아요	수세기	안나클라라티돌름 글/그림	사계절(2007)
19. 선인장 호텔	측정(시간)	미간 로이드 그림/브렌다 기버슨 글	마루벌(2008)
20. 왜 방귀가 나올까?	측정	초 신타 글/그림	한림출판사(2000)

사례 문학을 통한 수학 교육의 방법

① 수학 동화 읽기 : 아동 문학 중에는 내용이나 그림 자체가 수학적 사실을 전달하기 위해 계획적으로 구성된 것들이 있다. 이 방법은 별도의 준비물이나 교육 계획 없이 간편하게 실시될 수 있으며, 특정 수학적 개념을 학습하기 전에 그 개념에 대한 기초적인 경험을 제공하는 데 적절하다. 그러나 이러한 책들 중에는 '수세기'와 관련된 것이 대부분이며, 매력이나 사실성이 떨어지는 것이 많으므로 주의해야 한다.

② 수학적 상황 재현하기 : 수학 상황을 제공하는 책을 읽고 책 속에 담겨진 수학 내용을 유아가 직접 시도하고 그 결과를 관찰해 보거나 등장인물들의 행동을 재현해 보는 것이다. 따라서 이 방법을 실시하기는 쉽지만, 수학 개념이나 기술의 적용을 가능하게 하는 내용을 갖고 있는 적절한 문학 작품을 선정하는 것이 매우 중요하다. 예를 들어, 「딩동, 친구가 왔네요」에 나온 대로 실제 과자를 제시해 주고 유아들에게 책에 제시된 상황을 순서대로 재현하게 할 수 있다. 또는 종이를 나누어 주고 책에 전개된 순서대로 과자가 분배되는 것을 그리게 할 수도 있다.

③ 수학 활동 매체로 활용하기 : 내용상 수학과 직접적인 관련이 없는 문학 작품을 수학 교육에 활용하는 방법이다. 즉, 문학 작품 속에 나오는 물체를 수학 교육을 위한 자료로 사용함으로써 유아의 흥미와 학습 동기를 유발하는 것이다. 예를 들어, 「잭과 콩나무」는 주제나 상황이 기하와 직접적인 관계는 없지만, 그림책을 읽은 후 그림책에 나온 강낭콩을 물에 불리고 이쑤시개로 연결하여 여러 가지 도형이나 입체물을 만드는 활동을 실시할 수 있다.

④ 문제해결 계기로 활용하기 : 문제 상황을 담고 있는 문학 작품을 제시하고 유아에게 책에서 나온 방법을 확장하거나 새롭고 창의적인 해결책을 찾아보게 하는 방법이다. 예를 들어, 「학과 여우」를 들려준 후 사탕이 든 요구르트병을 준비하여 책과 유사한 상황을 제공한다. 그리고 병을 뒤집지 않고 사탕을 먹을 수 있는 방법을 생각해 보게 하며, '병 속에 물을 붓기', '젓가락으로 꺼내기' 등의 해결책이 제시되면, 이에 대한 타당성을 토론하게 한다.

⑤ 수학과 관련된 책 만들기 : 유아 스스로 수학 경험을 글로 쓰거나 수학이 포함된 이야기책을 만드는 것이다. 혹은 시중에 나와 있는 것처럼 유아가 직접 간단한 수 개념 책(예 1, 2, 3과 숫자만큼의 그림)을 만들거나 '나만의 전화번호부', '우리 가족과 숫자' 등의 수학과 관련된 주제를 모아 책으로 묶을 수 있다. 이러한 경우 유아는 상업화된 책을 사용할 때보다 수학 개념을 훨씬 더 잘 이해할 수 있다. 또한 교사의 입장에서는 유아의 수학적 지식을 평가할 수 있는 자료로 활용할 수도 있다(Zanger, 1998).

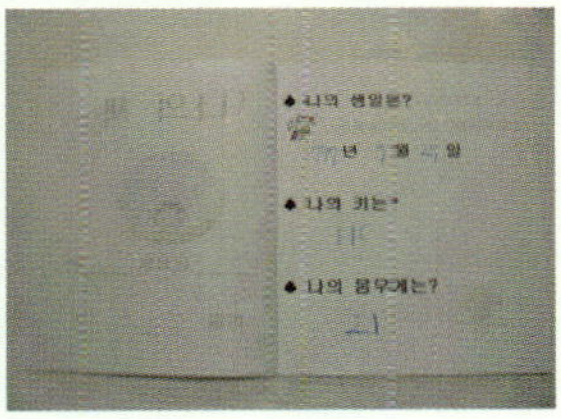

〈나와 관련된'수'를 책으로 만들기〉

2) 미술 영역

학문적으로 미술은 수학과 밀접한 관련을 갖고 있다. 예를 들어, 미술에는 원근, 공간, 균형, 패턴 등과 같은 많은 수학 개념이 포함되어 있다. 따라서 교사는 유아가 미술 영역에서 수학 학습을 경험할 수 있도록 적절한 자료와 상호작용을 제공해야 할 것이다. 예를 들어, 색종이를 접으면서 도형에 관심을 갖도록 할 수 있으며, 찰흙으로 모양을 만들었다가 뭉치고 다시 모양을 만드는 과정을 통해 재료의 속성이나 변화에 대한 과학적 개념과 더불어 보존 개념의 기초가 되는 가역성의 이해를 도울 수 있다. 한편 미술 활동은 자칫 개별 활동으로 그치기 쉽지만, 개별적으로 작품을 만들더라도 각자가 만든 작품을 함께 모아 비교하거나 작품 속에 담겨 있는 수학 개념에 대해 이야기 나누면서 공동 작품을 완성하는 것이 바람직하다. 또한 교사는 그리기, 색칠하기, 콜라주, 찍기, 점토 등 다양한 미술 활동 중 특정 장르에 치우치지 않고 평면 미술 활동과 입체 미술 활동을 균형 있게 제시하고, 표현 활동뿐 아니라 명화 감상활동을 통해서도 수학 교육을 실시하는 것이 좋다(한유미, 2002).

사례 미술 영역에서의 수학 교육(규칙성)

제목 모양도장으로 패턴을 만들어요

목표
- 패턴을 이해하고, 패턴의 아름다움을 느낀다.
- 패턴을 다양하게 표현한다.

준비 에셔(Esher)의 작품(우측), 모양도장, 긴 띠벽지, 풀

감상활동
- 작품을 관찰한다.
  - 그림을 자세히 살펴보자. 어떤 것들이 보이니?
  - 말과 사람이 어디에 있나 찾아보자.
- 미술의 요소 및 원리(패턴)에 대해 이야기 나눈다.
  - 말과 사람이 어떻게 그려져 있니?

『기마병과 함께 하는 평면의 규칙적 분할 연구』
(1946년, 인디언잉크와 수채화, 304×229mm)

- 작가와 활동명, 패턴, 제작기법에 대해 이야기 나눈다(여러 가지 패턴 사진을 제시한다).
  - 여기에 있는 사진들을 보자. 어떠니?
  - '패턴'은 이렇게 같은 모양이 반복해서 규칙적으로 있는 것을 말한단다. 이 작품은 네덜란드 사람인 에셔가 스페인을 여행하다가 어느 궁전에 있는 반복된 무늬의 아름다움을 느끼고 이렇게 패턴으로 작품을 만든 것이란다.
  - 그런데 에셔는 어떻게 똑같은 그림을 반복해서 그릴 수 있었을까?

표현활동

- 어떤 모양의 도장이 있는지 관찰한다.
- 어떤 순서로 모양을 나열할지를 결정한다.
- 긴 띠벽지 위에 유아가 생각한 패턴대로 모양도장을 찍는다.
- 완성된 작품을 창틀이나 교실 벽면에 전시한다.
- 확장활동으로 옷 모양 화지에 모양 도장을 찍어 무늬를 만들어 보고 실제로 입어볼 수 있다(염색물감을 이용하여 흰 손수건이나 티셔츠에 찍기를 계획할 수도 있다).

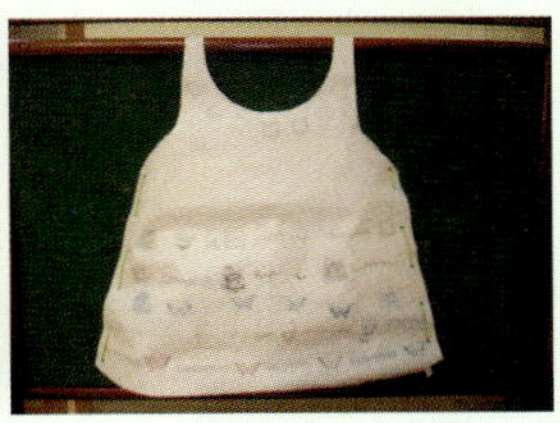
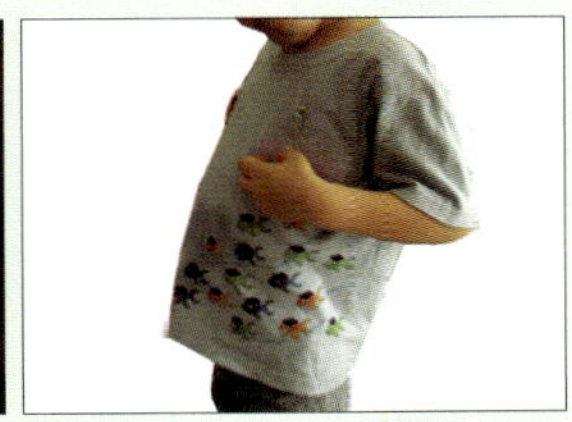

출처: 교육인적자원부(2005a). 유아를 위한 명화감상 활동자료

3) 역할 영역

일상생활의 축소판과 같은 역할 영역은 유아가 가장 선호하는 영역이다. 유아는 주변세계를 모방하고 새로 배운 기술과 지식을 역할놀이를 통해 연습하고 견고화시켜 인지 발달 특히, 추상적 논리적 사고의 발달을 촉진한다. 예를 들어, 시장놀이를 하는 유아는 놀이를 통해 자연스럽게 장난감 돈을 사용하면서 수에 대한 개념과 더하기, 빼기 등의 연산 개념을 익히게 된다. 또한 샌드위치나 핫케이크 만들기와 같은 요리 활동을 식당놀이로 확장할 수 있다. 이와 같이 역할 영역을 통하여 유아는 친숙한 상황에서 돈, 음식, 컵 등과 같은 구체물을 사용한 직접 경험을 하면서 같은 놀이를 반복하게 된다. 이외에도 역할 영역에서 놀이를 통한 수학 교육은

놀이 속에서 문제해결 상황을 제시하기 때문에 유아는 단순히 정답만 알게 되는 것이 아니라 수학 과정과 관련된 원리를 이해할 수 있다. 따라서 교사는 역할 영역에서 구체적인 활동을 통해 유아가 수학 지식에 대한 이해와 안목을 스스로 형성하게 함으로써 형식적 지식과의 연결을 쉽게 해주어야 할 필요가 있다(김보연, 2005).

사례 역할 영역에서의 수학 교육(분류하기)

제목 손님이 편리하게 고를 수 있도록 물건을 진열하려면?

목표
- 물건의 종류와 특징에 따라 분류할 수 있다.
- 패턴을 다양하게 표현한다.

준비 빈 봉지나 상자(과자, 생활용품, 유제품, 캔 등), 4칸 교구장

감상활동

- 유치원에서 가게놀이 할 수 있는 방법을 의논한다.
  - 유치원에서 슈퍼마켓 놀이를 하려면 무엇을 준비해야 할까?
  - 어떤 물건을 파는 가게로 정할까?
  - 무엇을 과자와 음료수라고 할까?
  - 빈 과자 봉지와 병을 어떻게 모을까?
- 모은 과자 봉지와 음료수 병을 탐색한다.
  - 어떤 것들을 가지고 왔니?
  - 너희들이 가져온 빈 봉지들 중에서 비슷한/다른 것이 있니?
  - 비슷한 것끼리 모아보자.
  - 크기/종류/색깔이 비슷한 것끼리 모아보자.
- 효과적인 물건 진열 방법에 대해 토의한다.
  - 가게놀이에서 어떻게 물건을 진열하면 물건을 사고 팔 때 편리할까?
  - 아이들이 물건을 고르기에 편리하도록 진열하려면 어떻게 하는 것이 좋을까?
  - 물건의 모양, 크기, 부피, 수량, 무게 등의 특성을 고려해서 효과적으로 진열할 수 있는 방법을 토의한다.
- 물건의 배치 기준을 정한다.
  - 물건을 진열하는 장의 높이는 어느 만큼이 적당할까?
  - 어떤 물건을 앞에 두면 좋을까?
  - 좋아하는 물건은 잘 보여서 사갈 수 있는데, 다른 물건들이 안 팔리면 어떻게 하지?
  - 그럼 많이 안 좋아하는 걸 제일 앞에 둘까?
  - 그것도 좋은 생각이구나.
- 물건을 진열한다.
  - 물건을 몇 개씩 놓으면 좋을까?
  - 물건을 진열할 장이 4칸짜리인데 가장 낮은 첫 번째 칸에는 어떤 물건이 어울릴까?
  - 왜 그렇게 생각했니? 왜 크기 순서로 놓아야 한다고 생각했니?

– 그럼 아이들이 좋아하는 것을 가장 앞에 두는데, 크기가 큰 것은 아래에 작은 것은 위에 두자는 것이니? 이것 말고 또 진열할 때 생각해야 하는 것이 더 있을까?

• 가게놀이를 한다.

출처: 교육인적자원부(2005b). 유아를 위한 수학 교육 활동자료

4) 쌓기놀이 영역

쌓기놀이 영역은 다양한 종류의 모양, 색, 크기의 블록을 이용하여 일상생활에서 보거나 상상하는 것을 구성해 볼 수 있는 공간이다. 쌓기놀이를 통하여 유아는 눈과 손의 협응 및 손과 손가락의 조작 능력이 발달할 뿐 아니라 일대일 대응, 수세기, 분류하기와 공간 구성 능력 등이 증진된다. 예를 들어, 유아는 블록으로 건물의 구성을 계획하면서 실제 지도의 제작 원리에 대한 기초 경험을 갖게 되며, 구성물에서의 집, 다리, 계단 터널 등의 표현은 공간, 거리, 방향, 패턴, 지형 등의 개념과도 통하게 된다. 또한 유아는 블록을 쌓을 때뿐 아니라 블록 구성물이 무너질 때에도 중요한 학습을 경험할 수 있다. 즉, 블록의 무게를 경험하며, 불록 구성물이 무너지지 않도록 주의 깊게 다시 쌓는 과정에서 블록을 체계적으로 구성하는 방법을 발견하기도 한다(윤은미, 1999). 한편 블록의 개수가 너무 적으면 단조로운 형태의 구조물을 만들게 되고, 반대로 개수가 너무 많으면 블록을 효율적으로 사용하지 못한다(삼성복지재단, 1998). 따라서 교사는 유아의 연령이나 인원 수, 쌓기놀이 경험 정도 등을 고려하여 적절한 수량을 제공하고, 적절한 개입을 통하여 수학 개념이나 과학 원리를 소개하는 것이 좋다.

사례 쌓기놀이 영역에서의 수학 경험

온율: 세차장 문 열어요! 이제 차 닦을게요! 이제 문 닫아요!

윤성: 이렇게 하면 남자 장수풍뎅이지! 여기 앞에 뿔 달렸잖아.

윤성이는 터널 모양의 문 만들기를 하고, 준우와 찬영이는 종이 벽돌 블록을 연결하여 폐쇄 공간을 만들었다. 유아는 종이 벽돌 블록으로 집을 크게 만든 후, 나무 블록으로는 집을 받치는 보조물이나 가구를 만들었다.

〈유아의 놀이 경험〉

유아는 종이 벽돌 블록으로 쌓고 부수기를 반복하고 울타리를 만들어 자신의 공간을 만들기 시작했다. 각자의 공간이 익숙해질 무렵 그 공간들을 연결하여 함께 공동의 집 만들기를 시작했고 집 안에 냉장고와 TV도 만들었다. 함께 놀던 유아가 떠나고 남겨진 냉장고는 새롭게 합류한 유아로 인해 집이라는 공간으로 새롭게 창조되면서 새로운 놀이가 되었다. 유아는 종이 벽돌 블록의 안전함과 큰 구조물을 만들 수 있다는 특징을 이용하여 몸으로 공간을 경험하며 놀이를 변형시켰다.

며칠 뒤 교사는 나무 블록을 제공하였다. 나무 블록을 제공한 첫날, 유아는 나무 블록으로 이야기가 있는 세밀하고 복잡한 구조물들을 만들기 시작했다. 유아는 주차장 옆에 세차장, 충전소, 카드 기계까지 만들어 연결하고 이야기를 만들어 갔다. 매일 주차장 만들기 놀이가 반복되는 듯 보였지만, 그 속에서는 차이가 있는 '더해짐'으로 놀이의 확장이 일어나고 있었다. 유아는 나무 블록을 활용하여 놀이 안에 필요한 세부 요소(소품)를 더하였으며, 즉흥적으로 생각해 낸 아이디어를 나무 블록을 통해 실제화시켰다. 생일 축하 놀이를 위한 케이크, 친구들과 함께 타기 위한 2층 차, 캠핑카 등은 블록의 물성과 유아의 아이디어의 밀착된 관계를 잘 나타낸다.

나무 블록에 익숙해질 무렵 유아는 나무 블록과 기존에 익숙하게 놀았던 종이 벽돌 블록을 함께 사용하기 시작했다. 유아는 놀이에 따라 어떤 블록을 어떻게 사용할지를 감각적으로 창조하여 놀이를 풍요롭게 만들어 갔다. 종이 벽돌 블록으로는 커다란 집과 자동차 등의 큰 구조물을 만들었으며, 나무 블록으로는 소품을 만들어 작은 공간을 채웠다. 종이 벽돌 블록과 나무 블록을 적절히 사용하여 공간을 연결하고 확장하기도 했다. 다양한 블록으로 놀이한 경험은 유아의 상상과 만나 새로운 이야기로 흘러갔다.

이렇게 유아는 일상생활에서의 다양한 경험을 놀이 속에 통합하고 연계하며 상상놀이를 즐겼다. 친구의 경험을 들으면서 서로 경험을 나누는 것도 즐겼다. 또한 여러 가지 시도와 변화를 위해 친구들과 의견을 조율하며 협력적으로 문제를 해결하려고 노력하였다.

〈교사의 놀이 이해〉

교사는 유아가 블록의 속성을 자신의 놀이의 목적과 필요에 맞게 감각적으로 활용하여 더욱더 복잡하고 정교한 구성물을 만든다는 것을 알게 되었다. 교사는 블록으로 어떤 놀이를 해야 할지, 어떤 블록을 어떻게 사용해야 하는지 알려 주지 않아도 유아가 스스로 놀이를 만들어 간다는 것을 알았다. 유아는 자신의 주도적인 표현을 즐겼으며 구성물의 균형, 정교함, 주변과의 어울림을 스스로 찾아가기도 하였다.

출처: 교육부, 보건복지부(2019b)

5) 요리 영역

요리 영역은 필요할 때 일시적으로 운영되는 영역이지만 활동 시간이 길기 때문에 교사가 교실 전체를 살펴볼 수 있는 곳에 설치해야 한다. 요리는 요리 종류의 선택에서 재료의 구입, 재료의 탐색, 음식 만들기, 맛보고 정리하기에 이르는 전 과정을 말한다. 요리 재료를 고르고 손질하는 활동은 재료를 가까이서 탐색할 기회를 제공한다. 특히 재료를 다듬기 위해 단면을 자르는 것은 재료의 겉 부분뿐 아니라 속 부분(예 피망 속의 씨)도 관찰할 수 있게 해준다. 끓이기, 얼리기, 데우기, 볶기 등의 요리 과정은 비교와 관찰의 기회를 제공한다. 이 때 시간과 온도는 필수적 요소로서 이 중 어느 한 가지라도 맞지 않으면 제대로 된 음식이 만들어지지 않는다. 따라서 요리 활동에는 부피나 양의 측정 개념뿐 아니라 시간과 온도의 측정을 경험할 기회가 많기 마련이다. 또한 요리 활동 후 요리 과정을 회상하여 요리 장면 그림을 순서대로 배열하는 활동은 순차적 시간의 학습을 촉진할 수 있다. 이와 같이 요리의 전 과정은 수세기, 비교하기, 분류하기, 어림하기, 측정하기 등 수 개념과 관련이 있다. 교사는 계절이나 생활주제(예 여름)와 관련 있으면서 요리 과정에서 생기는 변화가 뚜렷한 요리 활동(예 얼음과자)을 선정하고, 요리 순서도를 만들어 요리 활동을 촉진해야 할 것이다(이경우·이정환, 1992; 정연희, 2006).

사례 요리 영역에서의 수학 교육

제목 얼음과자

목표 • 물이 얼음의 상태로 변하는 것을 안다.
• 얼음과자류를 많이 먹으면 건강을 해칠 수도 있음을 알고 조절한다.

준비

• 재료 : 우유, 설탕, 샤베트 가루, 과일을 잘게 자른 조각(통조림 과일 이용가능), 생수
• 도구 : 아이스큐브(얼음과자 통), 과도, 도마, 하드막대, 그릇, 숟가락, 냉장고, 요리 순서도

탐색 및 이야기 나누기

• 우묵한 접시에 물과 얼음조각을 각각 담아 앞에 놓는다.
  – 물과 얼음의 다른점(같은점)은 무엇이니?
  – 접시에 놓았던 얼음조각이 어떻게 되어가고 있니?
• 아이스크림이 점차 녹아가는 모습의 그림카드 4장을 순서대로 놓아보고 이야기한다.
  – 왜 그럴까?
• 물(또는 얼음)을 냄비에 넣고 끓이면 어떻게 될지 이야기한 후 실제로 해본다.
  – 어떻게 하면 얼음을 다시 만들 수 있을까?

요리활동의 계획

• 음식에 얼음을 넣어 먹어본 적이 있는지 이야기한다.
• 더운 여름에 더위를 식히기 위하여 어떤 음식을 먹었는지 이야기한다.
• 집에서 얼음과자를 만들어 먹어본 경험이 있는 유아들의 이야기를 듣는다.
  – 얼음과자의 재료로 어떤 것이 필요한가?
  – 얼음과자를 만드는 순서는?
  – 준비된 재료와 요리 순서도를 보면서 유아들과 만들기 방법을 의논한다.

요리활동의 전개

만드는 순서

확장활동

- 얼리기 전과 후의 차이, 여러 종류의 얼음과자의 맛, 느낌, 상태의 차이를 비교해 본다.
- 냉동실과 방 안의 온도를 온도계로 재어보고 비교해 본다.
- 물이 어는 원리, 온도계의 눈금 읽는 법, 수 개념들을 익힐 수 있다.
- 물과 우유와 과일이 들어있는 얼음과자 통을 냉동실에 넣어 어는 시간의 차이를 비교해 볼 수 있다.
  – 어떤 것이 가장 먼저 얼었니? 왜 어는 시간에 차이가 날까?
- 바나나 껍질을 벗겨 길이를 4등분한 후 각각 막대를 꽂아 잘게 부순 콘플레이크를 골고루 묻힌 후 냉동실에 얼려 바나나 아이스케이크를 만들어 먹어본다.

출처: 교육인적자원부(2005). 유치원 급식·간식 및 요리활동자료

6) 음률 영역

음의 배합에 의해 감동을 선사하는 음악과 무미건조하고 딱딱해 보이는 수학은 관계가 없을 것 같지만 원래 수학과 음악은 밀접한 관련이 있다. 예를 들어, 피아노의 건반('도–레–미–파–솔–라–시–도') 자체도 순서짓기와 패턴으로 이루어져 있다. 또한 현악기의 경우 현의 길이를 1/4만큼 줄이면 4도 높은 음을, 1/3을 줄이면 5도 높은 음을, 1/2을 줄이면 한 옥타브 높은 음을 나타내며, 현의 길이가 간단한 정수 비로 나타내질 때 가장 아름다운 소리가 난다고 한다.

유아가 즐겨 부르는 노래 중에는 수학과 관련된 노래가 있어서 수학 지식을 쉽게 습득할 수 있게 해준다. 예를 들어, '머리 어깨 무릎 발'은 패턴을 경험하고, 신체 부위의 명칭을 익히게 해준다. 또한 교사는 음률 영역에서 유아들에게 악기를 다루거나 서로 다른 양의 물을 넣은 컵을 두드리면서 소리의 높낮이를 비교하거나 순서짓게 할 수 있다. 이와 같이 교사는 음률 영역에서 수학 학습이 효과적으로 일어날 수 있음을 인식하고 다양한 기회를 제공해야 한다.

사례 음률 영역에서의 수학 교육(규칙성)

제목 소리 날 때 떨림 현상을 느낄 수 있어요(악기 만들기 놀이 중)

목표
- 일과에서 반복되는 사건의 규칙성을 발견하고, 이를 패턴으로 나타낼 수 있다.
- 주변에서 들을 수 있는 다양한 소리를 말로 표현해 본다.

준비 유아들이 단어를 적을 수 있는 카드 여러 장(약 20cm × 10cm)

방법

- 유치원 교실에서 눈을 감고 주변에서 들려오는 소리들을 찾아본다.
  - 눈을 감고 어떤 소리가 들리는지 자세히 들어보자.
- 유아들의 일과를 이야기를 나누며 그 때마다 들리는 소리들을 표현해 본다.
  - 유치원에서 하루 동안 우리는 어떤 일들을 하며 지내니?
  - 그 중 가장 맘에 드는 일은 무엇이니? 그 일을 할 때 어떤 소리가 나니?
  - 하루 중에 딱 한 번만 듣게 되는 소리가 있니?
  - 하루 중에 여러 번 하는 일도 있니?
- 하루 일과에서 반복되는 경험을 소리로 표현해 본다.
  - 매일 똑같이 하는 활동 중에서 어떤 활동이 가장 맘에 드니? 4가지만 골라보자.
    : 유치원 버스 타는 거요. 간식 먹는 거요. 노래 부르는 거요. 바깥놀이 하는 거요.
  - 그 활동에 어울리는 소리를 정한다면 무엇이 좋을까?
    : 간식 먹는 소리는 '냠냠냠', 노래 부르는 소리는 '라라라', 바깥놀이하는 소리는 '야호', 게임하는 소리는 '의싸 의싸'로 해요.
  - 그 소리들을 카드에 적어보자.
- 하루 일과의 소리를 패턴으로 만들어 본다.
  - 일의 순서대로 카드를 놓아보자.
  - 그 카드를 두 번 연속해서 놓으면 어떨까? 오늘, 내일 이틀 동안 간식 먹고, 노래 부르고, 바깥놀이하고, 게임하는 것을 소리로 표현하다면 어떻게 할 수 있을까? 함께 읽어보자.
    : 의싸의싸–냠냠냠–라라라–야호–의싸의싸–냠냠냠–라라라–야호–의싸의싸–냠냠냠…
  - 순서를 바꾼다면 어떻게 바꿀 수 있을까?
    : 냠냠냠–라라라–야호–의싸의싸–냠냠냠–라라라–야호–의싸의싸–냠냠냠–라라라–야호 의싸의싸…
  - 같은 소리를 반복해서 넣을 수 있는 방법은 무엇이 있을까?
    : 냠냠냠–라라라–라라라–라라라, 냠냠냠–냠냠냠–라라라–라라라, 냠냠냠–냠냠냠 • 냠냠냠–라라라…
  - 3일이 지났다면 이 패턴을 몇 번 말하면 될까?
  - 5일 동안 경험한 것이라면 소리패턴은 얼마나 길어질까? 함께 말해 보자.
- 만들어진 소리 패턴을 듣고 동작으로 표현해 본다.
  - 소리를 듣고 몸으로도 움직여 볼 수 있을까?

- '라라라'의 소리에는 어떤 몸동작이 어울릴까?
  (예 : 의싸의싸–발구르기, 냠냠냠–고개 끄덕이기, 노래 부르기–팔 흔들기, 야호–뛰기)
- 몸동작 패턴을 표현하며 며칠 동안 일어난 일인지 퀴즈로 내고 답한다.
  - ○○가 앞에 나와 패턴을 표현해 보자.
  - ○○는 며칠 동안 지낸 것을 표현했을까?
  - 왜 그렇게 생각했니?

출처: 교육인적자원부(2005b). 유아를 위한 수학 교육 활동자료

7) 실외 영역

실외 영역에는 일반적으로 신체놀이 영역, 물·모래놀이 영역, 목공놀이 영역, 식물 기르기 영역, 동물 기르기 영역 등이 있다. 이러한 실외 영역들은 흔히 신체 운동을 위한 공간으로 간주되는 경향이 있으나 실외 영역에서도 실내 영역 못지않게 다양한 수학 경험이 일어날 수 있다. 예를 들어, 신체놀이 영역에서 유아는 기어오르기, 매달리기, 달리기, 구르기, 뛰기, 그네 타기, 시소 타기 등의 신체 활동을 할 수 있는 놀이 기구를 통하여 균형, 방향, 속도, 공간 등을 경험할 수 있다. 따라서 한 가지 기능의 단순한 시설물만 있는 것보다는 복합적인 다기능 시설물이 적절히 혼합되어 있는 것이 바람직하다. 물·모래놀이영역에서는 유아가 부피, 측정, 액체 따르기 등의 개념을 학습할 수 있다. 목공놀이 영역에서는 유아가 실제 연장을 가지고 나무의 질감이나 길이, 무게, 부피 등을 경험할 수 있다. 그러나 목공놀이는 위험이 뒤따르므로 교사의 감독 하에 개별적으로 이루어져야 하며, 연장이나 도구, 목공 놀이대 및 놀이장 등을 유아의 신체에 적합한 것으로 준비하고 사용법을 교사가 직접 시범보일 필요가 있다. 또한 실외 영역은 놀이기구를 이용한 놀이 외에도

유아에게 주변 환경을 자유롭게 탐색할 수 있는 기회를 제공해준다. 예를 들어, 나뭇잎 줍기는 자연스럽게 분류하기로 이어지고, 돌맹이 등을 이용하여 수세기를 경험할 수 있다. 따라서 가급적 넓은 실외 공간을 구성하고 실외 활동의 기회를 충분히 제공하는 것이 바람직하다. 또한 실내 영역 못지않게 사전 계획과 교사의 역할이 중요함을 인식해야 하며, 안전사고 예방에도 힘써야 할 것이다.

[그림 10-3] 실외영역에서의 수학 게임을 통한 공간 개념의 경험

3 지역사회 환경

수학은 우리 생활의 일부이므로 유아교육기관에서 교사에 의한 학습뿐 아니라 지역사회의 다양한 장소 및 기관을 활용하는 것이 바람직하다. 이러한 환경으로는 동물원, 식물원, 시장, 은행, 박물관 등 많은 것들이 있다. 일반적으로 지역사회 환경은 교실 내에서 충족하기 어려운 직접적인 경험을 제공함으로써 구체적인 학습을 가능케 하며, 전문가와 접촉함으로써 유아의 지식을 심화, 확장한다는 장점이 있다. 또한 일상적인 장소에서 벗어나 다양한 지역사회 장소를 방문하는 것 자체가 유아의 호기심과 학습동기를 불러일으킬 뿐 아니라 방향, 지도, 공간 등의 수학 개념과 직접적인 관련이 있다고 하겠다.

[그림 10-4] 현장학습을 통해서도 다양한 수학경험이 이루어질 수 있다.

이러한 현장학습이 의례적이거나 형식적인 행사로 그치지 않게 하기 위해서는 철저한 계획과 준비가 필요하며, 계획 과정에 유아가 함께 참여하는 것이 좋다. 첫 번째 단계는 어디를 갈 것인지 정하는 것이다. 현장학습은 학습 중인 주제를 보완하기 위해서 교사가 제안할 수 있고, 조사를 하는 도중 유아 자신의 생각에서 나올 수도 있다. 교사는 해당 수학 개념을 효과적으로 반영하고 있는 지역사회 환경이 무엇인지, 그리고 이를 수학 교육에 어떻게 적용할 수 있는지 생각해 보아야 한다. 특히 특정 기간이나 시간에 유아를 위한 이벤트나 단체 견학 안내를 제공하는 경우가 있으므로 이를 활용할 수도 있다. 아울러 현장학습을 할 지역사회 환경을 결정하면 세부 계획을 세우기 위해서 답사를 가는 것이 효과적이다. 필요한 경우 현장학습 장소에서 허락을 받고, 입장료 등 경비를 확인하고, 유아가 할 수 있는 활동 목록을 만든다. 또한 현장학습을 얼마나 오래 할 것인지, 점심식사나 휴식 공간은 어떻게 할 것인지, 유아가 특별한 옷을 입거나 준비물을 갖고 와야 할지 계획을 세우고, 유아의 관심을 끌 특별한 것이 있는지를 살펴본다. 그리고 유아교육기관에 돌아와서는 날짜, 경비 마련 방법, 교통수단, 필요한 자원봉사자의 수를 결정한다. 모든 것이 결정되면 유아에게 현장학습에 대해 소개하고, 현장학습을 가서 무엇을 하고 싶고 무엇을 학습하고 싶은지 이야기 나눈다(Martin, 2001). 또한 현장학습을 다녀온 후에도 현장학습의 경험을 다양한 방법으로 회상하고 재구성할 수 있는 사후활동을 실시하는 것이 바람직하다. 예를 들어, 고궁을 방문한 다음 교실에서 블록으로 고궁을 만들어본다거나 단청 무늬 패턴에 색칠하기를 할 수 있다. 다양한 외부 환경에서 경험할 수 있는 주요 수학 개념의 예를 들면 〈표 10-2〉와 같다.

〈표 10-2〉 수학적 경험이 가능한 지역사회 환경

장 소	주요 수학적 개념	예
백화점	분류하기	층마다 품목이 다름
옷가게	순서짓기	너무 큰 옷, 너무 작은 옷, 맞는 옷
온실	순서짓기	다양한 식물들의 키
베이커리	도형	빵이나 과자의 모양
가게	수개념	가격, 무게, 거스름돈, 판매단위(예 연필 12자루)
은행	수개념	대기번호표, 돈, 통장
지하철	수개념	지하철 노선표(정거장 수)
엘리베이터	수개념	내려올 때 거꾸로 세기
목공소	측정	길이, 넓이
목욕탕	측정	무게, 부피
박물관	시간	화석, 옛날 사람들이 쓰던 물건
시계가게(수리점)	시간	다양한 시계
놀이터	공간	위치, 방향
미술관	공간	원근법, 작품에 나타나 있는 패턴 등
산, 야외	공간, 측정	방향, 거리
가구점	도형	식탁의 모양
주차장	통계	승용차와 승합차 수 조사

[그림 10-5] 체험학습을 할 수 있는 어린이 박물관

[그림 10-6] 분류하기를 경험할 수 있는 시장

심층탐구 타 영역에서 수학 교육 계획하기

- 문학작품을 하나 선택한 후 어떠한 수학 교육 내용과 생활주제를 추출하고, 이에 따라 수학 교육을 계획하시오.

- 미술관을 관람하여 수학적 요소가 들어간 미술 작품을 찾아보시오. 구체적으로 어떠한 수학 교육 내용과 관련이 있는지 분석하고 이 작품을 이용하여 수학 교육을 계획하시오.

- 유아 수학과 관련된 노래나 율동의 목록을 만들고, 각기 수학 교육의 어떤 내용과 관련이 있는지 분석해보시오.

CHAPTER 11

유아 수학 교육의 평가

평가란 유아에 관한 정보를 다양한 형태의 증거를 통해 수집하고 조직하고 해석하는 과정을 뜻한다. 이러한 평가 결과는 유아에 대한 이해와 지원, 교육과정의 편성과 운영, 학부모 면담 등을 위한 기초자료로 활용될 수 있다. 본 장에서는 개정 누리과정에서 제시하는 평가의 의미와 방향을 소개한 후 유아 수학 교육에서 흔히 사용되는 관찰, 면접, 작품 수집, 검사 그리고 포트폴리오 평가의 구체적인 내용과 실시 방법을 살펴보기로 한다.

1 개정 누리과정에서 평가의 의미 및 방향

개정 누리과정은 '계획-실행-평가-계획'으로 이어지던 기존의 '선형적' 과정을 지양하고, 유아의 놀이, 일상생활, 활동을 잘 관찰하고 기록하다가 유아의 배움을 지원하기 위한 계획을 수립할 것을 권장한다. 또한 교사의 부담을 경감하기 위해 평가에 있어서 틀에 맞춘 과도한 문서화를 요구하지 않는다. 이에 교사는 다음과 같은 사항을 주지하고 자율적인 평가를 실시할 수 있다(교육부, 복지부, 2019a, c).

누리과정 운영의 질에 대한 진단 및 개선을 위한 평가의 계획 및 실시

평가의 목적은 유아가 중심이 되고 놀이가 살아나는 누리과정 운영을 자체적으로 평가하여, 누리과정 운영의 질을 진단하고 누리과정 운영을 보다 나은 방향으로 개선하는데 있다. 유아교육기관에서는 지역 특성, 각 기관 및 학급(반)의 상황과 요구를

고려하여, 누리과정 운영을 개선할 수 있도록 자율적으로 평가 계획을 수립한다.

유아의 특성 및 변화 정도와 누리과정의 운영 평가

평가는 유아 평가와 누리과정의 운영 평가로 이루어진다. 유아 평가는 궁극적으로 유아의 행복과 전인 발달을 지원하는 데 그 목적이 있다. 교사는 유아의 배움이 나타나는 놀이, 일상생활, 활동에서 유아가 가장 즐기고 잘하는 것, 놀이의 특성, 흥미와 관심, 친구 관계, 놀이를 이어가기 위한 자료의 활용 등에 주목하여 유아 놀이를 관찰하고 이를 통해 유아의 특성과 변화를 이해하도록 한다. 누리과정 운영 평가는 기관의 교육과정이 유아·놀이 중심으로 적절하게 운영되고 있는지 평가하는 데 그 목적이 있다. 놀이시간을 충분히 운영하였는지, 유아 주도적인 놀이와 배움이 이루어지고 있는지, 놀이 지원이 적절한지 등을 평가할 수 있다.

평가의 목적에 따라 적합한 방법을 사용한 평가

평가 방법은 평가의 목적과 대상에 따라 달라질 수 있다. 교사는 유아의 특성과 변화 정도를 파악하기 위하여 유아들의 실제 놀이 모습을 계획안에 기록할 수 있고, 놀이 결과물과 작품 등을 일상적으로 수집할 수 있다. 이러한 관찰기록 자료는 교실에서 자율적으로 수립한 계획안에 포함하여 유아의 특성과 변화 정도를 파악하는 데 활용할 수 있다. 기관의 누리과정 운영에 대한 평가는 개선이 필요한 사항에 따라 자율적으로 실시할 수 있다. 평가 자료를 만들고 수집하는 데 과도한 노력을 기울이기보다는 유아의 놀이에 더 집중하고 지원하는 것이 중요하다. 개별 유아를 정기적으로 관찰하기보다는 배움이 나타나는 또래 간의 놀이나 활동 등 유아들이 일상에서 놀이하며 배우는 자연스러운 상황에서 유아의 특성과 변화를 이해하는 평가를 하도록 한다.

평가의 결과를 유아에 대한 이해와 누리과정 운영 개선 자료로 활용

수집된 모든 자료를 바탕으로 개별 유아의 특성과 변화 정도를 종합적으로 이해하여 부모와의 면담자료 및 유아의 생활지도 등에 활용할 수 있다. 유아교육기관에서 자율적인 방식을 통해 실시한 누리과정 운영 평가의 결과는 유아·놀이 중심 교육과정의 운영을 보다 나은 방향으로 개선하는 데 활용할 수 있다.

2 관찰

교사는 관찰을 이용하여 교실에서 유아들이 수학에 얼마나 관심과 흥미를 보이는지, 어떠한 수학 지식을 갖고 있는지, 그리고 문제해결 상황에서 수학 개념을 어떻게 적용하는지를 평가할 수 있다(Kennedy, 1984). 이와 같이 일상생활에서 나타나는 자연스런 행동을 기록하는 관찰 방법은 교수-학습 과정의 일부분이므로 실제 '평가'로 인식되지 않는 경우도 있다. 그러나 다른 평가 방법에 비해 관찰은 유아의 발달 수준을 보다 사실적으로 보여줄 수 있다. (Irwin & Bushnell, 1980). 또한 관찰은 발달 특성상 언어적 의사소통이 원활하지 않은 유아에게 특히 적합하며, 비언어적 행동에 대한 정보도 제공한다는 점에서도 그 유용성이 인정된다.

교육과정은 유아의 놀이와 일상생활, 활동 속에서 이루어지므로 교사는 유아의 일과를 관찰하여 기록해야 한다. 특히 교사는 유아의 놀이 과정을 관찰하여 평가에 필요한 자료를 모을 수 있다. 이때 평가자료의 수집과 기록 때문에 교사가 유아를 지원하는데 어려움을 갖지 않도록 해야 한다. 교사는 많이 기록해야 한다는 부담에서 벗어나 유아관찰기록 중 유아 이해 및 놀이지원에 중요하다고 판단되는 자료를 선별한다. 자료를 수집할 때에는 효과적으로 내용을 조직하고 기록을 쉽게 활용할 수 있고 관리 시간이 덜 드는 방법을 활용하는 것이 좋다. 그리고 기록의 객관성을 더하기 위해서는 관찰 직후 바로 기록하는 것이 바람직하다. 그러나 유아들을 가르치며 즉시즉시 기록을 남기는 것이 언제나 가능한 것은 아니기 때문에, 필요할 때 메모지에 핵심 단어 위주로 짧게 기록을 남기고 일과 후 상세한 내용을 보완하는 것이 좋다. 이때 짧은 메모를 그대로 활용할 수도 있고, 유아명, 시간, 장소, 상황, 관련 누리과정 내용 등을 수기로 간단히 작성할 수 있다. 혹은 일일계획안의 평가란이나 일지 양식을 변형하여 관찰 및 평가 내용을 기록할 수도 있다(교육부, 복지부, 2019a).

유아 수학 교육과 관련하여 현장에서 많이 사용되는 관찰 평가에는 일화기록, 체크리스트, 평정척도 등이 있다.

사례 개정 누리과정에 충실하게 다양한 방식으로 기록한 예

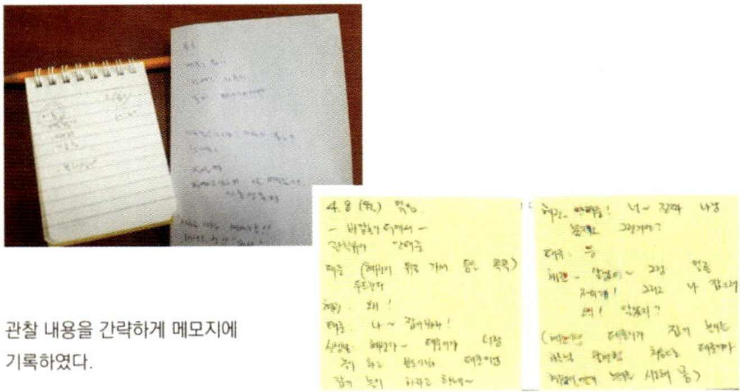

관찰 내용을 간략하게 메모지에 기록하였다.

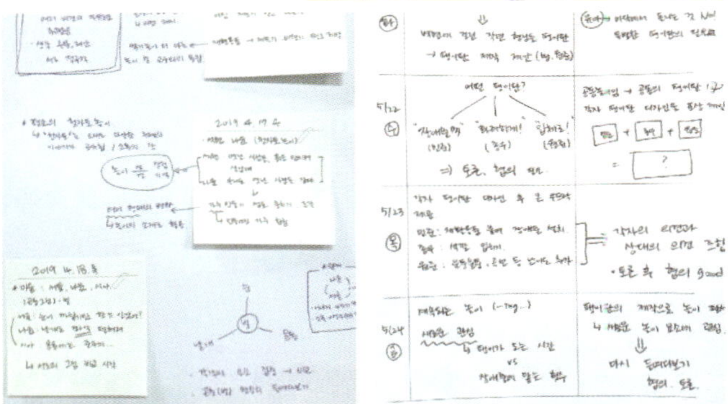

간략히 기록한 메모내용을 바탕으로 추후에 내용을 자세히 기록하였다.

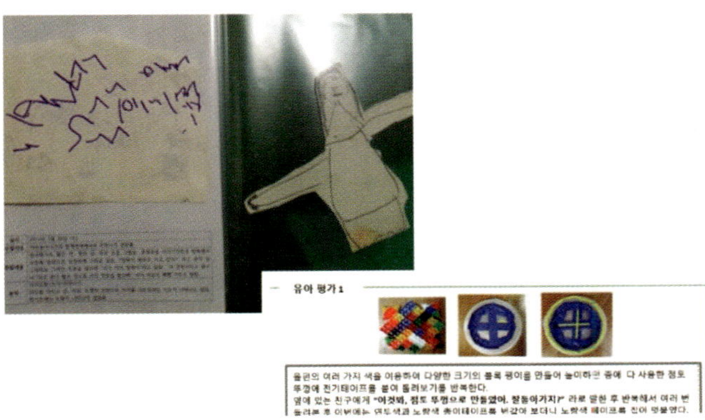

출처: 교육부, 보건복지부(2019a)

1) 일화기록

일화기록은 가장 기본적인 관찰 방법으로 현장에서 가장 많이 사용되고 있는 방법이다. 수학 교육과 관련하여 일화기록을 할 때 교사는 수학 활동 중 특정 행동이나 상황에 초점을 맞추어 무슨 상황이 언제 어디서 어떻게 일어났으며, 유아가 그 상황에서 무슨 말을 하고 어떻게 행동했는지를 사실적으로 기록해야 한다. 이때 교사는 관찰 상황이나 환경을 미리 설정할 필요 없이 어느 곳에서나 일화를 관찰하여 중요하다고 생각되는 것을 그때그때 기록하면 된다. 따라서 일화기록은 유아가 우발적으로 표출하는 수학적 지식이나 행동을 기록하는 데 가장 유용한 방법이라고 할 수 있다.

일화기록을 할 때 교사는 대단위 행동, 중간 단위 행동, 소단위 행동 등 세 가지 수준을 고려할 수 있다. 예를 들어, '영수는 미정이와 함께 수 영역에서 퍼즐을 하고 있다'와 같은 대단위 행동 수준, '영수가 퍼즐 조각을 하나 맞추고 다른 조각을 집는 동안 미정이는 같은 조각을 세 번째 반복하고 있다'와 같은 중간 단위 행동 수준, 그리고 '영수는 콧노래를 부르면서 테두리 부분부터 퍼즐 조각을 맞추고 있다'와 같은 소단위 행동 수준에서 관찰이 가능하다.

[그림 11-1] 관찰 수준

또한 일화기록을 할 때 교사는 관찰 당시 일어난 상황에 대하여 전혀 모르는 사람도 이해할 수 있도록 관찰 내용을 사실적·객관적으로 기록해야 한다. 주관적 의미가 포함된 단어들을 사용하면 사실을 왜곡시킬 수 있으며, 주관적 해석의 가능성이 증가하기 때문이다. 다음은 적절한 기록과 부적절한 기록의 예이다(Chaille &

Britain, 1997).

〈표 11-1〉 적절한 기록과 부적절한 기록의 예

기술성	나쁨	병호는 블록을 갖고 놀면서 열까지 세고 있다.
	좋음	병호는 블록 10개를 일대일 대응으로 "하나, 둘…"세면서 탑 모양으로 쌓았다.
객관성	나쁨	유나는 돼지 인형을 열심히 그렸다. 유나는 재미있어 했다.
	좋음	유나는 돼지 인형을 그리면서 혼자 노래를 불렀다. 그리고 돼지 눈, 코, 입을 하나씩 그려 넣을 때마다 웃었다.

그리고 기록의 객관성을 더하기 위해서는 관찰 직후 바로 기록하는 것이 바람직하다. 그러나 유아들을 가르치며 즉시즉시 기록을 남기는 것이 언제나 가능한 것은 아니기 때문에, 필요할 때 메모지에 중요한 단어만 적어 놓고 수업이 끝난 후에 기록을 완전히 적어 놓는 것이 좋다. 주머니 속에 연필과 종이(수첩, 메모지)를 휴대하고, 교실 내의 선반이나 적당한 위치에도 기록 도구를 비치하는 것도 도움이 된다. 일화기록에는 특별한 양식이 있는 것은 아니지만 유아의 성명, 관찰자, 관찰 일시 및 장소, 수학적 사건 및 상황에 대한 요약, 그리고 유아가 어떤 말을 했고, 어떤 행동을 했는지가 구체적이고 간단명료하게 적혀 있어야 한다.

사례 음률 영역에서의 수학 교육(규칙성)

일화기록

아 동 : 임수현(1998년 1월 2일 생) 관찰일자 : 2002년 11월 13일
관 찰 자 : 김윤옥 관찰시간 : 10시 50분
관찰 장소 : 언어 영역

토끼와 거북이 동화를 수현이는 매우 흥미를 보이며 들었다. 이야기를 다 들은 후 수현이는 "토끼와 거북이 게임을 해요."하면서 게임판을 만들기 시작했다. 종이 왼쪽 위와 오른쪽 아래 부분에 '시작'과 '도착'이라고 쓰고, 그 사이에는 곡선으로 길을 그렸다. 도착 지점 옆에 깃발을 표시하더니 곡선 길을 20개 정도의 칸으로 나누고, 칸마다 1부터 10까지 숫자를 순식간에 써내려 갔다. 10을쓴 이후에는 잠시 망설이다가 12라고 쓰더니 다시 진한 글씨로 11이라고 고쳐 썼다. 13까지 적더니 흥미가 없어졌는지 숫자 쓰기를 멈추고 게임판 배경을 꾸미기 시작했다.

평 가 : 동화 듣기에서 자발적으로 게임판 만들기를 생각해 낸 수현이는 매우 창의적인 아이이다. 또한 도착 지점에 깃발을 그린 것으로 보아 게임의 규칙이나 게임판의 구조도 정확히 이해하고 있는 것으로 보인다. 숫자의 모양도 정확히 인식하고 있으나 아직 10 단위 이상의 숫자 쓰기는 어려움이 있다.

2) 체크리스트

체크리스트는 평가하고자 하는 수학 행동에 관한 목록을 사전에 준비하고, 그 목록에 포함된 각 행동이 나타나는지를 관찰하여 '예/아니오'로 표기하는 방법이다. 따라서 체크리스트는 포괄적이고 모호해서 관찰하기 어려운 문장(예 '공간 개념이 있다.')보다는 관찰 가능한 구체적 행동을 나타내는 문장(예 '안과 밖을 구별한다.')이 적합하다. 이와 같은 체크리스트 자체를 만드는 것은 많은 시간과 노력을 요구하는 어려운 작업이지만, 잘 만들어진 체크리스트를 구했다면 교사는 특별한 훈련 없이도 간편하게 사용하고, 신속하게 기록할 수 있다.

또한 체크리스트는 수학 행동의 출현 빈도나 질적 수준에 대한 정보는 제공하지 못하지만 다음과 같이 다양하게 응용될 수 있다. 첫째, 일정 시간 후 다시 관찰 기록하거나 다음 사례 ⓐ와 같이 '예/아니오'의 표기와 함께 그 행동이 처음 나타난 날짜를 기록함으로써 유아 개인의 수학적 행동 발달의 변화도 평가할 수 있다. 둘째, 한 페이지 안에 학급 모든 유아의 체크리스트를 포함시킴으로써 유아들간의 수학 능력의 차이를 동시에 보여줄 수 있다. 예를 들어, 사례 ⓑ를 보면 도형 개념이 가장 많이 발달한 유아는 나미혜이고, 가장 덜 발달한 유아는 김윤환임을 알 수 있다. 또한 도형의 이름 중에서 동그라미를 아는 유아가 가장 많고, 세모의 이름을 아는 유아가 가장 적다는 것 등을 교수 계획 시 참고로 할 수 있다. 셋째, 체크리스트를 매일 혹은 주기적으로 실시함으로써 수학 교육의 운영에 활용할 수 있다. 예를 들어, 사례 ⓒ는 자유선택활동 시간의 수학 영역 참여를 1주일간의 체크한 것으로서 유아들이 수학 영역에 얼마나 자주 가는지를 확인하는 일과 활동 기록의 역할을 할 수 있다. 만약 유아들이 수학 영역에 계속 잘 가지 않는다면 그 원인을 찾고 수학 영역을 선택하도록 커리큘럼을 계획해야 한다.

사례 체크리스트

ⓐ 개인용 체크리스트

	예	아니오	비고
· 사물의 모양에 관심을 갖는다.	V		
· 동그라미의 이름을 말한다.	V		
· 네모의 이름을 말한다.	V		
· 세모의 이름을 말한다.		V	5월 25일
· 같은 모양끼리 모을 수 있다.	V		

ⓑ 집단용 체크리스트

관찰내용 : 도 형 관찰일자 : 2002년 4월 9일 관 찰 자 : 이영미

	모양에 관심	동그라미 이름	네모 이름	세모 이름	같은 모양끼리 모으기
김수정	V	V	V		
김윤환	V	V	V	V	
김철진	V				
나미혜	V	V	V	V	V
박수빈	V	V			
송현정	V		V		
양연무	V	V	V	V	
이준호	V		V		
이창희	V	V	V	V	
정진모	V	V	V		
최하나	V	V	V	V	
황무연	V	V		V	

ⓒ 체크리스트를 이용한 수학영역 참여도 평가

	9월 3일 (월)	9월 4일 (화)	9월 5일 (수)	9월 6일 (목)	9월 7일 (금)
김수정	V				
김윤환	V	V	V	V	V
김철진		V	V		V
나미혜	V	V	V		V
박수빈	V	V			V
송현정		V			
양연무	V	V		V	V
이준호	V				
이창희	V		V	V	
정진모		V	V		V
최하나					
황무연	V	V	V		

3) 평정척도

평정척도(rating scales)는 체크리스트의 제한점을 보완하고 체크리스트를 확장한 것으로서, 행동의 출현 '유무'를 표시하는 데 그치지 않고 행동의 '질'이나 '빈도'에 관해 알려줄 수 있는 방법이다. 즉, 교사는 평가하고자 하는 수학 행동에 관한 항목들에 따라 유아를 관찰한 뒤에 질적 특성이나 발생 빈도에 따라 점수를 부과하게 된다. 그러나 평정척도를 사용할 때에는 대개 중앙값에 점수를 주기 쉬우며, 관찰자의 성향에 따라 지나치게 높거나 낮은 점수를 주는 경향이 있다. 또한 가까이 위치한 문항끼리 비슷한 점수를 주는 오류에 빠지기도 쉽다. 따라서 평정척도를 사용할 때에는 객관적인 자세를 유지하는 것이 가장 중요하며, 이를 위해서는 유아 별로 평정하기 보다는 '항목별'로 평정하는 것이 도움이 된다. 즉, 한 항목에 대해 전체 유아를 평정하고 나서 다음 항목으로 넘어가 전체 유아를 평정하고 또 그 다음 항목으로 넘어가면 보다 객관적인 결과를 얻을 수 있다(Irvin & Bushnell, 1980).

평정척도에는 기술 평정척도(category rating scale), 숫자 평정척도(numerical rating scale), 표준 평정척도(standard rating scale) 등이 있다. 예를 들어, 도형에 관한 여러 문항들의 경우 다음 사례 ⓐ의 '숫자 평정척도'와 같이 '전혀 아니다', '약간 아니다', '보통이다', '약간 그렇다', '매우 그렇다' 등에 따라 1~5점을 부여하거나 사례 ⓑ의 '표준 평정척도'와 같이 유아의 수준이 어느 정도인지를 상대 평가할 수 있다. 이에 비해 사례 ⓒ의 '기술 평정척도'와 같이 각 문항마다 낮은 수준에서 높은 수준의 능력을 구체적으로 기술하고 이 중 유아의 수준에 해당하는 것에 표시하게 하는 방법도 있다. 기술 평정척도는 문항마다 지문 내용이 다르므로 숫자 평정척도나 도식 평정척도에 비해 지면이 많이 들며, 평가 시간도 많이 소요된다.

사례 평정척도의 유형

ⓐ 숫자 평정척도

	1. 전혀 아니다	2. 약간 아니다	3. 중간 정도	4. 약간 그렇다	5. 매우 그렇다
· 사물의 모양에 관심을 갖는다.	1	2	3	4	5
· 동그라미의 이름을 말한다.	1	2	3	4	5
· 네모의 이름을 말한다.	1	2	3	4	5
· 세모의 이름을 말한다.	1	2	3	4	5
· 같은 모양끼리 모을 수 있다.	1	2	3	4	5

ⓑ 표준 평정척도

	하위5%에 속함	하위20%에 속함	중간50% 내외	상위20%에 속함	상위5%에 속함
· 분류하기	____	____	____	____	
· 수의 기초 개념	____	____	____	____	
· 시간 개념	____	____	____	____	
· 공간 개념	____	____	____	____	

ⓒ 기술 평정척도

· 사물 분류하기

____ 1) 사물을 한 가지의 외적 준거(모양, 크기, 색깔 등 외형)에 의해 분류한다.
____ 2) 사물을 두 가지 이상의 외적 준거(노랗고 큰 것, 빨갛고 작은 것 등)에 의해 분류한다.
____ 3) 사물을 개념적 준거(과일, 연장 등)에 의해 분류한다.
____ 4) 분류된 사물을 보고 분류 준거를 찾아낸다.

· 공간에 관한 기초 개념 가지기

____ 1) 공간에 관한 기초 개념(앞, 뒤, 위, 아래 또는 옆)을 모른다.
____ 2) 공간에 관한 기초 개념을 안다.
____ 3) 기초 개념은 알고 있으나, 오른쪽과 왼쪽을 가끔 혼동한다.
____ 4) 오른쪽과 왼쪽을 구별한다.

3 면접

관찰이 교사가 유아의 수학 행동을 자세히 살펴봄으로써 평가하는 것이라면, 면접은 유아가 특정 수학 개념을 정말로 이해했는가를 질문을 통해 평가하는 방법이다. 교사와 유아 간의 직접적인 상호작용을 통해 이루어지는 면접은 관찰로는 쉽게 얻기 어려운 정보를 수집할 수 있다. 예를 들어, 유아가 수에 대한 보존 개념을 갖고 있는지는 자연적인 상황에서는 잘 드러나지 않으므로 관찰로 평가하기는 힘들고, 면접법을 통해서 평가하는 것이 효과적이다. 또한 면접은 읽고 쓰는 능력이 부족한 유아의 발달 특성에 따라 볼때에도 적합한 평가 방법이라고 할 수 있다.

유아 교육 현장에서 면접은 계획된 상황과 즉흥적 상황에서 모두 이루어질 수 있다. 예를 들어, 유아에게 도형 카드를 제시하고 복합분류를 해보게 한 후 이를 설명해 보도록 하는 진단 평가는 '계획된 면접'의 경우이다. 이에 비해 교사가 일과 중에 유아가 정리정돈을 하지 못하는 것을 발견하고, 바로 유아와 이 문제에 대해 토론하는 것은 '즉흥적 면접'에 해당한다(Kennedy, 1984). 효과적인 수학 교육을 위해서는 즉흥적 상황에서 이루어지는 비형식적 면접을 교실 일과의 일부분으로 만드는 것이 좋다. 한편 모든 유아가 면접 상황에 잘 반응하는 것은 아니다. 특히 나이가 어린 유아일수록 자신을 표현하는 능력이 사고 능력보다 훨씬 뒤에 나타나므로 다음과 같은 면접 기술을 사용하는 것이 좋다(Smith, 1997).

인정하기(validating)

유아가 수학에 관해 직관을 나타낼 때 이에 동의해 주는 것이다. 교사가 유아의 사고를 뒷받침해 줄 수 있는 근거를 제시해 주면, 유아는 자신의 생각을 언어로 조직하는 데 도움이 된다.

검토하기(reviewing)

일어난 수학 활동에 대해 토론하고 사건을 반복해 보는 것이다. 이는 유아에게 수학적 직관을 경험하고 수학 학습 내용을 연습하는 기회를 제공해 준다. 또한 반복을 좋아하는 성향이 있는 유아는 수학적 사고를 재연해 봄으로써 자신감을 얻을 수 있다.

도전하기(challenge)

수학 활동에 새로운 요소를 더함으로써 유아의 수학적 사고를 확장하는 것이다. 교사는 '만약에…'라는 상황을 제시함으로써 비계설정을 할 수 있다. 수학적 관계는 새로운 매체, 새로운 위치, 또는 다른 수학 개념으로 확장될 수 있다.

> 간식 시간에 갑자기 방문자가 생겼다. 어떤 접시에는 과자가 여러 개 있는데, 어떤 접시에는 두 개밖에 없었다. 수민이는 테이블에 빨리 가서 "여기가 더 많아."라고 소리쳤다. 이것을 듣고 교사는 '더 많은', '더 적은', '하나 많은' 등의 용어에 대해 말할 기회로 삼고자 했다. "그래 수민아. 네가 옳아. 어떤 접시에는 과자가 더 많이 있어. 선생님도 알아."라고 하면서 교사는 수민이의 관찰을 **인정**해 주었다. "더 많이 있는 접시는 없니? 얼마나 더 많니?"라고 말함으로써 상황을 **되돌아**보게 해주었다. 주스를 두 컵에 따르면서 "어떤 컵이 더 많니? 어떻게 알 수 있을까? 어떻게 하면 똑같이 만들 수 있을까?"라고 함으로써 유아의 사고에 **도전**을 제공하였다. 한참 동안 수민이는 주스의 양이 똑같아질 때까지 주스를 붓는 연습을 하였다.

위의 예에서 세 가지 면접 책략은 '설명하기'보다 '기다리기'나 '지켜보기'의 형태를 띠고 있다. 즉, 성공적인 면접이 되기 위해서는 적절한 질문을 하는 것이 필요하긴 하지만 때로는 유아가 수학적 과업을 해결하려고 애쓰도록 내버려 두거나 경청하는 것이 필요하다. 또한 유아에게 '프롬프트(prompts)'를 너무 많이 주거나 지나치게 교정 또는 코치를 해주는 것도 피해야 한다. "좀 더 기다리면 선생님이 다 알아서 해주실 거야."라고 생각하게 만들 수 있기 때문이다.

면접을 시작할 때에는 다음과 같은 질문이 적절하다.

- 이것을 어떻게 해보고 싶니?
- 얼마나 걸릴 것 같니?
- 어떤 것을 먼저 하고 싶니?
- 그 다음은?

당황해 하는 유아에게는 다음과 같은 질문을 사용하는 것이 좋다.

- 선생님이 다시 한 번 해줄까?

- 다시 말해 줄까?
- 지금 네가 무엇을 하고 있는지 말해 주겠니?

면접을 끝마칠 때에는 다음과 같이 질문할 수 있다.

- 어떻게 알았니?
- 어떻게 했는지 말해 주겠니?
- 다른 사람은 다른 방법으로 생각하니?
- 다른 방법으로 할 수는 없을까?

4 검사

검사(test)는 일정 시간 안에 객관적인 형식과 절차를 통해서 행동 특성을 측정하는 평가 방법이다. 따라서 검사를 사용하면 유아의 능력의 여러 측면을 정확하게 평가할 수 있다. 유아 수학 교육의 전반적인 내용을 측정하기 위해 개발된 검사도구로는 〈표 11-2〉와 같은 것들이 있다.

〈표 11-2〉 전반적인 수학능력을 측정하는 검사

검 사	개발자	출판사
유아 그림 수학능력검사	황해익 · 최혜진 (2007)	양서원
수학활동 중심의 유아수학능력 진단검사	김현정(2006)	한국교원대학교 대학원 박사학위 논문
프로젝트 스펙트럼 중심 유아용 논리 · 수학적 지능 평가도구	박혜신(2005)	전북대학교 대학원 박사학위 논문
NCTM의 수학 교육 내용기준에 근거한 유아수학능력 평가도구	김지영(2005)	원광대학원 박사학위 논문
게임을 통한 유아 수학 교육 평가 도구	김소향(2004)	덕성여자대학원 박사학위 논문

사례 구체적 관계 - 구체물/반복/확장감소

〈준비물〉

[문항 17,18] 제시된 그림, 나무 그림카드, 기본 배열판.
[문항 19] 기본 칸 기록용지, 색연필.
[문항 20] 크기가 다른 나무 그림카드, 기본 배열판.
[문항 21] 그림자료

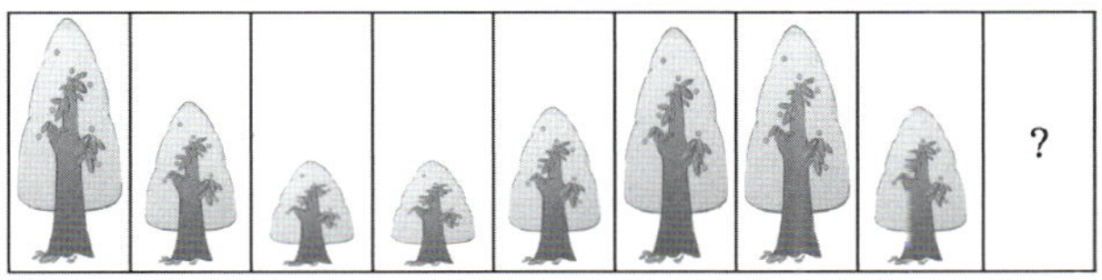

17. 〈규칙인식하기 – 규칙 이어가기〉 (?를 가리키며) 여기에 올 그림은 무엇일까요?

18. 〈규칙설명하기–제시된 규칙 설명하기〉 (제시된 그림을 가리키며)
이 나무 그림들은 어떤 순서와 규칙을 가지고 있는지 말해보세요!

*** 17, 18번 문항 실패시 나무의 키가 점점 작아지다가 점점 커지는 규칙이라고 말해준다.**

19. 〈규칙전이하기–구체적인 것을 상징으로〉 (빈칸 용지, 색연필 제시)
위에서 본 나무순서처럼 그리고 싶은 모양으로 그림 그려보세요!

20. 〈규칙인식하기–규칙구성하기〉 (크기가 다른 나무 그림카드 제시)
이 나무 모형으로 친구가 규칙을 정해서 생각나는 다른 새로운 규칙을 만들어보세요!

*** 20번 문항을 실패하면 21번 문항은 실시하지 않는다.**

21. 〈규칙설명하기–자신이 만든 규칙 설명하기〉 (20번에서 만든 모양을 가리키며)
여기 친구가 만든 모양은 어떤 순서대로 만든 것인지 말해보세요!

22. 〈규칙추리하기-동등/대응관계 추론하기〉 (해당 그림, A B C가 무엇이라고 알려준다.)
그림을 잘 보고 대답해 주세요!

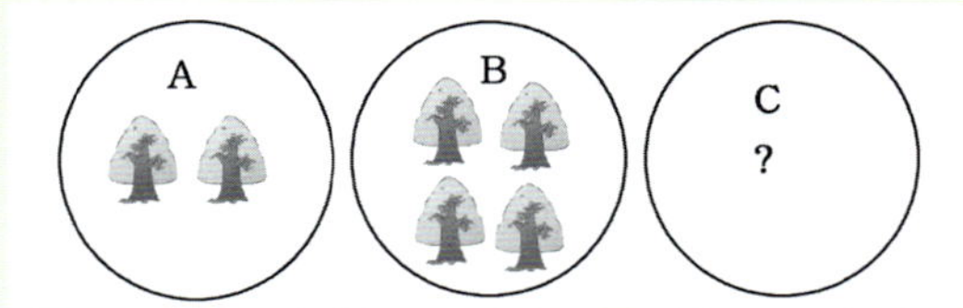

C의 동그라미는 A 동그라미보다 많고 B 동그라미보다 작은 수의 나무를 가지고 있어요.
C에 들어갈 나무의 수는 몇 그루일까요? (   ) 그루

출처: 김현정(2006)

이와 같이 수학 능력 측정에 초점을 둔 검사들 외에도 지능 검사나 학습준비도 검사 중에서 수학과 관련된 영역을 선택하여 평가할 수도 있다. 이와 같은 '표준화 검사'는 문항이나 실시 절차와 채점 방법이 표준화되어 있으므로 전국적·지역적 비교를 가능하게 해준다. 따라서 수학과 관련된 표준화 검사를 사용하면 유아가 어떤 수학 개념이 취약한지, 그리고 그 유아의 수준이 전국적으로 해당 연령의 유아들에 비해 어느 정도인지 알 수 있다. 표준화 검사로 유아의 수학적 지식을 평가하기 위해서는 지능 검사나 학습준비도 검사에서 해당 문항들을 이용할 수 있다.

〈표 11-3〉 수학적 개념의 측정이 가능한 표준화 검사

검사도구	개발자(제작연도)	수학 관련 평가영역 및 내용	대상연령
유아학습준비도 검사	박혜정 · 김혜원 · 장명림(1988)	개념형성(분류하기, 순서짓기, 수개념, 공간 및 시간)	만 4~6세
K-WIPSSI	박혜원 · 곽금주 · 박광배(1996)	모양 맞추기, 도형, 토막짜기, 산수, 빠진 곳 찾기, 동물 짝짓기	만 3~7세 3개월
KISE-KIT	박경숙 · 정동영 · 정인숙(2002)	그림 배열, 이름 기억, 칠교놀이, 계산, 숨은 그림, 그림무늬, 수기억	만 5~17세
KIDI-WISC	한국교육개발원(1986)	빠진 곳 찾기, 토막 쌓기, 모양 맞추기, 기호 쓰기, 산수, 숫자	만 5~15세

검사도구	개발자(제작연도)	수학 관련 평가영역 및 내용	대상연령
KISC 유아지능검사	한국행동과학연구소 (1993)	지각력, 수리력, 사고력	3세 6개월 ~6세 6개월
K-ABC	문수백 · 변창진(1997)	마법의 창, 그림 통합, 삼각형, 시각 유추, 위치 기억, 사진 순서, 산수	2세 6개월 ~12세 5개월
기초학습기능 검사	박경숙 · 윤점룡 · 박효정 (1989)	정보처리(관찰, 조직, 관계짓기), 셈하기(기초적 수개념, 덧셈, 뺄셈, 나눗셈, 분수, 소수, 퍼센트)	만 5~12세
표준화 피아제식 유아용 지능검사 (A,B,C형)	전윤식 · 임재택(1982)	A형: 2차원 공간개념, 수개념, 물질량개념, 연속량개념, 무게 개념, 불연속량개념 B형: 2차원 공간개념, 수개념, 물질량 개념, 연속량개념, 두게 개념, 불연속량개념 C형: 면적개념, 길이개념	간 4~7세

출처: 황해익, 최혜진(2007)

[그림 11-2] 표준화 검사의 예

그러나 최근 유아에게 전통적인 표준화 검사를 실시하는 것에 대한 비판이 늘고 있다. 유아의 발달이나 능력은 미분화되어 있기 때문에 표준화 검사를 통해 객관적으로 정확하게 측정하기가 어렵다는 것이다. 또한 표준화 검사로는 수학 지식이나 계산의 숙달 정도는 파악할 수 있지만, 문제해결과 같은 고차원적인 능력이나 탐구

과정 등을 측정하는 것은 어렵다(NCTM, 1995). 특히 지필식 집단검사는 실시나 채점이 용이하고 비용도 적게 들지만 유아에게 적용하기는 힘들다. 따라서 표준화 검사 결과 하나만으로 유아의 수학 발달을 판단하는 것은 무리가 있으므로 다른 평가 방법과 병행해서 사용하는 것이 바람직하다.

표준화 검사의 내용은 교육과정과 부합되지 않는 경우가 많으며, 실시 방법을 훈련받지 않은 일반 교사가 사용하기 어려울 수 있다. 또한 표준화 검사가 교사의 의도에 맞지 않을 때도 있다. 이러한 경우 교사 스스로 검사를 만들 수 있다. 교사의 입장에서 검사 도구를 만드는 작업이 어렵게 느껴질 수도 있지만 다음 4가지 단계를 참고로 할 수 있다(Kennedy, 1984).

검사 주제의 설정

유아 수학 교육의 경우 개정누리과정에 제시된 수학 내용 중에서 검사 주제를 정할 수 있다. 개별검사로 10분 이내에 할 수 있는 정도가 적절하므로 이를 고려하여 검사 주제의 수를 선택하는 것이 좋다. 진단용으로 검사를 사용할 때에는 대개 한두 가지 주제에만 초점을 둔다.

검사 목표의 설정

검사 주제를 정한 다음에는 유아에게 적합한 수행 목적을 정한다. 예를 들어, 합리적 수세기와 숫자 인식을 검사 주제로 선택했다면, 다음과 같이 검사 목표를 설정할 수 있다.

- 10개의 물체를 센다.
- 1부터 9까지 적힌 카드를 보고 숫자의 이름을 말한다.

검사 절차 결정 및 실시

검사 주제와 목표가 정해지면 유아를 어떻게 검사할 것인가를 결정해야 한다. 개별적으로 검사해야 하는 검사가 있는 반면 소집단이나 대집단 검사가 가능한 검사도 있다. 위의 검사 주제에 따라 교사가 계획한 검사 절차의 예를 들면 다음과 같다.

- [그림 11-3]의 ⓐ와 같이 커다란 종이를 반으로 나눈 뒤 왼쪽 칸에 바둑알 20개를 놓는다. 유아에게 한 번에 바둑알 한 개씩 10개를 오른쪽 칸으로 옮

기면서 수를 세게 한다.

- [그림 11-3]의 ⓑ와 같이 1에서 9까지 적힌 숫자 카드를 섞고 한 번에 하나씩 보여준다. 유아에게 카드에 적힌 숫자의 이름을 말하게 한다.

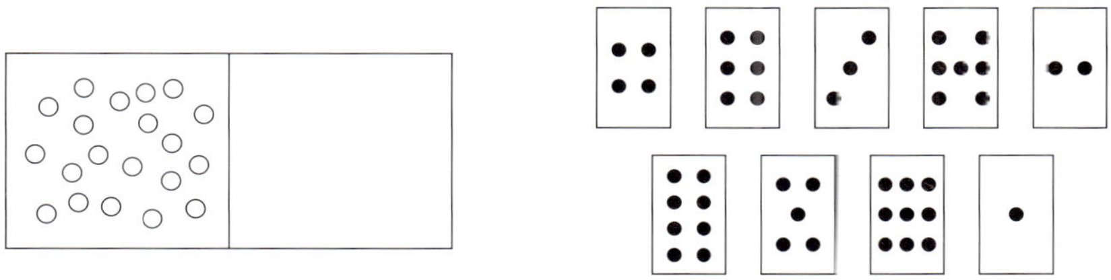

ⓐ 합리적 수세기　　ⓑ 숫자 인식

[그림 11-3] 교사 제작 검사도구의 예

5 작품 수집

유아는 일과 중 여러 활동을 하면서 자연스럽게 작업 결과물을 남기게 되며, 이러한 결과물은 주로 그리기, 쓰기, 만들기 등의 형태를 띤다. 예를 들어, 유아는 바닷가에서의 경험을 그림으로 표현할 수 있다. 이때 교사는 "인하는 각도와 원근법을 인식하고 있다"는 식으로 자신의 의견을 첨부할 수 있다. 또한 유아의 이름과 제목, 그린 날짜, 주변 상황 등을 간단히 메모해두면 차후 작품을 평가할 때 보다 정확한 진단이 가능하다. 따라서 유아의 작업 결과물을 지속적, 체계적으로 수집하면 유아의 수학에 관한 표상 수준을 파악할 수 있는 좋은 평가 자료로 삼을 수 있다.

작품 수집은 가정과의 연계를 강화하는 데에도 효과적으로 활용될 수 있다. 예를 들어, 유아의 작품들을 교실이나 복도의 게시판에 전시하거나 부모 초청 행사 시 부모에게 공개할 수 있다. 또한 유아의 의견을 덧붙인 작품을 가정통신문에 싣거나 동일한 활동을 가정에서 해보도록 부모를 격려하는 것도 바람직하다.

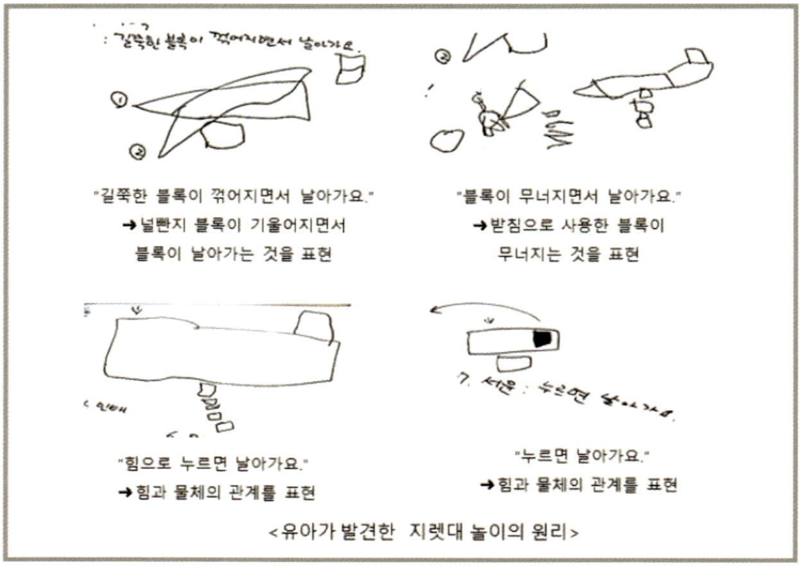

[그림 11-4] 놀이를 관찰하며 수집한 유아의 활동 결과물을 평가에 활용

체계적인 작품 수집이 이루어지기 위해서는 다음과 같은 사항을 고려할 수 있다(한유미·오연주, 2003).

- 작품 수집 기준을 세운다.
  - 유아 1인당 몇 개의 샘플을 수집할 것인가?
  - 얼마나 자주 작품 샘플을 수집할 것인가?(매주/ 격주/ 적절한 작품이 나올 때마다)
  - 어떤 작품 샘플을 수집할 것인가?(최상의 작품/ 전형적인 작품/ 두 가지 모두)
  - 작품 샘플에 점수나 등급을 매길 것인가? 그렇다면 채점 체계는 누가 만들 것인가?
- 작품의 소유는 유아임을 인식한다.

  교사는 유아에게 그 작품 샘플을 수집하는 것에 동의하는지 물어보아야 한다. 만약 유아가 그 작품 샘플을 집에 가져가고 싶어 하면, 복사해서 사용한다. 작품수집에 사용된 샘플도 학기가 끝날 무렵 집으로 돌려보낸다.
- 유아의 자발적인 작품을 수집한다.

  유아의 자발적인 작품은 유아의 개성이 잘 드러나 있다. 따라서 고정된 계획표에 집착하지 말고, 유아가 자발적으로 만들어낸 작품 샘플을 수집하는 것이 좋다.

- 작품샘플에 대한 유아의 의견을 첨부한다.

  "이 작품을 어떻게 만들었니?", "이 작품에서 어떤 점이 마음에 드니?", "다르게 할 걸 하는 생각이 드는 것은 무엇이니?", "이런 작업을 또 해보고 싶니?" 등과 같은 질문을 할 수 있으며, 유아가 글을 못 쓰면 교사가 받아 적어준다.

- 작품 샘플에 대한 교사의 의견을 기록한다.
  - 이 과업은 누가 주도했는가?(교사/ 유아)
  - 이 유아에게는 이것이 비약적인 성취인가?
  - 이 샘플은 특정 교육 목표의 달성이나 성과를 나타내는가?
  - 이 샘플은 유아가 새로운 상황에 개념을 적용하거나 확장하고 있음을 의미하는가?

사례 가정 연계 활동을 통한 작품 수집

가정연계활동9 〈기마병과 함께하는 평면의 규칙적 분할연구〉 에서

찾아 보세요

우리집을 잘 살펴보세요. 집안에 있는 물건 중에 어떤 패턴들이 발견되는지 아래에 그려오세요.

패턴이라는 것은 동일한 규칙으로 모양이 반복되는 것을 의미합니다. 우리 생활 주변에도 패턴이 사용된 것이 아주 많습니다.

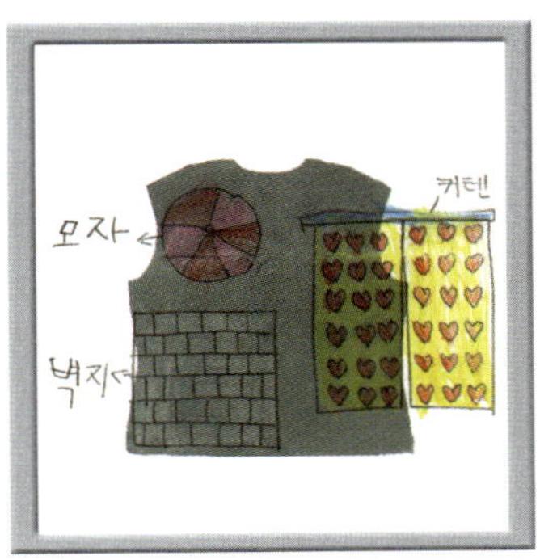

출처: 교육인적자원부(2005a). 유아를 위한 명화감상 활동자료

6 포트폴리오 평가

포트폴리오 평가는 표준화 검사에 대한 비판에서 등장하여 최근 많은 각광을 받고 있는 평가 방법이다. 따라서 포트폴리오 평가의 장점은 무엇보다 표준화 검사의 단점과 관련해서 설명될 수 있다. 예를 들면, 표준화 검사는 '개인간의 차이(interpersonal difference)'에 초점을 맞추고 있으나 포트폴리오 평가는 '개인내 변화(intrapersonal development)' 즉, 시간의 경과에 따른 유아의 발달에 초점을 둔다. 이는 표준화 검사가 주로 유아가 무엇을 틀렸는가 하는 '결손' 모델에 기초하고 있는 반면 포트폴리오 평가는 유아가 무엇을 할 수 있는가 하는 유아의 '장점'에 초점을 두고 있음을 시사한다. 그리고 표준화 검사는 '탈맥락적인 상황'에서 특정 기술이나 개념을 측정하는 데 비해 포트폴리오 평가는 '실생활 맥락'에서 유아를 관찰하여 정보를 수집함으로써 보다 타당하고도 종합적인 평가를 할 수 있다. 예를 들어, Krechesvsky(1998)의 프로젝트 스펙트럼(Project Spectrum)은 기존의 활동 과제 형태의 검사와 달리 교사와 함께 하는 게임의 형태로 제공되는 두 가지 활동(공룡 게임과 버스 게임)을 통해 수개념, 수세기 기술, 규칙사용능력, 전략 사용, 암산능력, 수 정보의 기록, 조직능력 등을 측정한다. 이러한 수행 중심 평가는 점수화 과정에 대한 타당화 작업이 어렵기는 하지만 자연스러운 맥락 안에서 교수와 함께 평가가 이루어진다는 장점이 있다(황해익·최혜진, 2007). 이와 같이 표준화 검사에서는 교수와 평가가 별개로 이루어지지만, 포트폴리오 평가에서는 '교수'와 '평가'가 동시에 일어나며 결국 교수와 평가를 같은 것으로 여긴다.

이상과 같은 이유로 포트폴리오 평가는 표준화 검사를 대치하기 위한 것으로 간주되기도 하나 이는 편협한 관점이다. 포트폴리오 평가는 표준화 검사를 일부분으로 포함할 수 있는 포괄적인 평가 체계라고 하는 것이 더 적절하다. 이외에도 포트폴리오 평가는 잘못 이해되거나 잘못 적용되고 있는 경우가 많다. 예를 들어, 포트폴리오 평가는 작품 수집과 동일시되는 경우가 있는데, 진정한 포트폴리오 평가는 작품 표본의 선정 및 평가 과정에 교사, 유아 자신, 또래, 가족 등을 참여시키고 작품에 대한 이들의 의견을 첨부하고 심화 확장 학습의 자료로 활용하는 것으로 단순한 작품 수집 차원을 넘어선 것이다. 즉, 포트폴리오 평가는 관찰, 면접, 작품 수집, 표준화 검사 등 다양한 방법을 포괄하며, 교사, 또래, 가족뿐 아니라 유아 자신도 평가자로 참여하는 총체적인 평가 방법이라고 할 수 있다.

사례 다양한 평가자: 부모가 싸이월드에 올린 유아의 작품

현충일

한유선 2006. 06. 06 16:16 스크랩: 0

깜짝태그 : [0]

유진이가 "현충일은 우리나라를 지키다가 돌아가신 사람들을 위해 기도하는 날"이라고 합니다. 태극기는 많이 내려서 중간에 다는 거라나요. 집에 태극기가 없는 관계로 유진이가 만들어서 달았습니다. 깃대는 뭐로 만들었는지 아시겠어요?

스크랩

윤영식 : 기특한 딸을 두어서 좋겠다. (06. 07 09:01)

이지은 : 넘 귀여운 모녀입니다. (06. 08 01:14)

장윤희 : ㅋㄷㅋㄷ 우리도 저렇게라도 할 걸 그랬나 봐요. (06. 08 02:17)

한유선 : 우리나라 태극긴 넘 어려워요. 몇 번을 망친 뒤에 완성했습니다. 그런 면에서 일본 아이들은 좋겠어요. (06. 08 16:49)

허정아 : ㅋㅋ. 정말… 일본 아이들은 좋겠군요. (06. 08 22:31)

사례 다양한 평가자: 유아의 자기평가

유아는 특정 수학 활동을 경험하거나 수학 영역에 참여한 후 즐겁고 만족스러웠다고 느끼면 웃는 얼굴 그림에, 보통이면 무표정한 얼굴 그림에, 만족스럽지 않았다고 느끼면 찡그린 얼굴 그림에 표시할 수 있다. 이는 수학 활동에 대한 성취도 정도를 유아 자신에게 직접 표현함으로써 유아 스스로가 느낀 활동 참여에 대한 이해 정도 및 내면화 과정을 엿볼 수 있게 해준다.

이 름 :

날 짜 : 월 일 ~ 월 일

나의 느낌	월	화	수	목	금	토	비 고

일반적으로 포트폴리오 평가를 할 때 고려해야 할 지침은 다음과 같다(이영석·박영충·김미경·최나영·임명희·나귀옥, 1997).

- 초기에 이루어진 자료에서부터 완성품까지, 그리고 가장 잘(못)한 작품, 가장 전형적인 작품, 독특한 작품 등 다양한 자료를 수집한다.
- 지속적·정기적으로 수집·평가한다.
- 있는 그대로의 사실을 진솔하게 평가한다.
- 유아 개개인의 생각과 의문점들을 모은다.
- 교실 및 소집단 게임과 활동에 대한 유아의 작품과 관찰의 실례를 수집한다.
- 유아와 개별적으로 이야기한다.
- 예측 가능한 다양한 발달적 정보를 감안하여 교수 활동을 계획·진행한다.

- 교사는 포트폴리오 평가의 취지를 충분히 이해한다.
- 유아에 초점을 맞추고 유아와 친밀한 관계가 형성되어야 한다.
- 유아·부모·교사·지역사회 간에 협조적 관계를 만들어야 한다.

수학의 경우 유아의 직접적인 활동 및 그 과정에 대한 탐구가 강조되므로 포트폴리오가 적절한 평가 방법으로 여겨진다. 수학 영역의 포트폴리오 평가를 위해서는 유아에 대한 체계적인 관찰기록과 유아들이 성취한 수학 활동의 결과물, 활동이나 프로젝트에 대한 보고서, 수학 영역의 참여 정도 등에 대한 기록 등을 수집할 수 있다. 특히 수학 활동 결과물 중에는 블록 구조물과 같이 입체적인 작품샘플이 많은데, 이것들은 사진을 찍어서 보관할 수 있다. 또한 수학 활동 장면이나 면담 과정 등은 녹음 테이프나 녹화 테이프의 형태로도 만들 수 있다. 수학 포트폴리오 평가에 포함될 수 있는 내용들을 구체적으로 살펴보면 다음과 같다(듄연심·이화영, 2006).

- 도표나 그림으로 정보를 표현할 수 있는 유아의 능력을 보여주는 작품의 예
- 퍼즐, 해결된 문제들 그리고 어떻게 풀었는가를 보여주는 예나 체계적인 관찰
- 분류하기, 순서짓기, 패턴, 상징 부호의 사용, 순서, 수 개념 등의 기본적인 사고과정을 수행하는 유아의 능력을 보여주는 작품의 예
- 기억전략에 대한 자기보고나 유도된 반응들
- 사물의 변화 혹은 일이 진행되는 순서에 대한 이해를 나타내는 자기보고나 유도된 반응들
- 프로젝트 접근법으로 얻은 보고서, 전시한 것, 그림, 모델 등의 결과물
- 자신의 생각이나 의사결정을 지지해주는 보조전략들(혼잣말, 사고과정을 모니터하는 것)
- 유아가 문제를 해결할 때 조언해 준 힌트들의 예
- 유아가 가장 좋아하는 게임이나 퍼즐 등의 예
- 요리 활동을 할 때 요리 재료를 재거나 세기를 할 때의 사진
- 유아가 교실이나 놀이터에서 기록해 놓은 차트들(예 몸무게, 햇빛의 길이)

- 수개념을 이해했음을 보여주는 작업 샘플들
- 유아의 수개념의 이해를 진보적인 형태로 나타내는 작업 샘플과 교사의 기록, 수개념에 대한 면접 결과
- 유아의 개념적인 이해, 탐구, 가설 세우기, 문제 해결하기 등을 기록으로 나타내 주는 사진, 혹은 체크리스트나 면접에서 얻어진 자료들

[그림 11-5] 포트폴리오 평가에 활용된 자료들

심층탐구 실제 유아 평가하기

유아 수학 교육 내용 중 관심 있는 한 가지를 선택하시오. 그 내용을 가장 잘 측정할 수 있는 평가 방법은 무엇이라고 생각하는가? 구체적인 측정도구를 구하여 연령이 다른 유아를 대상으로 각기 평가를 실시해 보시오. 연령에 따라 평가 결과가 어떻게 나타났는지 비교해보시오. 또한 평가 과정 중에 경험한 어려움이나 측정 도구의 문제점, 개선 요망 사항 등이 있으면 이야기 해보시오.

선택한 수학 교육 내용

선택한 평가 방법과 이유

구체적인 측정도구

유아의 능력에 대한 평가 결과

연령별 비교

측정도구에 대한 평가

CHAPTER 12

AI 시대의 유아 수학 교육: 코딩

4차산업시대에 필요한 핵심 역량으로 컴퓨팅 사고력이 대두되고 있다. 본장에서는 유아코딩을 유아 수학 교육의 일환으로 접근함으로써 유아코딩에 관한 잘못된 인식이나 불안을 바로잡고 유아코딩교육의 정체성을 확립하고자 한다. 이를 위해 유아코딩의 개념과 중요성 및 바람직한 유아코딩교육의 방향을 알아본 후 현재 사교육 차원에서 실시되고 있는 다양한 유아코딩교육 사례를 소개할 것이다. 이를 통해 예비교사들이 향후 정규 수업시간에 누리과정과 연계하여 발달에 적합한 코딩교육을 효과적으로 실시할 수 있기를 기대한다.

1 코딩의 개념 및 중요성

1) 코딩 관련 용어

코딩(coding)은 컴퓨터 언어인 코드(code)를 이용하여 컴퓨터 프로그램을 만드는 것을 말한다. 게임, 태블릿, 자동차, 휴대폰, 심지어 세탁기까지도 모두 코딩을 통해 작동된다. 코딩교육(coding education)은 이와 같은 컴퓨터 프로그래밍을 가르치는 것이다. 코딩교육에 대한 관심이 날로 증가하고 있는데, 이는 코딩교육을 통해 4차 산업시대를 살아갈 인재에게 필요한 '컴퓨팅 사고력(Computational Thinking, CT)'을 배양할 수 있기 때문이다. 컴퓨팅 사고력은 컴퓨터나 컴퓨터 과학자처럼 생각하는 법을 배워 문제를 해결하는 능력을 말한다. 여기에는 복잡한 문제를 분석하고,

문제에 대한 가능한 해결책을 개발하고, 컴퓨터(또는 사람)가 수행할 수 있도록 해결 방식을 지정하는 것이 포함된다. 컴퓨팅 사고력의 4가지 핵심적인 구성 요소는 다음과 같다.

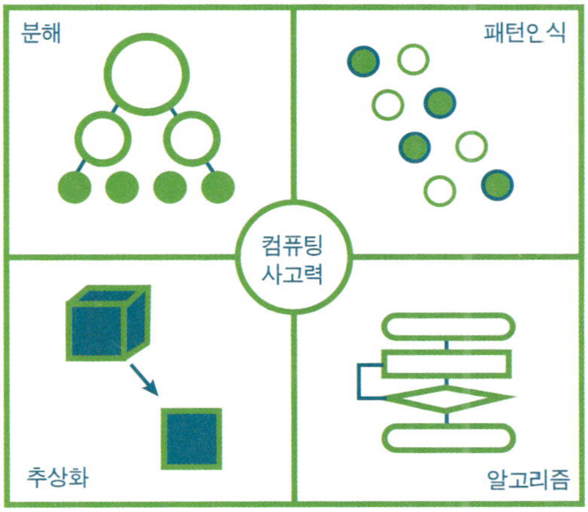

[그림 12-1] 컴퓨팅 사고력의 구성 요소

출처: https://www.callysto.ca/computational-thinking-tests/

분해

분해(decomposition)는 복잡한 문제를 해결하기 위해 문제를 작은 부분으로 나누는 것을 말한다. 예를 들어 케이크를 만들 때 케이크의 구성 요소(프로스팅, 과일 장식, 케이크 자체)에 대해 생각하는 것이다.

패턴인식

패턴인식(pattern recognition)은 문제를 해결하는데 도움이 될 수 있는 유사성 또는 경향성을 식별하는 것을 뜻한다. 예를 들어 케이크를 만들기 위해 케이크를 몇 층으로 할지 생각하는 것이다.

추상화

추상화(abstraction)는 문제해결에 중요한 부분에 집중하기 위해 문제해결에 도움이 되지 않는 불필요한 세부 정보를 제거하는 것이다. 예를 들어 케이크를 만들 때 어떤 재료를 먼저 구입해야 할지 그 순서는 중요하지 않다.

알고리즘

알고리즘(algorithm)은 문제해결을 위한 일련의 단계별 지침을 작성하는 것이다. 즉, 문제를 적절히 나누고, 각 부분을 개별적으로 해결한 후 논리적으로 결합한다. 예를 들어 케이크를 만들기 위해서는 케이크 반죽, 프로스팅, 과일장식을 하는 단계를 결정한 다음 완성된 구성요소들을 모아서 케이크를 완성하는 것이다. 이때 프로스팅을 하기 전에 과일장식을 꽂을 수는 없다.

[그림 12-2] 케이크 만들기 알고리즘

심층탐구 Callysto Computational Thinking test(교사용)

A. 컴퓨팅 사고 기술 및 태도 검사(45분)

● 다음 각 문항이 당신을 얼마나 잘 설명하는지 표시하십시오.

	전혀 아니다	아니다	그렇다	매우 그렇다
테크놀로지를 사용하는 것이 즐겁다.	①	②	③	④
새로운 테크놀로지를 사용하기 쉽다.	①	②	③	④
컴퓨터가 작동하지 않을 때 스스로 고칠 자신이 있다.	①	②	③	④
컴퓨터와 관련하여 도와달라는 요청을 받는다.	①	②	③	④

- 다음 예시와 같이 복잡한 문제를 어떻게 해결할 것인지 표시하십시오(예 친구를 위한 깜짝 생일 파티 계획, 펑크 난 자전거 타이어 수리, 학교 지붕에서 계란이 떨어졌을 때 계란을 보호할 낙하산과 용기 설계)

	전혀 아니다	아니다	그렇다	매우 그렇다
복잡한 문제를 해결하는 단계를 알아낼 수 있다.	①	②	③	④
복잡한 문제를 해결할 때 더 작은 문제나 더 간단한 문제로 나누려고 노력한다.	①	②	③	④
복잡한 문제를 해결할 때 비슷한 방식으로 문제를 해결할 수 있는지 알아보기 위해 과거에 풀었던 다른 문제들에 대해 생각한다.	①	②	③	④
복잡한 문제를 어떻게 해결했는지 단계를 설명할 수 있다.	①	②	③	④

- 컴퓨터 코딩/프로그래밍 경험이 있습니까? 예__________ 아니오__________
  예라고 답했다면 코딩 및/또는 컴퓨팅 사고에 대한 경험을 기술하십시오.
  ____
- 어떤 언어 및/또는 도구를 사용했고 어떤 경험을 했는지 나열하십시오.
  ____
- 다음 각 문항이 당신을 얼마나 잘 설명하는지 표시하십시오.

	전혀 아니다	아니다	그렇다	매우 그렇다
코딩은 매력적인 도전이다.	①	②	③	④
문제를 해결하기 위해 코드를 작성하는 것이 편하다.	①	②	③	④
코드에서 오류가 발생하면 답답하고 포기하고 싶다.	①	②	③	④
내 코드에 버그가 있으면 다른 사람에게 수정을 요청하기보다 직접 수정하려고 한다.	①	②	③	④

- 데이터는 연구 또는 분석을 위해 수집된 세상에 대한 사실 또는 정보를 의미합니다. 데이터는 숫자, 텍스트, 동영상, 이미지 또는 소리일 수 있습니다. 예를 들어 데이터는 학급에 있는 모든 학생의 키, 이웃에 있는 모든 새의 사진 또는 도시에 사는 모든 사람의 이름일 수 있습니다. 다음 각 문항이 당신을 얼마나 잘 설명하는지 표시하십시오

	전혀 아니다	아니다	그렇다	매우 그렇다
데이터의 제시 방법(예: 원그래프, 숫자 표 또는 단락)을 바꾸면 데이터에서 도출한 결론이 달라질 수 있다.	①	②	③	④
데이터가 의미하는 바를 다른 사람에게 듣기보다는 데이터를 직접 탐색하고 싶다.	①	②	③	④
데이터를 이해하려고 할 때 좌절감을 느낀다.	①	②	③	④

- 컴퓨팅 사고력은 다음을 포함하는 문제해결 과정입니다.
    - 컴퓨터를 사용하여 해결할 수 있는 방식으로 문제를 공식화
    - 데이터를 논리적으로 구성하고 분석
    - 모델 및 시뮬레이션과 같은 추상화를 통해 데이터를 표현
    - 알고리즘적 사고를 통해 해결책을 자동화(일련의 순차적인 단계)
    - 해결책을 식별, 분석 및 구현
    - 이 문제해결 과정을 일반화하고 다양한 문제로 전환

  다음 각 문항이 당신을 얼마나 잘 설명하는지 표시하십시오.

	전혀 아니다	아니다	그렇다	매우 그렇다
학생들이 컴퓨팅 사고력을 개발하는 것이 중요하다.	①	②	③	④
컴퓨팅 사고력에 대한 학생들의 관심을 높이는 방법을 안다.	①	②	③	④
컴퓨팅 사고력을 가르치는 능력이 있다.	①	②	③	④
교실에서 컴퓨팅 사고력을 가르치거나 사용한다고 생각하면 신이 난다.	①	②	③	④

B. 컴퓨팅 사고력 실기 검사(1번 문항 예시)

- 좌표 A1의 빨간색 Pacman이 A5에 있는 노란색 유령을 잡으려면 어떻게 해야 합니까?

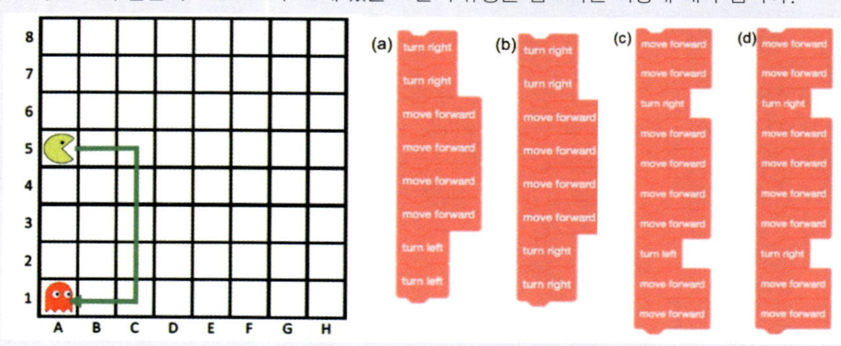

출처: https://www.callysto.ca/computational-thinking-tests/

2) 유아코딩교육

(1) 유아코딩교육의 개념

코딩을 모르면 글을 못 읽는 것과 비슷한 시대가 도래하고 있다. 이에 유아를 둔 가정이나 기관에서도 코딩교육에 많은 관심을 보이고 있다. 그러나 유아에게 컴퓨터 언어 자체를 가르치기는 어렵기 때문에 유아코딩교육은 '초기 코딩활동(early coding activity)'이나 '사전코딩활동(pre-coding activity)'의 개념으로 접근하는 것이 적절할 것이다(한유미, 2021). 유아기는 다양한 놀이 경험을 통해 컴퓨팅 사고력을 기를 수 있는 시기이다. 일상생활에서, 주제중심 안에서, 그림책을 읽으면서, 신체활동을 하며, 만들기를 하며, 즉 다양한 놀이를 하면서 컴퓨팅 사고력 또는 사전코딩활동을 할 수 있기 때문이다. 실제로 미국이나 영국의 경우에도 코딩은 단순히 코딩 언어를 배우고 입력하는 연습을 하는 것보다 넓은 의미를 지닌다(이경우, 곽향림, 성경진, 이윤희, 2019).

구성주의 관점에서 볼 때에도 유아코딩교육의 목적은 직업적 기술이 아니라 사고하는 기술에 두어야 할 것이다. 컴퓨터는 유아가 스스로 지식을 구성하는 것을 도와주는 도구가 될 수 있으며, 컴퓨팅 사고력을 위한 코딩교육은 놀이를 통해 배우는 방식으로 이루어져야 할 것이다. 즉, 유아에게 코딩은 만들고 놀면서 배우고 생각하게 만드는 놀잇감으로서 의미가 있는 것이다. 추상적인 생각을 손으로 만들어가는 경험을 통해 유아 스스로 학습의 주체가 되어 주제를 정하고, 정보를 검색하고, 문제를 해결하고, 결과물을 완성하는 과정에서 유아가 중심이 되어야 한다(한지원, 2022).

(2) 유아코딩교육의 효과

컴퓨팅 사고력은 수학적 사고와 공학적 사고와 관련이 있다. 예를 들어, [그림 12-3]의 PBS KIDS의 유아코딩교육 계획안을 보면 컴퓨팅 사고와 수학적 사고가 함께 제시되어 있다. 학습 목표 키워드에 제시된 상하(horizontal & vertical), 좌우(left & right), 패턴(pattern) 등은 유아 수학 교육에서 흔히 다루어지는 내용이다. 또한 유아는 문제를 해결하기 위해 키워드와 관련된 게임이나 비디오 시청 등 다양한 사전코딩활동을 하게 된다. 충분한 사전코딩활동 후 유아는 수과학적 지식과 컴퓨팅 사고력 지식을 바탕으로 프로그래밍 언어를 사용하여 코딩을 하면서 창의적 결과물을 표출할 수 있다(이 경우, 2018). 이와 같이 수학적 사고를 기반으로 하는 유아코딩교육은 다음과 같이 다양한 교육적 효과를 갖고 있다(McLennan, 2017).

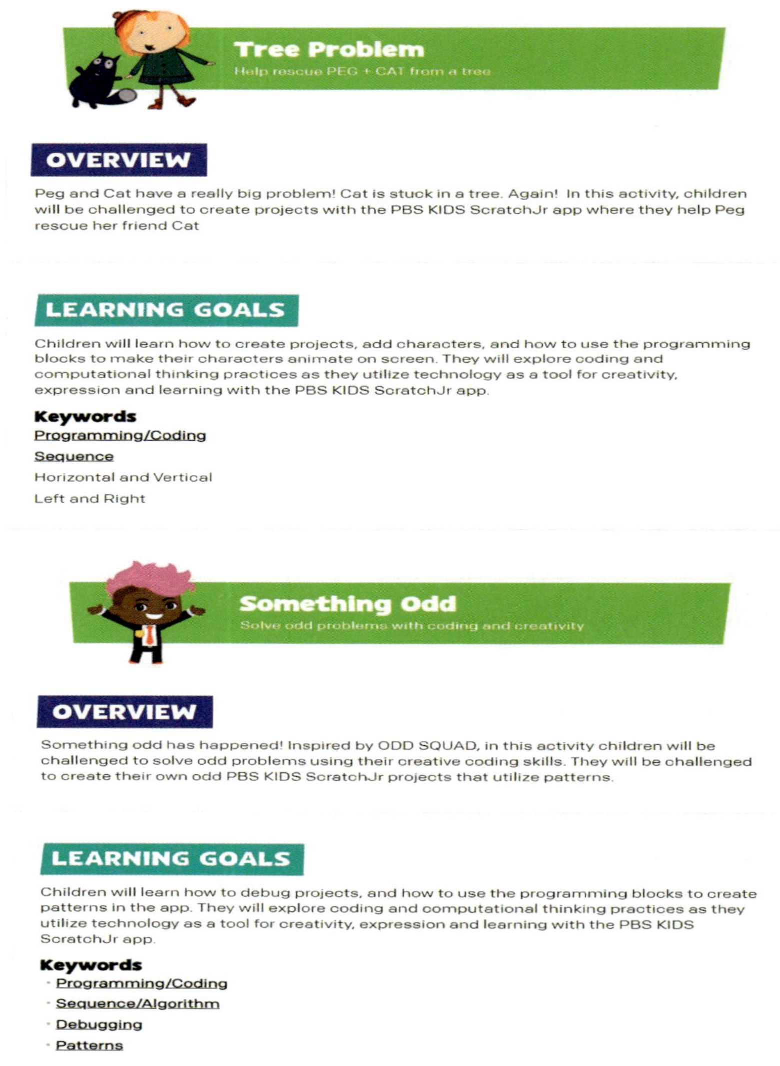

Tree Problem
Help rescue PEG + CAT from a tree

OVERVIEW

Peg and Cat have a really big problem! Cat is stuck in a tree. Again! In this activity, children will be challenged to create projects with the PBS KIDS ScratchJr app where they help Peg rescue her friend Cat

LEARNING GOALS

Children will learn how to create projects, add characters, and how to use the programming blocks to make their characters animate on screen. They will explore coding and computational thinking practices as they utilize technology as a tool for creativity, expression and learning with the PBS KIDS ScratchJr app.

Keywords
Programming/Coding
Sequence
Horizontal and Vertical
Left and Right

Something Odd
Solve odd problems with coding and creativity

OVERVIEW

Something odd has happened! Inspired by ODD SQUAD, in this activity children will be challenged to solve odd problems using their creative coding skills. They will be challenged to create their own odd PBS KIDS ScratchJr projects that utilize patterns.

LEARNING GOALS

Children will learn how to debug projects, and how to use the programming blocks to create patterns in the app. They will explore coding and computational thinking practices as they utilize technology as a tool for creativity, expression and learning with the PBS KIDS ScratchJr app.

Keywords
- Programming/Coding
- Sequence/Algorithm
- Debugging
- Patterns

[그림 12-3] PBS KIDS ScratchJr 활동의 학습 목표

코딩은 수학을 사용한다

코딩에는 데이터 분석 및 조직, 공간 추론과 논리 등 많은 수학적 기술이 포함된다. 예를 들어, 유아는 몇 칸을 이동할지 세어야 하며, 어느 방향으로 가야 할지 지시해야 한다. 이와 같이 코딩은 여러 가지 수학 기술을 의미 있는 경험으로 통합해 주며, 자신도 모르는 사이에 수학 능력을 향상시켜 준다. 즉, 코딩은 유아가 수학을 재미있게 배울 수 있도록 해준다.

코딩은 문제해결력을 길러준다

코딩은 유아에게 어렵고 복잡한 문제를 여러 부분으로 나누어서 해결하도록 가르친다. 이러한 기술은 다른 분야로도 전이될 수 있다. 유아는 코딩을 할 때 논리적 사고를 통해 소프트웨어 엔지니어와 같은 방식으로 문제에 접근하는 것을 배운다. 이러한 논리적 사고는 학교, 직장 및 일상생활에서 강력한 도구가 된다.

코딩은 의사소통을 촉진한다

코딩은 복잡한 아이디어를 분해하고 컴퓨터가 이해할 수 있는 방식으로 배열하는 방법을 가르친다. 유아는 코드를 작성할 때 다른 사람(또는 컴퓨터)에게 지시를 해야 하는데, 이때 의사소통은 간결해야 한다. 코딩게임을 하는 경우 지시를 받는 유아는 상대방의 말을 적극적으로 경청해야 한다. 이와 같이 복잡한 아이디어를 간단한 용어로 명확하게 소통하는 능력은 대인관계나 직업생활에서 성공을 이끈다.

코딩은 읽기와 쓰기를 촉진한다

코딩게임에는 스토리가 있으며, 코딩과 스토리는 대개 비슷한 패턴(시작-중간-결말)을 갖고 있다. 프로그래머는 장애물과 상황을 통해 물체를 움직여 목적지에 도달하게 된다. 유아가 좋아하는 혹은 상상해서 만든 이야기를 코딩게임의 기초로 사용하면 어휘의 발달과 텍스트의 이해에 도움이 된다. 교사는 스토리의 순서를 바꾸거나 결말을 새롭게 만든 후 유아에게 소리 내 읽어보도록 할 수 있다.

코딩은 창의성을 증진한다

언어를 배울 때 자신을 표현하기 위해 언어를 사용하듯 코딩을 배우는 경우도 마찬가지이다. 코딩은 유아가 디지털 미디어와 테크놀로지를 소비할 뿐만 아니라 창조할 수 있도록 만든다. 단순히 비디오 게임을 하거나 앱을 사용하는 대신 유아는 자신만의 비디오 게임을 만드는 것을 꿈꾸어보거나 자신의 웹 사이트 또는 앱을 상상해볼 수 있다. 이와 같이 코딩은 표현의 출구가 된다.

코딩은 인내심을 길러준다

코딩을 하는 과정에서 실수를 하고 좌절을 경험할 수 있지만, 대부분의 유아는 생각대로 잘 안되더라도 계속 붙들고 있으면서 어느 부분이 작동하지 않으며, 그 이유는 무엇이고, 제대로 작동하려면 어떤 조치를 해야 하는가에 대해 생각한다. 코딩과 같은 새로운 분야를 배우는 것은 일종의 도전이며, 인내심이라는 귀중한 기술을 길러준다.

코딩은 협업을 향상시킨다

모든 유아는 코딩 방법을 배울 수 있고, 오프라인에서뿐 아니라 온라인에서도 공동 작업을 할 수 있다. 온라인을 학습하는 유아들은 서로 질문하고 함께 문제를 해결하면서 성장할 수 있다. Minecraft와 같은 많은 게임은 전 세계 친구들과의 코딩 협업 및 참여를 포함하고 있다. 이와 같이 협업을 통해 문제를 해결하고 해결책을 찾는 것은 매우 귀중한 역량이다.

2 유아코딩교육의 동향

1) 국외

유아코딩의 역사는 패퍼트(Papert, 1980)가 최초로 어린이 교육용 컴퓨터 프로그램 '로고(Logo)'를 개발하면서 시작되었다. 장난감 로봇인 거북을 움직이기 위해 이동 방향과 각도, 거리 등의 단순 명령어를 순서대로 배열하여 컴퓨터를 원격 조종하도록 프로그래밍한 로고는 당시로서는 첨단문물에 속했던 컴퓨터와 유아의 놀이를 융합한 획기적인 시도였다. 패퍼트는 어린 시절 자신을 매혹시킨 자동차 기어와 마찬가지로 컴퓨터가 유아에게 '의미 있는 사물(meaningful product)'로서 '생각에 대해 생각하는 방법(way to think about their own thinking)'을 열어줄 것이라고 확신하였으며, 이러한 사고는 바로 구성주의 철학에 바탕을 둔 것이다(임현주, 2022). 이러한 입장에서 다음과 같이 코딩교육은 세계적으로 많은 관심을 받고 있다(교육부, 2015; 송의성, 임화경, 2021).

[그림 12-4] Logo turtle

(1) 미국

미국은 주 정부의 자율성을 강조하기 때문에 교육부 차원에서 SW교육에 대한 구체적인 가이드 라인을 제시하지는 않고 있다. 미국 컴퓨터학회(ACM: Association for Computing Machinery)와 미국 정보교사협회(CSTA: Computer Science Teachers Association)는 2011년 K-12 컴퓨터과학 교육과정(CSTA K-12 Computer Science Standards) 표준 권고안을 발표하였다. 이중 우리나라 초등학교에 해당하는 1단계 수준인 '컴퓨터 과학과 나'(학년 K-6)의 주요 교육 내용은 컴퓨터 과학의 기초 개념 이해와 능동적인 학습, 창작, 탐구 활동 지원 및 사회 과학, 언어, 수학, 과학 등의 다른 교과와의 연계 등이다. 이들 민간 기관들은 미국 컴퓨터 및 소프트웨어 교육 전반에 대한 표준을 제공하는 K-12 컴퓨터 과학 프레임워크 지침 및 K-12 컴퓨터 과학 교육과정 개정본을 공개하는 등 지속적인 개선 노력을 하고 있다.

(2) 영국

영국 교육부는 2014년을 코드의 해(Year of code)로 지정하고, 기존의 'ICT' 과목을 '컴퓨팅' 과목으로 바꾸고, 초·중등학교의 필수 기초 교과로 만들었다. 이는 ICT 교육이 워드, 엑셀과 같은 윈도우 기반 응용프로그램을 활용하는데 그치고 있다는 비판에서 비롯된 것이다. 나아가 다른 사람이 만든 프로그램을 사용하기(소비자)보다는 스스로 프로그램을 만드는 방법(생산자, 창작자)을 배우게 하겠다는 영국 정부의 의지를 나타낸다. 이러한 입장에서 초등학교에 해당하는 Key stage 1(만 5~7세)과 2(만 7~11세)에서 알고리즘 및 컴퓨터 프로그램에 대한 기본적 이해, 간단한 프로그램의 작성과 디버깅, 간단한 프로그램의 실행을 예측하는 논리적 사고의 활용, 디지털 콘텐츠의 생성, 저장, 작동, 검색 등을 할 수 있는 기술 사용, 사생활을 보호할 수 있는 안전하고 책임 있는 기술의 활용을 다루고 있다.

(3) 중국

중국은 2000년 컴퓨터 관련 교육을 '정보기술 교육'으로 명명하고, 이를 포함한 '종합실천활동'을 초등학교부터 고등학교 단계까지 필수과목으로 규정하였다. 중국 내 각 성과 시마다 자율적으로 시간 배정을 하지만 북경과 상해와 같은 대도시의 경우 초등 과정에서 70시간 정도를 배정하고 있다. 2017년 차세대 AI 개발 계획을 통해 AI 교육의 필요성 및 초등학교부터 고등학교에 이르기까지 AI 교육내용이 추가되어야 함을 제시한 후 2018년 세계 최초로 유치원부터 초중등교육, 직업교육까지 망라하는 AI 교과서를 개발하고, AI 관련 시범학교를 운영하는 등 학교 현장의 AI 교육 지원에 많은 노력을 하고 있다.

(4) 일본

일본은 2020년부터 초등학교에 '프로그래밍과 코딩교육'을 의무화하였다. 일본의 프로그래밍 교육의 목표는 프로그래밍/코딩 전문가 양성이 아니라 학생들의 '컴퓨팅 사고력' 증진을 목표로 하고 있다. 일본 정부는 2019년에 'AI 전략 2019'라는 미래 혁신 전략을 확정하고 최상위 인재부터 초등학생까지 단계별로 AI 능력을 기를 수 있는 맞춤형 실무교육을 도입하여 매년 초·중·고등학성 100만명, 대학생 50만명, 전문 실무인재 25만명, 2,000명의 전문가, 100명의 최고 수준 인재를 키울 계획이다.

2) 국내

우리나라에서는 2015년 교육부와 미래창조과학부가 '소프트웨어 중심사회를 위한 인재양성 추진계획'에서 소프트웨어 교육을 의무화하는 방안을 발표하였다. 이 계획에 따라 2018년부터 초·중·고교에서 코딩교육이 정식 교육과정으로 채택되었고, 실과나 정보 과목 시간에 알고리즘의 설계 및 프로그램 개발, 다른 분야와의 융합 기술 등의 내용으로 코딩교육이 진행되었다. 이후 2020년 교육부는 "미래교육을 위해 공교육이 맡아야 할 주요 역할은 AI 시대에 스스로 자신의 미래를 개척하고, 인간 존엄성을 중시하는 윤리적 태도를 갖춘 사람을 길러내는 것임을 지속적으로 강조해 나갈 계획"이라고 밝혔다(한유미, 2021).

이러한 입장에서 제시된 AI 시대의 3대 교육정책 방향은 다음과 같다. 첫째, '감성적 창조 인재' 양성이다. 정해진 틀 안에서는 AI가 인간보다 빠르고 정확한 답을 찾아내므로 정답만을 쫓는 학습 목표와 방식에서 벗어나 새로운 구조에서 독창적 질문을 할 줄 아는 사람을 길러내야 한다는 것이다. 또 인간의 감성을 이해·공감하고 타인과 소통·협업하는 능력이 중요하며, AI에 대한 윤리적 판단력이 필수적이다. 둘째, '초개인화 학습 환경' 조성이다. 이를 위해 AI 테크놀로지를 활용해 학생 각자의 특성과 상황, 수준에 맞는 교육을 실시하고, 취약계층 지원, 교육격차 해소 등을 위한 기술 활용을 적극 권장한다. 셋째, '따뜻한 지능화' 정책의 추구이다. 데이터에 기반을 둔 정책 환경을 마련하고, 다양한 데이터 간 연계를 통해 교육 사각지대를 발굴 및 지원, 모두를 위한 포용적이고 공평한 교육 기본권 확대를 추진한다. 이에 따라 유, 초, 중, 고교에 AI 교육이 본격적으로 도입된다. 초·중학교는 관련 교과에서 기초 소양 및 원리 교육을 강화하고, 고등학교는 다양한 선택과목으로 편성해 심화학습 기회를 제공할 계획이다. 교육내용으로는 프로그래밍, AI 기초 원리, AI 활용, AI 윤리 등이 포함된다. 유치원 단계에서는 놀이를 통해 AI 교육을 할 수 있도록 학습 자료를 개발하는데, 'AI와 놀이하기', '친구들과 의견 모으기' 활동을 통해 AI를 경험하게 하는 것이 주요 내용이다.

다른 나라에 비해 우리나라는 상대적으로 AI 교육의 시수가 적고, AI 교육의 시작 시점이 초등학교 고학년으로 늦은 편이다(송의성, 임화경, 2021). 특히 유아교육 차원에서는 코딩교육이 아직 의무화되지 않았을 뿐 아니라 유아교육 전문가들도 대부분 유아에게 코딩교육을 실시하는 것이 바람직하지 않거나 가능하지 않다는 입장을 취해왔다. 그러나 세계적 흐름을 볼 때 우리나라도 유아교육에서 코딩을 교육적, 발달적, 문화적으로 유의미하게 통합하여 사용하게 될 가능성이 있다. 또한 초등학교에서 코딩교육이 의무화되었으므로 유아기부터 시작해야 한다는 부모들의 선행학습 욕구로 인해 코딩에 대한 사교육 시장이 이미 형성된 상황이다(한유미, 2021). 방과후 코딩학원, 코딩캠프, 코딩유치원, 영재코딩스쿨 등 사교육 차원에서 이루어지는 모든 코딩 수업들이 구성주의적이고 창의적인 방식으로 이루어지고 있는지는 의문의 여지가 있으므로 바람직한 유아코딩교육 방향을 수립할 필요가 있다.

3) 유아코딩교육의 방향

코딩교육의 필요성이나 방향을 모른 채 유아에게 단순히 프로그래밍 언어를 가르치거나 교재 중심의 하향적(top-down) 방식을 실시하는 것은 바람직하지 않다. 따라서 교사는 유아에게 코딩교육을 하기에 앞서 코딩교육에 대한 이해가 필요하다. 코딩교육을 소프트웨어로 접근하는 우리나라와 달리, 미국이나 영국은 컴퓨터 과학으로 접근하고 있다. 이는 코딩교육을 통해 프로그램 작성방법을 가르치기보다 미래 사회를 살아갈 사람으로서 기본적으로 가져야 할 사고 능력인 컴퓨팅 사고력을 기르는 것이 중요함을 뜻한다(이경우 외, 2019). 또한 유아의 발달적 특성상 코딩교육은 사교육 강사보다는 정규 수업 시간 내에 담임교사에 의해 누리과정과 연계하여 실시하는 것이 바람직하다. 유아가 자신의 일상에 대해 호기심을 가지고 탐구하는 과정을 즐기며 생활 속에서 경험하는 문제들을 수학적, 과학적으로 탐구하는 태도를 기르는 누리과정 내용과 코딩교육은 연계 운영이 가능하기 때문이다.

이는 유아의 일상생활 속에서 자연스럽게 코딩교육을 운영하는 것이 가능함을 의미한다(김보현, 이홍재, 2021).

이러한 입장에서 볼 때 교사는 유아를 대상으로 코딩을 지도할 때 발달적 적합성과 올바른 미디어 사용법을 고려해야 한다. 즉, 컴퓨팅 사고력 함양을 목표로 하면서도 유아의 인터넷, 스마트폰, 게임의 과의존 문제를 선제적으로 해결하는 것이 필요하다. 전조작기 인지단계의 특성상 유아들에게는 구체적 조작물을 통해 컴퓨팅 사고력을 경험을 제공하는 것이 바람직하다. 따라서 컴퓨터나 인터넷, 스마트기기 등을 직접적으로 사용하지 않으면서 컴퓨팅 사고력을 접하게 되는 언플러그드 활동이 적합할 것이다. 그리고 이러한 과정에서 유아가 주도적으로 과제를 만들고, 이 과제를 해결하기 위해 정보를 찾아내고 지식을 구성하도록 해야 한다. 나아가 창의융합인재 양성이 중요한 교육목표가 되었듯이 창의성의 개념을 확장할 필요가 있다. 자연에서 뛰어노는 유아가 상상해내고 구현해낼 수 있는 것뿐 아니라, 테크놀로지를 통해 상호작용하면서 얻을 수 있는 발상의 전환과 독창적 표현 방식을 가능하게 하는 다양한 형태의 창의성을 경험하는 것이다. 또한 테크놀로지를 기반으로 하는 다양한 사회적 상호작용을 통해 한층 발전된 창의성의 발현이 가능하도록 해야 할 것이다(한지원, 2022).

3 유아코딩교육의 사례

유아를 대상으로 한 코딩교육은 컴퓨터와의 연결 여부에 따라 크게 플러그드(plugged) 활동과 언플로그드(unplugged) 활동으로 나누어 볼 수 있다.

1) 플러그드 활동

플러그드 활동은 전기 플러그를 꼽아서 작동되는 컴퓨터 기능에 의지하는 것을 뜻한다. 태블릿이나 컴퓨터 키보드를 활용하는 플러그드 코딩의 대표적인 예로는 미국 MIT 미디어 랩에서 개발한 '스크래치', 미국 최대 SW 교육 비영리단체가 운영하는 '코드 닷 오알지', 한국 KAIST에서 만든 '엔트리' 등이 있다. 엔트리는 국내에서 개발되어 초·중학교에서 널리 사용되고 있으나 유아가 다루기는 어려운 면이 있으며, '코드 닷 오알지와 스크래치 주니어'가 유아에게 적합하다. 이들은 복잡한 '텍스트 코딩'이 아니라 문장으로 되어 있는 '명령 블록'들을 조립해서 나만의 다양한 이야기, 애니메이션, 게임과 같은 프로젝트들을 직접 만들어 볼 수 있는 특징을 갖는다. 또한 온라인 사이트에서 다른 사람들의 코딩 프로젝트를 구경할 수도 있다(임현주, 2022).

(1) 코드 닷 오알지

코드 닷 오알지(code.org)는 마이크로소프트의 빌 게이츠와 페이스북의마크 주커버그 등 글로벌 IT 업체들의 지원으로 무료로 운영되는 코딩 학습 사이트이다. 코딩을 처음 접하는 유아들도 쉽게 학습할 수 있도록 단계별로 구성되어 있으며, 약간의 도움만 있다면 유아 스스로 코딩을 학습할 수 있다. PC와 태블릿 모두 사용 가능한데, 유아용 마우스를 구하기 어려우며, 마우스 사용이 익숙치 않으므로 태블릿 사용을 권장한다. 사용대상은 만 3세 이상으로 다음과 같은 방법으로 실행할 수 있다.

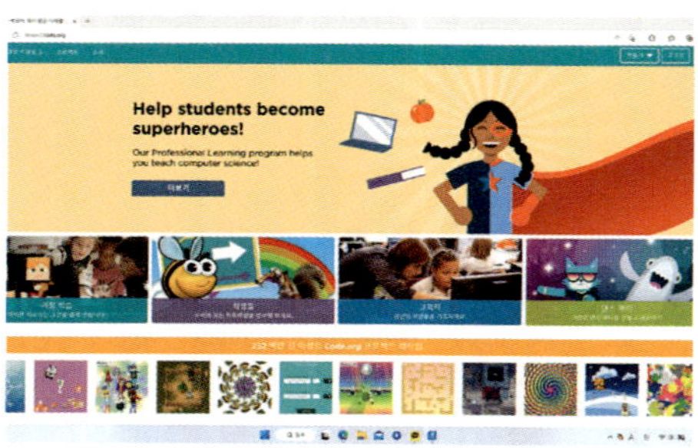

① 주소 입력창에 'code.org'를 입력하여 접속한 후 회원가입 및 로그인을 한다.

② '과정찾기'를 클릭하여 '컴퓨터과학 기초 익스프레스 과정' 화면으로 들어간다.

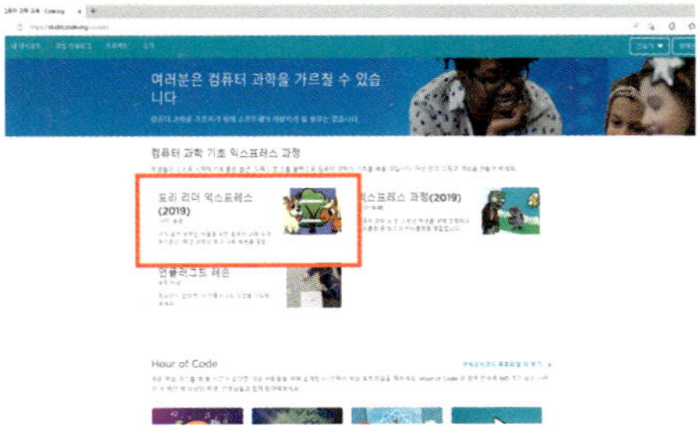

③ '프리 리더 익스프레스' 과정을 선택한다.

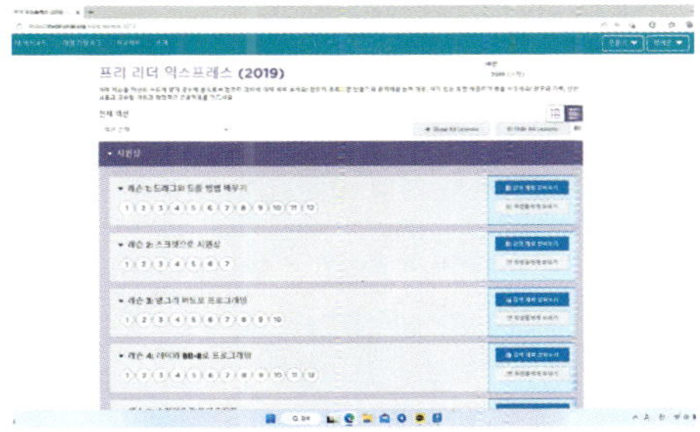

④ 시퀀싱, 반복, 이벤트 등의 섹션에 제시된 '레슨1'부터 '레슨11' 등을 단계별로 선택한다.

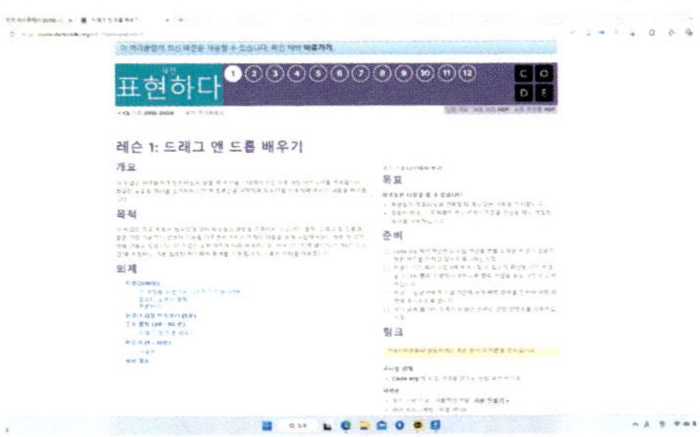

⑤ 각 레슨에서 '강의 계획 살펴보기'를 클릭하여 교사용 지도안을 볼 수 있다.

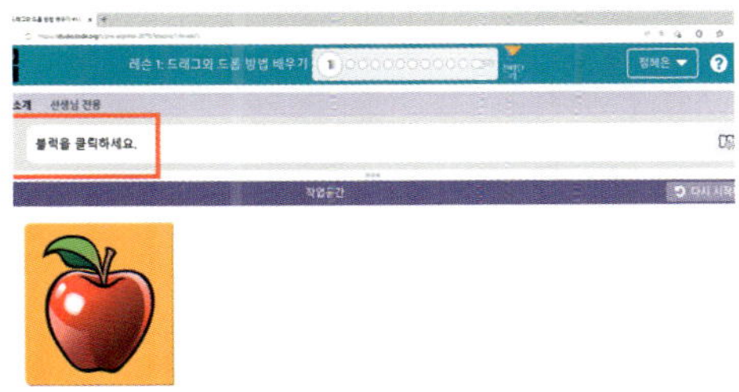

⑥ 각 회차별 화면의 상단에 제시된 지시 문대로 코딩을 수행한다.

2) 스크래치 주니어

덴마크 LEGO사의 펀딩으로 MIT 대학교에서 개발한 스크래치는 블록 코딩을 대표하는 프로그램으로 '스크래치(8세 이상)'와 '스크래치 주니어(5~7세)' 두 종류로 나뉜다. 모두 무료이며, 유아에게는 스크래치 주니어가 적합하다. 스크래치 주니어는 PC와 태블릿에서 둘 다 사용할 수 있지만, 유아의 발달적 특성상 태블릿을 활용하여 어플리케이션을 다운 받아 사용하는 것을 권장한다. 유아 혼자서도 할 수 있도록 블록을 클릭하고 드래그 하는 아주 기초적인 방법부터 차근차근 제시된 '코드 닷 오알지'에 반해 '스크래치 주니어'는 바로 애니메이션이나 게임을 만들 수 있도록 설계되었다. 따라서 시작 전에 교사와 함께 사용 방법을 익히는 과정이 필요하다.

(1) 새 프로젝트 시작하기

① 어플리케이션을 실행하면 나오는 첫 장면이다. 집 모양을 클릭하면 프로젝트 시작 화면으로 바로 넘어간다.

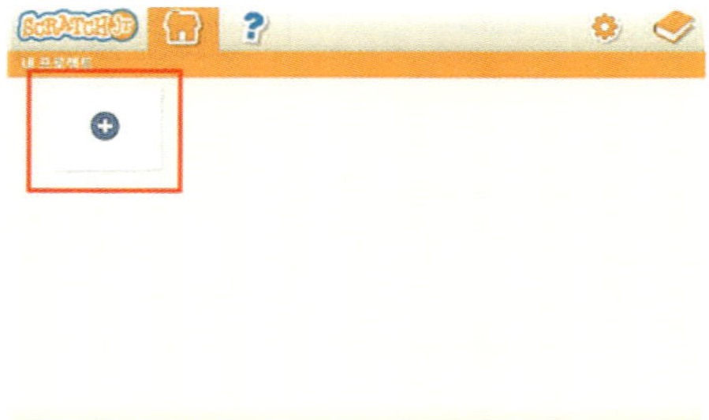

② '+'버튼을 클릭하여 프로젝트를 시작한다.

(2) 등장인물과 배경 불러오기

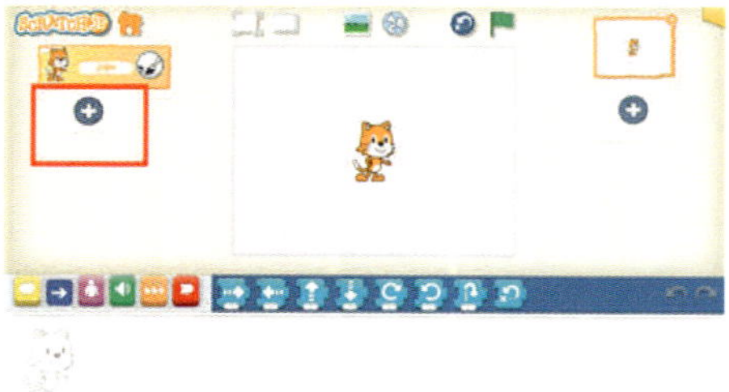

① 빨간 사각형으로 표시된 부분을 클릭하여 등장인물을 선택한다.

② 프로젝트에 넣고 싶은 캐릭터를 선택한 후 체크 버튼을 누르면 프로젝트에 등장인물이 나타난다.

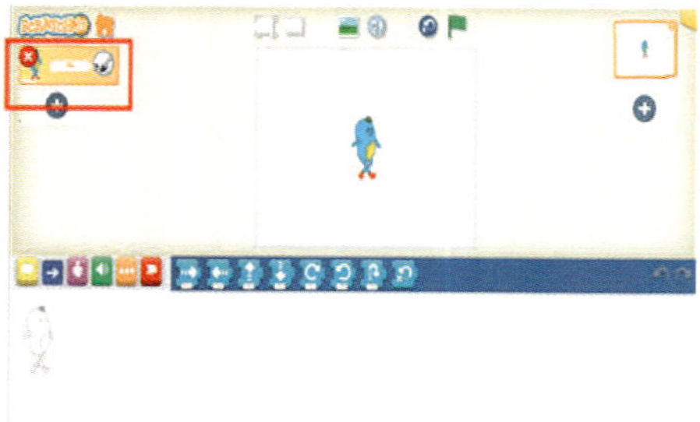

③ 빨간 사각형으로 표시된 부분을 2초 이상 꾹 누르면 'X' 버튼이 나타난다. 이 버튼을 클릭하면 등장인물이 사라진다.

④ 배경 아이콘을 클릭하여 배경을 선택한다.

⑤ 원하는 배경을 선택하고 '체크' 버튼을 클릭하면 프로젝트에 배경이 나타난다.

(3) 코딩 블록 선택하기

숫자만큼 오른쪽으로 이동/왼쪽으로/ 위로/ 아래로/ 오른쪽으로 회전/ 왼쪽으토 회전/
점프/ 시작 위치로 재설정

시작/ 캐릭터를 터치하면 시작/ 다른 캐릭터가 캐릭터를 터치하면 시작/
지정된 색의 메시지 전송/ 지정된 색의 메시지가 전송될 때 마다 시작

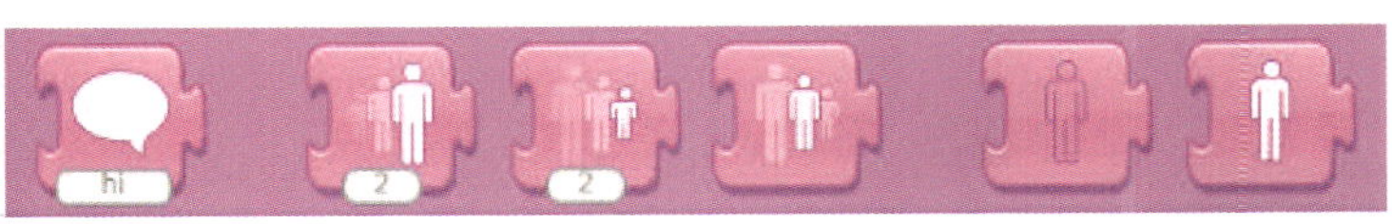

말풍선에 메시지 쓰기/ 캐릭터를 크게/ 작게/기본 크기로/ 사라지게/ 나타나게

지정된 시간만큼 일시중지/ 중지/ 속도 조절/ 해당 구간 반복

팝 사운드 재생/ 녹음된 소리/ 녹음하기

끝/ 반복 실행

(4) 이동 명령 블록으로 코드 입력하기

① 이동하기를 원하는 캐릭터를 선택하고 가장 왼쪽 노란 버튼을 클릭한다.

② 깃발 버튼(시작의 의미)을 아래로 드래그한다.

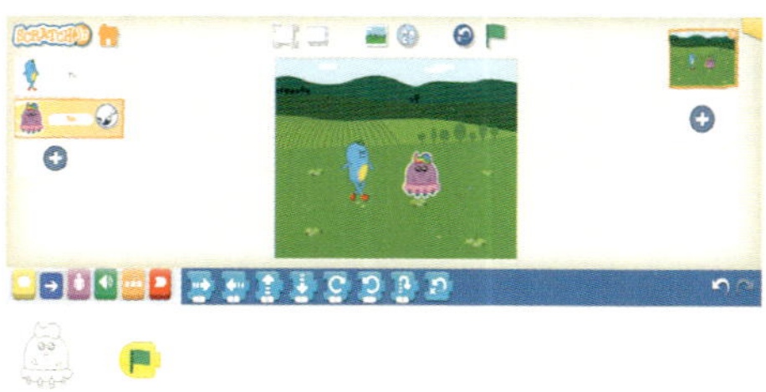

③ 화살표 버튼을 누른 후 원하는 이동명령블록을 아래로 드래그한다.

④ 이동명령블록의 하단 숫자를 클릭하여 원하는 만큼의 수를 입력한다.

⑤ 상단의 깃발 버튼을 누르면 캐릭터가 움직인다.

3) 언플러그드 활동

컴퓨터와 연결되어 있지 않다는 뜻의 언플러그드 활동은 컴퓨터 없이 놀이를 통해 컴퓨터의 과학적인 개념과 알고리즘을 습득하고 컴퓨팅적 사고력을 기르는 것을 말한다. 따라서 컴퓨터 사용이 어려운 유아에게 실시할 수 있고, 프로그램 언어에 대한 부담감 없이 쉽고 재미있게 코딩의 원리를 이해할 수 있다는 것이 큰 장점이다. 언플러그드 활동은 주변에서 접하는 구체적인 자료나 코딩로봇을 이용하여 이루어질 수 있다. 유아가 좋아하는 그림책, 보드게임, 체스, 레고, 미술, 음악, 연극, 요리 등의 '순차적'인 사고 개념을 가진 어떠한 놀이도 언플러그드 활동과 접목될 수 있다. 또한 상업화된 언플러그드 교구의 경우에도 생활주제와 연결된 것이 많아 익숙하게 접근이 가능하다. 언플러그드 활동 도구로 개발된 코딩로봇과 그림책을 활용한 언플러그드 활동 사례를 소개하기로 한다.

(1) 코딩로봇

코딩로봇은 친근한 외모로 유아들의 흥미를 유발할 뿐 아니라 움직임을 통해 코딩 결과를 바로 확인할 수 있게 해준다. 대부분의 코딩로봇은 움직임에 편리한 바퀴가 있으며, LED 출력을 통해 시각적 효과를 높이고 있다. 이와 같이 코딩에 로봇이라는 구체물을 활용하는 것은 유아의 놀이에 폭발적 향상을 일으키므로 효과적인 교육매체가 될 수 있다(이유진, 이연승, 2022). 사용법이 간단하여 초보자나 유아도 사용할 수 있는 대표적인 코딩로봇은 〈표 12-1〉와 같다.

이들 로봇은 사용법이 간단하여 초보자나 유아도 사용할 수 있는데, 대개 비봇과 큐베토가 가장 쉽고, 그 다음은 오조봇이다. 알버트와 뚜루뚜루는 국내 제품으로 초등학생들이 많이 사용하지만, 유아가 조작하기 다소 어려운 면이 있다. 뚜루뚜루는 크기가 작고, 명령 카드를 입력한 후 카드를 순서대로 놓아두지 않으면 어떤 명령을 입력했는지 기억하기가 쉽지 않다. 따라서 유아가 조작하기 쉽고 로봇의 크기도 적당한 큐베토를 소개하면 다음과 같다.

〈표 12-1〉 유아용 코딩로봇

코딩로봇	내용	
 비봇 (Beebot)	제작	RM education
	대상	만 3세 이상
	특성	• 꿀벌 모양의 작은 로봇 • 비봇 등에 있는 센서로 녹음 가능 • 한 개 혹은 여러 개의 비봇으로 활동 가능 • 전방에 다른 비봇을 만나면 알림음 • 명령과 조작이 단순(화살표 키로 이동 및 회전) • 어린 유아에게 적합 • 코딩을 수행 및 확인하는 알림음과 점등되는 눈이 있음 • 영국 유치원의 90%, 100여 개 국에서 사용
 큐베토 (Cubetto)	제작	Primo Toys
	대상	만 3–6세
	특성	• 친환경 나무 로봇 • 4가지 색상의 코딩 블록(빨강–오른쪽으로, 노랑–왼쪽으로, 초록–앞으로, 파랑–기능) • 레고처럼 코딩 블록을 코딩판(6x6)에 조립하여 코딩 • 월드맵과 스토리북을 활용한 놀이 연계 • 2016년 Junior Design Award에서 레고를 제치고 "3–5세를 위한 최고의 장난감 디자인"으로 "플래티넘" 수상 • 90개국에 예약 주문 배송
 오조봇 (Ozobot)	제작	Ozobot & Evollve
	대상	만 3세 이상
	특성	• 매우 작은 로봇 • 색(빨,파,초,검)을 인식하고, LED 불빛이 달라짐 • 라인 트레이싱 기능(선을 따라가다 흰색 바탕이 나오면 멈추고, 두가지 이상의 길이 나오면 랜덤하게 감) • 선 그리기, 오조코드 코딩스티커를 이용하여 코딩 • 전 세계 5만여 학교에서 사용 • 2014년 Time지가 뽑은 최고의 발명품 • KAPi최고의 로봇상과 혁신상 등 25개 이상 수상

 알버트 (Albert)	제작	SK Telecom
	대상	유아, 초등 저학년
	특성	• 펭귄을 닮은 로봇 • 카드를 통해 지시를 받음 • 카드 코딩 외에도 컨트롤러 리모콘 작동, 녹음 등 다양하게 코딩언어를 경험 • 엔트리, 스크래치 쥬니어와 연동 가능 • 영어, 수학, 음악 등과 융합한 학습 콘텐츠 제공 • 동화책과 연계한 학습 가능
 뚜루뚜루 (TrueTrue)	제작	아이스크림 미디어(전국 90% 이상의 초등교사가 활용하는 디지털 교육 플랫폼 아이스크림S의 제작사)
	대상	유아, 초등학생
	특성	• 연령별 5단계 활동 제공 • 카드를 이용하여 프로그래밍 • 플러그드 활동과 연동(뚜루봇 엔트리, 뚜루봇 스크래치) • 강력한 모션인식 기능(기울어진 방향과 순서를 기억) • 라인 트레이싱 기능(종이나 바닥, 태블릿에 그려진 선을 인식하여 따라감)

출처: 각 코딩로봇 홈페이지

큐베토는 만 3~6세 유아를 위한 블록코딩 로봇이다. 유아는 큐베토를 원하는 곳으로 보내며 방향 감각을 익히고 공간지각 능력을 기를 수 있다. 또한 수업 중 교사가 주는 미션 또는 친구들과 협력하여 문제를 해결하는 경험을 할 수 있다. 제시된 주제(예. 도시 나들이, 우주여행, 이집트 구경, 바닷속 탐험 등)가 다양하기 때문에 창의적으로 이야기를 만들어 스토리텔링으로 접근하기에도 용이하다. 적절한 소품을 함께 사용하여 흥미를 유발하고 정교함을 더 할 수 있다.

큐베토는 유아가 직접 입력한 블록을 이동명령보드에서 한 눈에 볼 수 있다. 또한 이동 명령에 따라 로봇이 움직일 때 센서에 불이 들어오기 때문에 코딩 수행 과정을 이해하기가 수월하다. 사이트(www.primotoys.com)에 접속하면 큐베토 활용 방법을 상세히 볼 수 있다.

[그림 12-5] 큐베토 사이트 메인화면

[그림 12-6] 소품(동물인형)을 이용한 사례

큐베토의 구성품은 다음 [그림]과 같다.

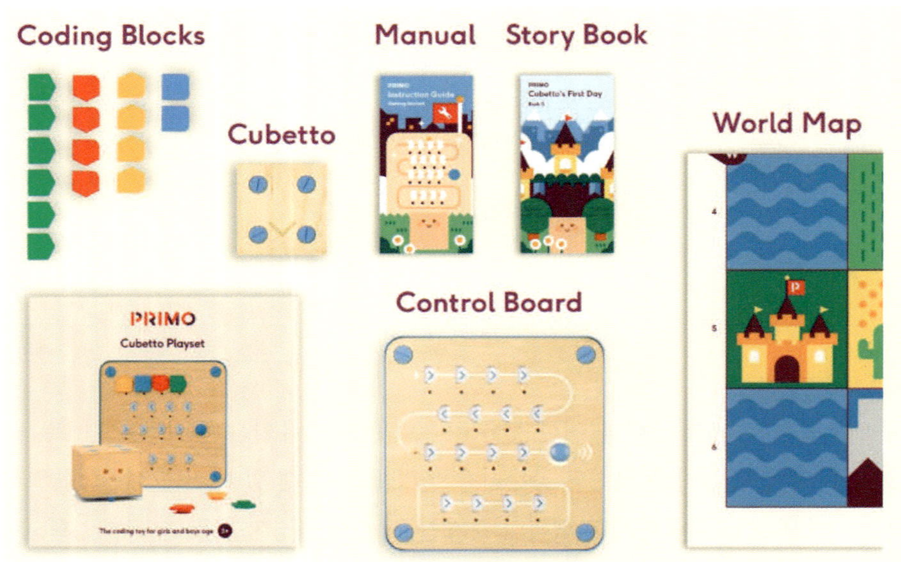

① 코딩블록(Coding Blocks): 로봇에게 명령을 내리는 블록:
앞으로( ), 오른쪽으로 회전( ), 왼쪽으로 회전( ), 기능( )
② 큐베토(Cubetto): 명령에 따라 움직이는 정육면체 모양의 로봇
③ 명령 보드(Control Board): 로봇에게 명령할 코드를 입력하는 조종판
④ 매뉴얼(Manual)
⑤ 이야기 책(Story Book)
⑥ 월드맵(World Map): 36칸으로 구성된 지도

[그림 12-17] 큐베토 구성품

가장 간단한 활동 방법으로 초록색 블록( )만을 사용하여 앞으로 이동하는 방법은 다음과 같다.

① 시작점에 큐베토를 놓고, 도착점을 정한다.

② 도착점까지의 경로를 그려보고, 어떤 블록을 사용할지 정한다. 도착점까지 앞으로 3 칸이므로 초록색 블록 3개를 사용하면 된다.

③ 적절한 이동 명령 블록을 찾아 명령 보드에 끼운 후 시작 버튼을 누른다.

④ 큐베토가 이동 명령 블록을 따라 움직인다.

다음과 같이 회전( ) 블록과 기능( ) 블록을 이용하면 보다 복잡한 경로 이동이 가능하다.

① 시작점에 큐베토를 놓고, 도착점을 정한다.

② 도착점까지 가는 길(앞으로 2칸, 오른쪽으로 회전, 앞으로 2칸, 왼쪽으로 회전, 앞으로 1칸)을 찾아 본다.

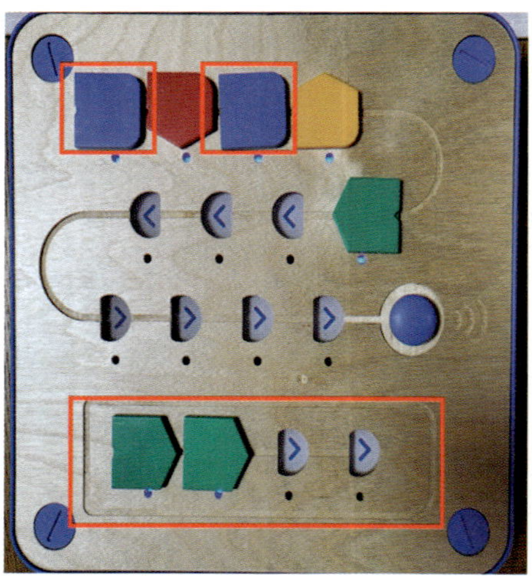

③ 하단 기능 칸에 초록색 블록 2개를 끼우면 파란색(기능) 블록 1개가 초록색 블록 2 개의 역할을 수행한다. 도착점까지 가는 다른 적절한 블록을 찾아 코드를 완성한다.

④ 큐베토가 이동 명령 블록을 따라 도착점까지 움직인다.

(2) 그림책을 활용한 언플러그드 활동

그림책을 활용한 언플러그드 활동은 교사가 수업시간에 생활주제와 연계하여 실시하기 가장 용이하면서도 교육적 효과가 뛰어난 활동이다. 그 이유는 첫째, 그림책은 유아가 일상생활에서 쉽게 접할 수 있는 흥미로운 교육매체로, 다양한 문제해결의 경험을 제공해줄 뿐만 아니라 전인 발달 측면에서 교육적 가치를 갖고 있다. 둘째, 구체적 실물을 활용하여 다양한 놀이 형태로 이루어진다는 점에서 유아기의 발달 특성을 잘 반영하는 코딩교육이다. 셋째, 소프트웨어의 활용법 및 프로그래밍 수준에 그치는 암기 중심의 교육이 아닌, 실생활의 문제해결과 관련된 사고력을 키우는 수행 중심의 교육이다. 넷째, 유아가 흥미에 따라 자유롭게 참여하고 즐기고, 놀이를 통해 배우고, 유아 간, 유아와 교사 간, 유아와 환경 간의 능동적인 상호작용을 추구한다는 점에서 개정 누리과정의 성격과 맥락을 같이 한다(김필현, 2021).

이러한 입장에서 컴퓨팅 사고력의 핵심요소 중 '알고리즘'에 적합한 그림책 '곰 사냥을 떠나자'를 기반으로 개발한 코딩교육의 예를 들면 다음과 같다.

〈표 12-2〉 '곰 사냥을 떠나자' 그림책을 활용한 언플러그드 프로그램 예

주제	목표	활동명	활동 내용
1. 알고리즘 개념 이해1	알고리즘의 개념을 이해할 수 있다	옷을 입어요	문제: 옷 입기 내용: 옷 입는 순서를 알고 설명하기
2. 알고리즘 개념 이해2		외출하기	문제: 외출하기 내용: 외출 준비 과정을 알고 설명하기
3. 알고리즘 표현1	문제해결 절차를 순차구조를 이용하여 그림이나 기호로 표현할 수 있다.	목욕을 하려면?	문제: 목욕하기 내용: 몸을 씻는 과정 속에 순차 경험하기
4. 알고리즘 표현2		목욕을 해요	문제: 목욕하기 내용: 몸을 씻는 과정 속에 순차와 선택 경험하기
5. 알고리즘 표현3		정리정돈을 해요	문제: 정리정돈하기 내용: 정리정돈하는 과정 속에 순서와 반복 경험하기
6. 알고리즘 표현4		청소를 해요	문제: 청소하기 내용: 청소하는 과정 속에 순서와 반복, 선택 경험하기
7. 간단한 알고리즘 체험1	간단한 알고리즘을 체험활동을 통해 이해할 수 있다	빨래를 해요	문제: 빨래하기 내용: 빨래하는 과정 속에 순서와 반복, 선택 경험하기

출처: 김필현(2021)에서 발췌

이중 3회차 '목욕을 하려면?' 활동의 수업계획안을 제시하면 다음과 같다.

〈표 12-3〉 '목욕을 하려면?' 수업계획안

<table>
<tr><th colspan="2">주제</th><td>알고리즘</td><th>세부주제</th><td>알고리즘 표현2</td></tr>
<tr><th colspan="2">활동명</th><td>목욕을 해요</td><th>활동 유형</th><td>대집단/소집단</td></tr>
<tr><th colspan="2">활동목표</th><td>• 몸을 씻는 과정을 알고리즘으로 표현할 수 있다.
• 몸 씻기 알고리즘을 통해 순차, 반복을 이해할 수 있다</td><th>대상 연령</th><td>만 5세</td></tr>
<tr><th colspan="2">컴퓨팅 사고력 요소</th><td>알고리즘과 절차</td><th>그림책</th><td>곰사냥을 떠나자</td></tr>
<tr><th colspan="2">과정(시간)</th><th colspan="2">활동내용</th><th>준비물</th></tr>
<tr><th rowspan="2">도입</th><th>그림책 문제 상황</th><td colspan="2">• 그림책 속 문제 상황 탐색하기
• 어떤 그림인가?
</td><td>그림책 장면</td></tr>
<tr><th>문제 발견</th><td colspan="2">• 그림책과 관련하여 제시된 문제 알기
• 안녕? 지난 시간에 너희들이 만든 목욕하기 알고리즘 덕분에 우리 동생들이 목욕하는 방법을 순서대로 잘 배우게 되었어. 그런데 순서대로 목욕을 했는데도 우리 동생 몸이 깨끗해지지 않았어! 동생이 모든 알고리즘을 한 번씩만 했더니 더러운 부분이 잘 안 씻긴 곳이 있었어. 동생들이 몸을 완전히 깨끗하게 잘 씻을 수 있도록 알고리즘을 다시 만들어 줄 수 있을까?</td><td>소녀막대 인형</td></tr>
</table>

전개 (25)	**문제해결 탐색**	◦ 몸이 깨끗해지지 않은 이유에 대해 이야기하기 • 순서대로 목욕을 했는데 동생의 몸이 왜 깨끗해지지 않았을까? • 더러운 부분이 완전히 깨끗해지도록 하려면 어떻게 하면 좋을까? • 깨끗해질 때까지 계속 씻을 수 있도록 알고리즘으로 알려줄 수 있을까? ◦ 목욕하기 알고리즘을 보며 이야기하기 • 저번 시간에 우리가 만든 알고리즘을 한번 볼까? • 어떤 순서로 몸을 씻을 수 있었어? ◦ 목욕하는 과정 중 반복해야 되는 부분 찾기 • 비누칠을 제대로 하지 않아서 더러운 곳이 깨끗해지지 않았는데 물로 씻어 내면 어떻게 될까? • 물로 씻어내기 전에 무엇을 확인하면 좋을까?(더러운 곳이 깨끗해졌는지, 깨끗해지지 않았는지) • 비누칠은 한 다음 물로 헹구기 전에 깨끗해 졌는지 확인할 수 있도록 표시해줄까?(깨끗해졌니?) ◦ 몸을 씻는 과정 중 반복하는 부분 표시하고 방법에 대해 이야기하기 • 비누칠을 하고 더러운 곳이 깨끗해지면 어떻게 해야 할까?(다음 단계로 넘어감) • 비누칠을 하고 더러운 곳이 깨끗해지지 않았다면 어떻게 해야 할까?(전 단계로 돌아가서 반복) • 다시 비누칠을 할 수 있도록 화살표로 표시해볼까? • 그럼 비누칠은 언제까지 하면 될까?(더러운 곳이 깨끗해질 때까지) 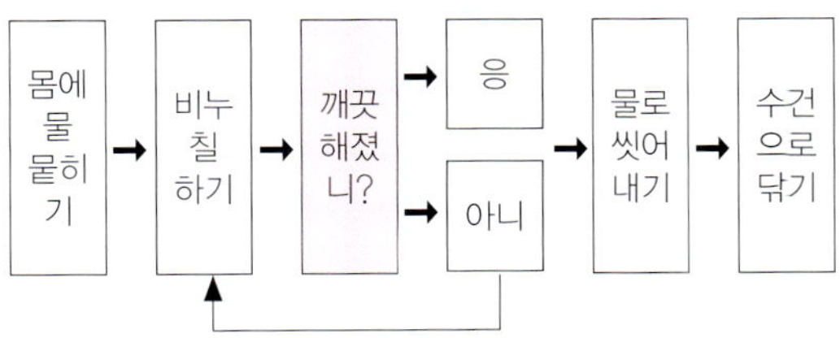 • 목욕하기 알고리즘을 신체로 표현하기 • 우리가 만든 알고리즘을 이용해서 깨끗이 목욕해 볼까? • 몸에 묻은 진흙을 깨끗이 씻을 수 있도록 알고리즘을 보며 순서대로 따라해 볼까?(준비물을 이용하여 목욕하기 알고리즘을 따라 목욕하기 게임을 해본다.)	목욕소품(샤워기 모형,샤 워 타올, 진흙모형,수건) 목욕하기 알고리즘ppt

마무리 (5)	문제해결 평가	◦ 문제 해결 방법 평가하기 • 목욕하기 알고리즘을 보고 목욕하기 게임을 해보니 어땠어? • 비누칠을 하고 난 후 더러운 곳이 깨끗해졌는지 확인하지 않았다면 어떻게 되었을까? • 더러운 곳을 확인하고 계속해서 씻지 않았다면 어떻게 되었을까?	
평가	목표평가	• 몸 씻는 과정을 알고리즘으로 표현할 수 있었는가?	
	과정평가	• 몸 씻기 알고리즘을 통해 순차, 반복을 이해할 수 있었는가?	
	결과평가	• 몸 씻기 알고리즘에서 반복되는 부분을 그림으로 표현할 수 있었는가?	

출처: 김필현(2021)

제4부
유아 수학 교육의 실제

4부 유아 수학 교육의 실제에서는 현장에서 실시할 수 있는 수학 교육의 예를 유아 수학 교육의 내용에 따라 제시한다.

목차

수개념

측정

기하

규칙성

자료분석

커다란 무를 뽑자

수학개념 수개념 : 일대일 대응

활동목표
- 수가 다른 집합을 일대일 대응을 한다.
- 일대일 대응 개념을 이용하여 게임 결과를 해석한다.

활동대상 유아

활동준비
- 커다란 무 : 융판 동화(교사 제작 교구)
- 동극 재료
  - 할아버지, 할머니 그림 머리띠 또는 의상
  - 동물 가면 또는 머리 띠:유아 수만큼
  - 무 잎을 단 모자(사진 참조)

활동과정
- '커다란 무' 동화를 듣는다.
- 두 팀(할아버지, 할머니)으로 나눈다.
  각 팀의 구성원의 수는 다르게 한다(예 할아버지 팀은 5명, 할머니 팀은 3명).
  - 할아버지 팀은 몇 명일까?
- 일렬로 서서 각 팀의 구성원을 대응해 본다.
- 각 팀에서 무와 사람(할아버지 또는 할머니)을 각기 한 명씩 뽑고 나머지 유아는 동물 역을 맡는다.
- 무 역할을 맡은 유아는 무 잎을 단 모자를 쓰고 앉는다.
- 각 팀의 유아들이 힘을 합쳐 무를 뽑는다.
- 한 팀의 무(모자)가 뽑히면 결과를 토의한다.
  - 왜 할아버지 무가 빨리 뽑혔을까?(동물 수가 많았으므로)
  - 할아버지 팀과 할머니 팀 동물들을 하나씩 짝지어 세워 보자.

참 고

커다란 무 줄거리

할아버지가 무를 뽑으려 하는데 뽑히지 않아 할머니와 여러 동물들을 불렀으나 역시 뽑히지 않았다. 결국 생쥐는 고양이를 잡고, 고양이는 강아지를 잡고, 강아지는 손자를 잡고, 손자는 할머니를 잡고, 할머니는 할아버지를 잡고 힘을 합친 뒤에야 무가 뽑혔다. 아주 커다란 무였다.

(알릭셰이 톨스토이 글, 헬린 옥슨버리 그림. 시공주니어.)

양말 탐험

수학개념 수개념 : 수세기

활동목표
- 사물이 있고 없는 상황을 지각한다.
- 간단한 수량 관련 어휘를 이해한다.

활동대상 영아

활동준비
- 색깔 다른 양말 2개(예 빨강, 파랑): 부드럽고 신축성 좋은 것
- 작은 공 1개

활동과정
- 쟁반 위의 공과 양말을 탐색한다.
  - 하나. 공이 한 개 있구나.
  - 하나, 둘. 양말은 두 개 있네.
  - 양말 안에는 무엇이 있나? 아무것도 없네.
- 영아가 보는 앞에서 교사가 한쪽 양말에만 공을 넣는다.
  - 빨간 양말에 공을 넣어야지.
  - 파란 양말에는 넣을 공이 없네.
- 공이 있는 양말과 공이 없는 양말을 만져서 비교한다.
  - 공이 어디 갔을까? 양말 안에 있지.
  - 어떤 양말에 공이 들어 있을까? 만져보자.
- 양말 속에서 공을 꺼내 본다.
  - 그래. 공이 여기 있구나.

- 익숙해지면 양말과 공을 여러 개를 사용해서 있고 없는 상황뿐 아니라 많고 적은 상황도 경험하게 한다(예 없다–많다).

동전 콜라주

수학개념 수개념 : 수세기

활동목표
- 시각을 통해 수를 비교한 후 실제 수를 세어본다.
- 정확하게 수를 셀 수 있는 방법을 생각한다.

활동대상 유아

활동준비
- 여러 가지 동전
- 파스텔 또는 색연필(사인펜이나 매직은 동전이 잘 베껴나지 않는다.)
- 형광펜
- 가위, 풀
- A4용지 : 유아수 만큼
- 전지
- 상자

활동과정
- 각자 A4용지에 동전을 여러 가지 색연필이나 파스텔로 문지른다(1인당 최소 6~8개).
- 동전을 가위로 오린다.
- 오려낸 동전을 모두 상자에 넣는다.
- 책상이나 바닥에 전지를 깔고, 원하는 모양의 도형을 두 개 그린다.
- 오려낸 동전들을 각각의 도형 안에 붙인다.
  - 동전 모양 뒤쪽에 풀을 칠해서 그림 안쪽에 붙이자.
- 각 도형 안의 동전의 수를 세고, 그 숫자를 적는다.
  - 어느 쪽이 동전의 수가 많을까?
  - 동전 수가 많은데, 어떻게 하면 정확히 셀 수 있을까?
    - 예 수를 센 동전에 표시를 한다. 세기표(正, 𝍸)를 이용한다.
- 동전이 많은 쪽의 테두리를 형광펜이나 색연필 등으로 꾸민다.

동전이 적은 쪽은 그대로 두어 '많고, 적음'의 차이가 시각적으로 구별되게 한다.

참 고

- 돈의 액수를 계산하는 것은 어렵고, 동전의 개수를 세어 보는 활동으로 하는 것이 좋다.
- 베끼기 작업이 어려운 유아에게는 동전 복사물에 색칠하게 할 수 있다.

꽃이 많아졌어요

수학개념 수개념 : 수세기

활동목표
- 수의 증가하는 패턴을 경험한다.
- 5씩 묶어 세기를 한다.

활동대상 유아

활동준비 휴지심대 50개, 색깔 있는 화장지, 풀 또는 클립

활동과정
- 휴지심대를 사인펜으로 장식한다.
- 휴지심대 5개를 한 줄로 붙이거나 클립으로 끼워서 연결한다(꽃밭).
  - 휴지심대 안에 화장지를 구겨서 꽃처럼 만든다.
- 꽃밭(5개짜리)을 모아서 큰 꽃밭을 만든다.
  - 10개짜리(5개짜리 2줄), 15개짜리(5개짜리 3줄), 20개짜리(5개짜리 4줄).
- 휴지심대 꽃밭을 차례로 놓고 크기의 변화를 느낀다.

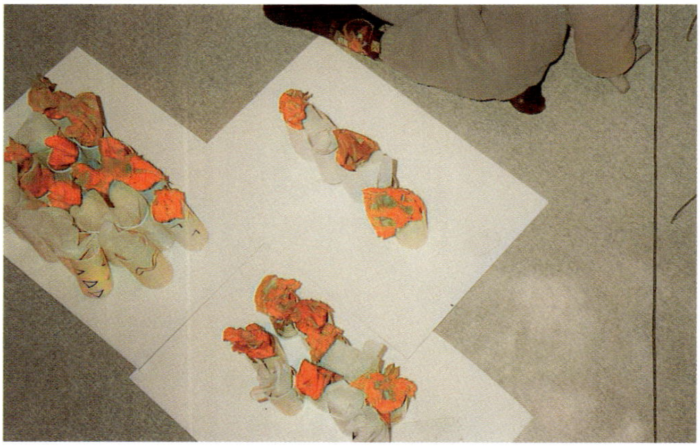

- 휴지심대 50개를 쌓아놓고 몇 개인지 추측한다.
  - 모두 몇 개나 될까?
  - 생각했던 것보다 많니/적니?

- 휴지심대 50개의 길이가 얼마나 될지 예측하고 확인한다.
  - 어떤 물건 50개를 본 적이 있니?
  - 휴지심대 50개를 바닥에 한 줄로 늘어놓으면 어디까지 갈까?
  - 생각했던 것보다 길으니/짧니?
- 휴지심대 50개를 편리하게 세는 방법을 생각한다.
  - 어떻게 하면 편리하게 셀 수 있을까?
  - 센 거는 한쪽 옆에다 두어요./ 5개씩 모아요.
  - 5개씩 늘어놓으면 어떤 점이 편리할까?
  - 보기가 좋아요./ 잘못 세어도 처음부터 다시 안 세어도 돼요.
- 다양한 방법으로 휴지심대를 5씩 묶어서 세어본다.
  - 예 5개 묶음(세우거나 뉘어놓거나 쌓거나)을 10줄로 놓기, 2줄 5열로 놓기

참 고

- 휴지심대가 많이 필요하므로 어머니들에게 미리 협조를 구한다.
- 활동 1의 경우 큰 수세기보다 수의 증가하는 패턴(5 → 10 → 15 → 20)을 느껴보는 데 초점을 둔다.

숫자 밟기

수학개념 수개념 : 숫자 인식

활동목표
- 숫자의 모양을 인식한다.
- 여러 가지 숫자의 모양을 비교한다.

활동대상 유아

활동준비
- 줄: 예 빨랫줄, 노끈, 벽돌, 숫자 카드

활동과정
- (숫자 카드를 보여주며) 숫자에 대해 이야기를 나눈다.
  - 숫자는 어디에서 볼 수 있니?
  - 특별히 좋아하는 숫자가 있니? 이유가 뭐니?
- 두 팀으로 나누어 숫자를 하나씩 정한다.
  - 예 '숫자 2' 팀 대 '숫자 3' 팀
- 같은 팀의 유아끼리 협력하여 운동장 바닥에 줄로 숫자의 형태를 만든다.
  - 동그란 모양을 만들려면 어떻게 해야 할까?
  - 교사가 군데군데 벽돌로 줄(숫자)을 고정시켜 준다.
- 자기 팀이 만든 숫자 위를 건너가는 게임을 한다.
- 게임 결과에 대해 이야기를 나눈다.
  - 왜 '숫자 2'팀보다 '숫자 3'팀이 오래 걸렸을까?
  - 어떤 숫자를 이용하면 제일 빨리 건너갈 수 있을까?

참 고
- 확장활동으로 두 숫자(줄)의 길이를 비교할 수 있다.

다섯 작은 꾀꼬리

생활주제 동물

수학개념 수개념 : 빼기

활동목표 노래를 통해 빼기 개념을 경험한다.

활동대상 유아

활동준비

- 꾀꼬리 5마리:부직포로 만들고 뒷면에 까실이를 붙인다.
- 배경 판:나무 모양으로 만들고 나뭇가지에 보실이를 붙인다.
- 숫자 카드:빼기 기호 포함

활동과정

- 손가락으로 숫자를 나타내본다.
- 노랫말에 따라 손가락으로 수를 표시하면서 율동을 한다.
- 노랫말대로 꾀꼬리를 떼어내고, 남은 꾀꼬리의 수를 세어본다.
- 노랫말을 변형해서 활동한다.
  - 두 마리 날아, 세 마리 날아
- 익숙해지면 꾀꼬리의 수를 10마리로 늘려서 해본다.

참 고 활동 결과를 숫자 카드로 표현해 볼 수 있다.

다섯 작은 꾀꼬리

미국 동요
김순세 편곡

내가 만든 퍼즐

수학개념 수개념 : 부분과 전체

활동목표 전체를 부분으로 나누고, 다시 합쳐보는 경험을 한다.

활동대상 유아

활동준비

- 종이(퍼즐 조각용)
- 두꺼운 종이 : 퍼즐 밑판용(종이와 같은 크기)
- 그림 도구, 칼, 풀

활동과정

- 유아가 각자 종이에 원하는 그림을 그리고 색칠한다.
- 완성된 그림의 사방을 2cm 정도의 간격으로 칼로 오려내 준다. 사방 2cm 폭의 테두리(퍼즐 틀)를 두꺼운 종이(퍼즐 밑판) 위에 얹고 붙인다(이 과정은 생략해도 되지만, 퍼즐 틀과 판이 있어야 맞추기가 쉬움).
- 오려낸 그림을 적당한 수의 조각으로 잘라서 퍼즐을 만든다.
  - 몇 조각으로 나눌까?
  - 많은 조각으로 나누니까 조각 하나의 크기는 어떻게 되었니?
- 퍼즐 판에 퍼즐을 맞추어 본다.
  - 이 조각은 어느 부분의 그림일까?
  - 어디부터 맞추면 쉬울까?

참 고

- 유아가 그린 그림에 코팅을 해서 퍼즐을 만들면 오래 사용할 수 있다.
- 종이를 적당한 개수로 자르는 것을 어려워하면 유아가 종이 뒷면에 선을 그리고 교사가 자르는 것을 도와준다.

아기 염소야, 어디에 숨었니?

생활주제 동물

수학개념 기하 : 근접성

활동목표
- 다양한 공간을 인식한다.
- 공간과 관련된 어휘를 사용한다.

활동대상 영아

활동준비
- 「늑대와 일곱 마리 아기 염소」 융판 동화:아기 염소 인형을 실제로 숨길 수 있도록 옷장 안, 벽난로 밑 등에 칼집을 낸다.
- 아기 염소 얼굴 인형 7개:이마에 숫자를 적어 넣어서 출생 순위를 표시

활동과정
- 「늑대와 일곱 마리 아기 염소」 융판 동화를 듣는다.
  - 첫째와 둘째 아기 염소까지는 교사가 숨기고 나머지 아기 염소들은 교사가 읽어준 내용대로 영아가 숨기게 한다(예 넷째 아기 염소는 의자 밑에 숨었대. 누가 넷째 염소를 숨겨줄래?).
  - 아기 염소는 몇 마리였지? 아기 염소들이 어디어디 숨었더라?
- 얼굴 인형을 쓰고 숨바꼭질 놀이를 한다.
  - 우리 숨바꼭질 놀이 할까? 선생님이 늑대가 될 테니까 너희들은 아기 염소가 되서 꼭꼭 숨어보자.
- 숨바꼭질이 끝난 후 이야기를 나눈다.
  - 세진이는 어디에 숨었었니?

참 고
- 공간 용어를 정확하게 사용한다(예 침대 속-침대 밑).

안쪽 바깥쪽 콜라주

생활주제 가을

수학개념 기하 : 개/폐/경계

활동목표 경계선 안과 밖의 개념을 인식한다.

활동대상 유아

활동준비

- 콜라주 재료: 예 낙엽, 병뚜껑, 단추, 모루 등
- 콜라주 판: 종이를 반으로 접어 양쪽에 원을 각기 그려놓는다.
- 털실(얇은 줄) 또는 사인펜
- 가위, 셀로판테이프, 풀

활동과정

- 가을 산책을 나가서 낙엽을 주워 온다.
- 원이 그려진 종이(콜라주 판)를 나누어 준다.
  - 동그라미 위에 털실을 붙여볼까?
  - 동그라미의 안은 어디일까? 바깥은 어디일까?
- 왼쪽 편에는 원의 안쪽에 콜라주 재료를 붙인다.
- 오른 편에는 원의 바깥쪽에 콜라주 재료를 붙인다.
- 완성된 작품을 감상한다.
  - 왼쪽 작품과 오른쪽 작품이 다른 점은 무엇이니?

참 고

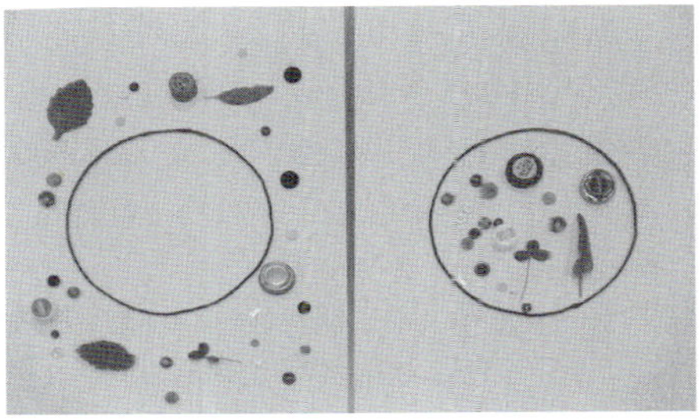

- 바닥에 전지 2장을 깔고 훌라후프를 붙인 후 팀을 나누어 한 팀은 훌라후프 안쪽에 다른 팀은 바깥쪽에 누가 먼저 콜라주를 하는지 게임을 할 수 있다.
- 동그라미 위에 실을 붙이기 어려워하면 사인펜으로 원을 덧칠하게 한다.

보물을 찾아라

생활주제 나와 유치원

수학개념 기하 : 근접성

활동목표
- 보물을 숨긴 위치를 지도 위에 표시해본다.
- 지도를 읽고 숨겨진 보물을 찾아본다.

활동대상 유아

활동준비
- 보물:사탕 등을 포장한 것
- A4용지
- 필기 도구

활동과정
- 두 팀으로 나누고 대표를 한 명씩 뽑는다.
- 대표들은 함께 보물을 숨기고 보물지도를 그린다.

지도 그리기가 어려우면 교사가 지도를 그려 주고 유아는 표시만 한다.
- 나머지 유아들은 지도를 보고 숨겨진 보물을 찾는다.
- 보물을 다 찾으면 게임이 끝난다.
- 각 팀이 찾아낸 보물의 숫자를 센다.

참 고
- 보물을 찾은 후 지도의 잘못된 부분을 수정한다.

신체로 도형 만들기

생활주제 모양

수학개념 기하 : 도형의 인식 및 명명

활동목표
- 도형의 모양을 신체로 표현해본다.
- 도형의 특징을 관찰한다.

활동대상 유아

활동준비
- 여러 가지 도형 그림 : 원, 세모, 네모, 하트 모양

활동과정
- 선택한 도형의 모양을 자세히 관찰한다.
  - 삼각형을 만들려면 모두 몇 명이 있어야 할까?
- 함께 바닥에 누워 도형의 모양을 만든다.

(삼각형의 경우에는 서서 만들 수도 있다.)

- 구경하는 유아는 '인간 도형'이 도형 그림과 똑같은지 관찰한다.
- 여러 가지 도형을 만들어 본다.
- '인간 도형'이 되었던 경험을 이야기 나눈다.
  - 어떤 도형이 만들기 제일 어려웠니?

참 고

사람으로 만든 도형을 사진으로 찍어 게시한다.

과자로 만든 작품

생활주제 모양

수학개념 기하 : 도형의 합성 및 분할

활동목표
- 과자의 특징을 살려 원하는 모양을 만든다.
- 여러 개의 과자를 합하여 모양을 만들고 분해하는 경험을 한다.

활동대상 유아

활동준비
- 여러 가지 과자

점 : 새알 초콜릿

선 : 빼빼로

폐곡선 : 양파링

세모 : 꼬깔콘

직사각형 : 웨하스

네모 : 에이스 크래커

원 : 야채크래커(소), 뻥튀기(대)

- 쿠킹호일

활동과정
- 손을 깨끗이 씻은 후 과자 모양을 탐색한다.
  - 동그란 것끼리 모아 보자.
  - 어떤 것이 제일 크니?
- 과자의 특징을 살려 원하는 그림이나 입체물을 쿠킹호일 위에 만든다.
- 서로의 작품을 비교한다.
  - 어떤 모양을 제일 많이 이용했니?
  - 왜 이 과자로 표현했니?
- 파티용 간식으로 활용한다.

컬러믹스 디자인

생활주제 모양

수학개념 기하 : 도형의 변환 및 대칭

활동목표
- 여러 가지 도형에 관심을 갖는다.
- 도형을 뒤집었을 때의 변화를 관찰한다.

활동대상 유아

활동준비
- 컬러믹스
- 빵 칼, 찰흙 도구
- 전지, 사인펜(연필)
- 투명한 아크릴 판:소집단으로 작업할 수 있을 만큼 큰 것

활동과정
- 모양에 대해 이야기를 나눈다.
  - 모양에는 어떤 것들이 있지?
  - 특별히 좋아하는 모양이 있니? 무엇이니?
- 바닥에 전지를 깔고 좋아하는 모양의 밑그림을 그린다.
- 전지 위에 아크릴 판을 올려놓는다.
- 아크릴 판 위에 나타난 모양 위로 컬러믹스 조각을 눌러서 붙인다.
- 완성되면 아크릴 판을 뒤집어 보고, 변화를 관찰한다.
  - 왼쪽에 있던 것이 오른쪽으로 갔어요./ 크기는 그대로인 것 같아요.

참 고
- 이젤을 이용해서 아크릴 판을 세운 상태에서 작업해도 재미있다.

명탐정 야옹이

생활주제 특별한 날(생일)

수학개념 기하 : 도형의 변환 및 대칭

활동목표 보는 위치에 따라 물체의 모양이 달라짐을 경험한다.

활동대상 유아

활동준비

- 명탐정 야옹이:융판 동화
- 등장인물 인형:고양이, 쥐 3마리
- 동화 속의 물체 그림:케이크, 장난감 배, 사탕 등
- 동화 속의 물체 도면:위, 앞, 아래에서 본 모습
- 주변 물체:종이컵, 깡통, 상자, 공, 칫솔 등
- 주변 물체의 도면:위, 앞, 아래에서 본 모습

활동과정

- 명탐정 야옹이를 융판 동화로 듣는다.
  - 유아에게 추측할 기회를 주면서 읽어준다.
- 동화 내용과 관련된 경험을 이야기한다.
  - 동화에서처럼 위치에 따라 물건이 다르게 보인 적이 있니?
  - 앞에서 본 모습과 뒤에서 본 모습이 다른 물건은 무엇이 있을까?
  - 같은 물건인데 왜 보는 위치에 따라 모양이 다를까?

- 주변 물체와 그 도면을 이용하여 같은 활동을 한다.
  - 종이컵을 위에서 본 모양은 어떤 것이니?
  - 옆에서 본 모양이 이런 물건은 무엇일까?

참 고

- 생일잔치 등 실제로 케이크를 관찰할 수 있을 때 하는 것이 효과적이다.

명탐정 야옹이 줄거리

생쥐 삼형제는 명탐정 야옹이에게 임금님이 받고 싶어 하는 선물이 무엇인지 알려달라고 부탁을 했다. 임금님이 받고 싶어 하는 선물은 위에서 보면 빙글빙글 소용돌이, 옆에서 보면 층층이 계단, 아래에서 보면 반듯한 네모 모양이다. 명탐정 야옹이는 시행착오 끝에 결국 그 물건이 케이크임을 알아낸다.

(백은희, 프뢰벨)

큰 통 작은 통

수학개념 측정 : 비교

활동목표
- 크기의 차이를 경험한다.
- 크기와 관련된 어휘를 이해한다.

활동대상 영아

활동준비
- 통 2개(큰 것, 작은 것)
- 막대기 2개(긴 것, 짧은 것)

활동과정
- 통의 크기를 비교한다.
  - 큰 통이 있네. 작은 통도 있네.
  - 큰 통은 선생님 거, 작은 통은 지민이 거.
  - 선생님 통은 긴 막대로, 지민이 통은 짧은 막대로 두드려 보자.
- 통을 쌓아본다.
  - 선생님 통 위에 지민이 통을 올려볼까? 멋진 탑이 되었네.
  - 이번에는 작은 통 위에 큰 통을 올려보자. 앗! 탑이 무너졌네.
  - 큰 통 안에 작은 통을 넣어볼까? 작은 통이 쏙 들어갔네.
- 통을 굴려본다.
  - 선생님이 큰 통을 굴려볼게.
  - 큰 통이 데굴데굴 굴러가네. 큰 통을 쫓아가 볼래?
  - 이번에는 지민이가 굴려보자.

참 고
- 통 대신 큰 상자 위에 작은 상자를 올려 놓거나 큰 상자 안에 영아가 들어가 보아도 재미있다.

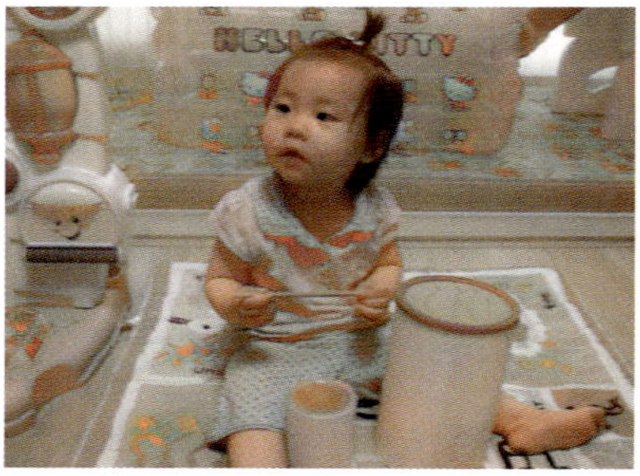

곰 세 마리 재우기

생활주제 동물

수학개념 측정 : 서열(단순서열)

활동목표
- 크기에 따라 순서를 짓는다.
- 크기와 관련된 비교 어휘를 사용한다.

활동대상 영아

활동준비
- 동화「곰 세 마리」(바이런 바튼, 비룡소)
- 곰 인형 3개:큰 곰(아빠), 중간 곰(엄마), 작은 곰(아기)을 부직포로 만든다.
- 침대 3개, 이불 3개:상자와 부직포로 곰 크기에 맞추어 대, 중, 소로 만든다.

활동과정
- 동화「곰 세 마리」를 들려준다.
  - '크다–작다','뜨겁다–차갑다' 등의 반대 개념을 강조한다.
- 동화 내용에 대해 이야기를 나눈다.
  - 곰이 몇 마리 나왔지? 어떤 곰들이 있었지?
- 곰 인형과 침대, 이불을 관찰한다.
  - 어떤 곰이 아빠 곰일까?
  - 두 침대 중에서 어떤 게 더 크니?
- 곰 인형들에게 맞는 침대를 찾아준다.
  - 곰들이 잠이 온대. 제일 큰 침대에는 어떤 곰을 눕혀줄까?
  - 수진이가 엄마 곰의 침대를 찾아주자.
- 익숙해지면 곰 인형들에게 이불도 덮어준다.
  - 이번엔 곰들이 따뜻하게 자도록 이불을 덮어줄까?

참　고
- '곰 세 마리' 노래와 율동을 함께 할 수 있다.
- 자료를 제작할 때 크기의 차이가 뚜렷하게 해야 한다.

더 빠른 것 더 느린 것

수학개념 측정 : 단순서열

활동목표
- 노랫말에 따라 순서를 짓는다.
- 비교 용어를 사용한다.

활동대상 유아

활동준비
- 그림카드: 종류당 4가지로 서열 수준을 맞추어 준비한다.
  융판에 붙일 수 있도록 뒷면에 찍찍이를 붙인다.
  예 작다 – 크다: 개미〈병아리〈토끼〈코끼리
  짧다 – 길다: 이쑤시개〈나무젓가락〈튀김용 젓가락〈지팡이
- 융판

활동과정
- 순서대로 나열된 그림카드를 보고 그 기준을 생각한다.
  – 카드들을 왜 이렇게 놓았을까?
- 올바른 비교 용어를 사용한다.
  예 '길다'의 반대는 '작다'가 아니라 '짧다'
- 그림카드들을 섞은 후 순서대로 나열한다.
  – 제일 작은 것은 무엇일까?
  – 높은 순서대로 놓으려면 어떻게 해야 할까?
- '더 빠른 것 더 느린 것'의 노랫말을 바꾸어 노래를 부른다.

예 개미보다 더 큰 것은 병아리 …

- 친구들이 노래를 부르는 동안 유아가 카드를 순서지어 융판에 붙인다.

더 빠른 것 더 느린 것

김옥련 요
김승경 곡

누구의 동아줄이 길까요?

수학개념 측정 : 길이의 측정

활동목표
- 길이의 개념을 경험한다.
- 물체의 길이를 비교한다.

활동대상 유아

활동준비
- 동화 「해와 달이 된 오누이」
- 길게 연결할 수 있는 물건(예 넥타이, 스카프, 끈, 리본테이프 등)

활동과정
- 동화 「해와 달이 된 오누이」를 듣고 이야기를 나눈다.
  - 머루랑 다래는 어떻게 하늘에 올라갈 수 있었을까?
  - 하늘에 올라가려면 얼마나 긴 동아줄이 필요할까?
  - 길이가 긴 것은 무엇이 있을까? 실이요/ 뱀이요/ 머리카락이요.
- 남아는 머루 팀, 여아는 다래 팀으로 나누어 게임을 한다.
- 동아줄로 이용할 수 있는 물건을 찾아온다.
- 찾아온 물건들을 길게 연결하여 동아줄을 만든다.
  - 머루 팀과 다래 팀이 만든 동아줄의 길이를 비교한다.
  - 동아줄이 긴 팀이 이긴다.
- 완성된 동아줄을 공중에 흔들어 본다.

참 고

유아가 물건을 연결하기를 어려워하므로 교사가 도와준다.

장식한 깡통

수학개념 측정 : 단순서열

활동목표 ▪ 자신이 장식한 깡통을 높이나 둘레에 따라 순서를 지어본다.

활동대상 유아

활동준비

- 물감:스펀지에 물감을 묻혀서 접시 위에 놓는다.
- 다양한 크기의 깡통 : 크기의 차이가 확실한 것으로 준비한다.
  깡통에서 종이를 벗겨내고 래커칠을 한다(물감이 잘 흡수되는 종이로 둘러싼다).
- 테이프, 물수건

활동과정

- 손가락 끝(또는 손바닥)에 물감을 묻인 후 깡통에 자유롭게 찍어 본다.
- 깡통에 찍혀진 지문(손 모양)들을 관찰한다.
  - 어떤 지문(손바닥)이 클까?
  - 무슨 색 지문(손바닥)이 제일 많을까?
- 각 유아가 장식한 깡통을 한데 모으고 비교한다.
- 깡통을 순서대로 놓아 본다.
  - 어떤 순서대로 놓을까?
    예 높이 : 낮은 → 높은 순으로 세우기
    넓이 : 넓은 → 좁은 순으로 위로 쌓아올리거나
    안으로 포개어 넣기

- 넓이에 따라 깡통으로 탑을 쌓아 전시하거나, 깡통의 높이에 따라 물건을 달리하여 보관 용기로 사용한다.
  예 제일 높은 깡통에는 수수깡을, 제일 낮은 깡통에는 이쑤시개를 넣는다.

참 고

- 손가락에 물감을 너무 많이 묻히면 지문이 잘 나타나지 않을 수 있으므로 주의한다.
- 유아들이 손을 자주 씻기 원하므로 물수건을 충분히 준비한다

책상 덮개를 만들려면

수학개념 측정 : 길이의 측정

활동목표
- 비표준 단위로 길이를 측정한다.
- 표준 측정 도구의 필요성을 인식한다.

활동대상 유아

활동준비
- 천:책상 덮개용
- 길이를 잴 수 있는 도구:연필, 나무젓가락, 크레파스 등
- 측정 기록판

활동과정
- 책상 덮개를 만들 계획을 세운다.
  - 어떻게 하면 책상에 꼭 맞는 천을 구할 수 있을까?
  - 어디를 재어야 할까? 무엇으로 재면 좋을까?
- 선택한 측정 도구(예 연필)로 책상의 길이가 얼마일지 어림한다.
  - 연필로 책상의 가로/세로를 재면 몇 번이나 될까?
  - 가로가 길까, 세로가 길까?
- 선택한 측정 도구로 측정하고 결과를 기록한다.
  - 7번보다는 크고 8번보다는 작았는데 뭐라고 써야 하지?
- 서로의 결과를 비교하고 결과가 왜 다르게 나왔는지 이야기를 나눈다.
  - 연필로 잴 때랑 나무젓가락으로 잴 때는 같은 결과가 나왔는데, 크레파스로 잴 때는 왜 다르게 나왔을까?
- 측정 결과에 따라 책상에 맞는 덮개를 만들어본다.

참 고
- 책상이 더러워졌거나 덮개를 깔아야 할 자연스러운 상황을 이용한다.
- 한 뼘이 무엇인지 알려주기 위해서는 교사가 시범을 보이면서 "손가락을 쫙 펴서 엄지에서 새끼손가락 끝까지의 길이가 뼘이란다. 엄지손가락을 새끼손가락 끝부분으로 가져가서 다시 손가락을 쫙 펴고 이동시키면서 숫자를 세어 보면 된단다."고 말해줄 수 있다.
- 심화활동으로 CD 케이스, 색종이를 이용하여 넓이를 측정할 수 있다.

내 성장과정 병풍 책

생활주제 나

수학개념 측정 : 시간의 측정

활동목표
- 시간의 흐름에 따라 모습이 변화하고 하는 일도 달라짐을 이해한다.
- 병풍 책을 통해 나의 성장과정을 표상한다.

활동대상 유아

활동준비
- 나의 성장과정 사진:초음파 사진(없으면 뱃속 아기 므습을 그리게 한다), 출생 사진, 백일 사진, 돌 사진, 영유아교육기관 입학 무렵 사진, 현재 사진 등
- 종이, 그리기 도구, 가위, 풀

활동과정
- 유아들이 집에서 가져온 사진들을 살펴본다.
- 시간과 관련된 용어를 사용하여 이야기를 나눈다.
  - 엄마 뱃속에서 처음 나왔을 때 나는 얼마나 작았을까?
  - 걸을 수 있기 전에 나는 어떻게 이동했을까?
- 종이를 지그재그로 연결하여 병풍 책을 만든다.
- 성장과정의 순서대로 사진을 병풍 책에 붙인다.
- 병풍 책의 여백을 꾸민다.
- 병풍 책 좌, 우로 어떤 사진이 올 수 있을지 생각한다.
  - 내가 태어나기 전에는 무슨 일이 있었을까?
  - 내가 크면 어떤 모습이 될까?

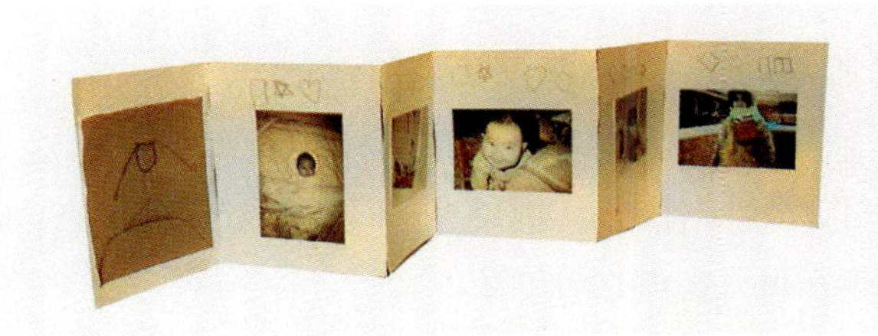

깜빡과 빤짝

생활주제 나

수학개념 규칙성

활동목표
- 전래 동요를 통해 리듬감을 경험한다.
- 신체 발달을 촉진한다.

활동대상 영아

활동준비
- 포대기

활동과정
- 영아와 마주 앉는다.
  - 새눈은:손뼉 치기
  - 깜빡:주먹 쥐기
  - 울애기 눈은:손뼉 치기
  - 빤짝:주먹을 쥐었다 편다.
- 영아를 등에 업는다.
  - 새눈은:영아를 오른쪽 옆구리까지 추스르며 이동시킨다.
  - 깜빡:교사와 영아가 눈을 마주친다.
  - 울애기 눈은:영아를 왼쪽 옆구리까지 추스르며 이동시킨다.
  - 빤짝:교사와 영아가 눈을 마주친다.

참 고
- 새 눈은 깜빡이지만 아기 눈은 총기 있는 눈이라는 내용의 노래이다.
- 손과 팔 근육의 발달과 몸의 중심 잡기에 좋은 운동이다.
- 영아가 어려워하면 '깜빡'과 '빤짝' 부분을 손바닥 펴기로 통일한다.

과일 따라 놓기

생활주제 과일

수학개념 규칙성

활동목표
- 간단한 패턴을 인식한다.
- 간단한 패턴을 따라해 본다.

활동대상 유아

활동준비
- 과일 모형 2~3가지:뽕뽕이로 만든다.
- 계란 판:교사용과 영아용

활동과정
- 교사용 계란 판에 교사가 과일(예 사과)을 한 칸 건너 하나씩 담는다.
  - 사과가 있네, 없네, 있네, 없네. 여기에는 사과를 넣어야 할까 말아야 할까?
  - 그래. 이제 사과를 넣을 차례지.
- 교사가 만든 패턴을 따라 영아도 자신의 계란 판에 패턴을 만든다.
  - 선생님처럼 과일을 놓아보자.
  - 사과가 있고, 없고, 있고, 없고. 정말 선생님 거랑 똑같네.
- 교사용 계란 판에 교사가 과일 2가지로 패턴을 만들어 보인다.
  - 여기 있는 과일들을 순서대로 말해볼래?
  - 과일 2가지를 사용해서 패턴을 만든다.

참 고
- 활동 후 영아가 직접 과일을 종류별로 보관 상자에 분류해 넣게 한다.

휴지는 요술쟁이

생활주제 패턴

수학개념 규칙성

활동목표
- 반복되는 패턴을 인식한다.
- 패턴의 아름다움을 느낀다.

활동대상 유아

활동준비
- 다양한 굵기의 두루마리 휴지 : 새 것, 반쯤 쓴 것, 1/3쯤 쓴 것, 거의 다 쓴 것
- 색칠 재료 : 물감 4~5색과 물, 물통
- 스포이트 또는 면봉

활동과정
- 두루마리 휴지 위에 물감을 한 군데 떨어뜨린다.
- 두루마리 휴지를 펼쳤을 때 나타나는 패턴(물감 찍힌 점)을 관찰한다.
  - 물감을 한 번만 묻혔는데도 같은 점들이 계속 나와요.
- 두루마리 휴지의 굵기에 따라 패턴의 간격을 비교한다.
  - 왜 여기엔 물감 자국이 멀리 떨어져 있을까?
  - 휴지가 커서(굵어서) 그래요.
- 원하는 패턴(색, 모양)으로 휴지에 물감을 묻힌다.
  - 나는 파란색 별하고 분홍색 하트를 그릴래.
- 패턴이 안 보일 때까지 휴지를 풀어본다.
  - 물감 자국이 계속 나오네. 이러다가 문 밖에까지 가겠어.
- 서로의 패턴을 비교하고 누구의 것이 긴지 비교한다.

참 고
- 두루마리 화장지 대신 사각티슈 한 장을 접어서 활동할 수 있다.
  예 사각티슈를 한 번 접었을 때와 여러 번 접었을 때의 비교

과자 목걸이

생활주제 건강

수학개념 규칙성

활동목표 규칙을 만들어서 패턴을 구성한다.

활동대상 유아

활동준비

- 과자: 구멍이 있는 여러 색의 과자(예 켈로그 후르트링, 뻥튀기 손가락 과자)
- 실: 과자를 쉽게 뀔 수 있도록 한쪽 끝을 테이프로 단단하게 만든다.

활동과정

- 과자와 실로 무엇을 할 수 있을까 이야기 나눈다.
  - 목걸이를 만들어요./ 난 팔찌를 만들래요.
- 목걸이/팔찌를 예쁘게 만드는 방법을 생각한다.
  - 한 가지 색깔을 사용하는 것보다 더 예쁘게 만드는 방법은 없을까?
  - 여러 가지 색깔을 섞어서 해요.
  - 규칙을 정해서 만들면 어떨까?
- 과자의 색깔과 순서를 정한다.
  - 선생님은 빨강, 노랑, 초록 순서로 할 건데 너희들은 어떻게 할래?
- 규칙에 따라 과자를 계속 뀐다.
  - 여기에 빨간 과자를 넣는 것이 맞니? 다음에는 무슨 색이 와야 할까?
- 완성되면 양끝을 묶어서 목/팔에 걸어본다.

참 고

- 처음에는 선생님을 따라하거나 자신이 정한 패턴을 책상에 놓고 보면서 만들게 한다.

우리는 쌍둥이

생활주제 과일

수학개념 자료분석 : 분류(짝짓기)

활동목표 (색깔 단서 없이 형태 단서만으로) 같은 그림을 짝짓는다.

활동대상 영아

활동준비

- 그림 카드 4장 정도(예 과일 종류)
- 그림 카드 복사본(그림 카드를 미리 복사해서 잘라둔다.)
- 색연필, 도화지, 가위, 풀

활동과정

- 그림 카드를 관찰한다.
  - 무슨 그림일까? 토끼가 좋아하는 당근이네.
- 복사된 흑백 그림을 관찰한다.
  - 이 그림에는 색깔이 없네.
  - 무슨 그림일까?
- 복사된 흑백 그림과 원본 컬러 그림카드를 짝짓는다.
  - 이 그림과 같은 그림은 어떤 것일까?
  - 둘 다 당근 그림인데, 이 당근하고 저 당근은 뭐가 다를까?
- 복사된 그림에 색칠을 한다.
- 색칠한 그림을 원본 그림 카드와 짝을 지어 도화지에 붙인다.

참 고

- 익숙해지면 축소 또는 확대 복사를 해서 활동할 수 있다.
- 그림을 오리는 것은 교사가 도와준다.

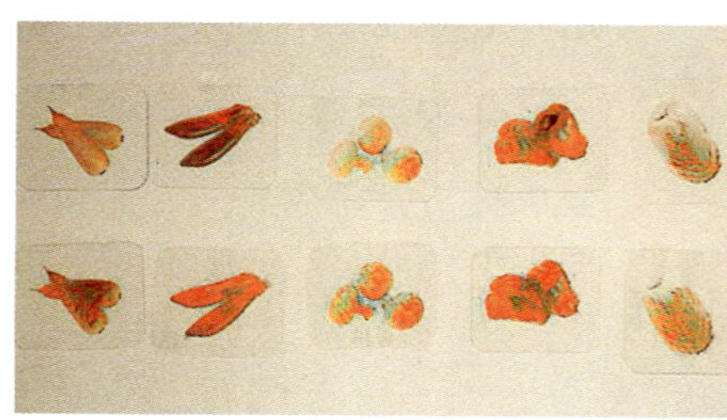

내 모양을 찾아오세요

생활주제 모양

수학개념 자료분석 : 단순분류

활동목표 모양에 따라 주변 물건들을 분류한다.

활동대상 영아

활동준비

- 여러 가지 도형의 물건: 예 상자, 비디오 테이프, 밥공기, 뚜껑, 컵 등
- 종이

활동과정

- 종이에 동그라미, 세모, 네모 등을 크게 그린다.
  - 동그라미를 예쁘게 그리려면 무엇을 대고 그리면 좋을까?
- 각 도형에 해당하는 물건을 주변에서 찾아 본다.
  - 네모랑 닮은 물건은 뭐가 있을까?
- 물건을 종이에 그려진 도형 안에 올려 놓는다.
- 물건의 윤곽을 따라 그린다.
- 물건을 치우고 윤곽과 비교한다.

동물원 꾸미기

생활주제 동물

수학개념 자료분석 : 단순분류

활동목표
- 동물을 여러 가지 기준에 따라 분류한다.
- 분류하기 결과를 기초로 동물원을 꾸민다.

활동대상 유아

활동준비
- 찰흙, 동물책
- 동물 및 동물원 꾸밀 장식품: 인형 눈, 수수깡 등
- 동물원판: 우드락에 꽃철사로 울타리를 미리 만들어 놓는다.
- 종이, 색연필

활동과정
- 동물책의 사진을 보면서 찰흙으로 동물을 만든다.
- 동물들을 한데 모아 여러 가지 기준으로 분류해 본다.
  - 나보다 큰 동물과 작은 동물
  - 물에서 사는 것과 땅에서 사는 것
  - 초식동물과 육식동물
  - 집짐승과 들짐승
- 분류하기 결과를 기초로 동물원(판)에 동물들의 우리를 정한다.
  - 어떤 동물들끼리 같이 살게 해야 할까?
- 동물원을 꾸민다.
- 완성된 동물원을 보고 이야기를 나눈다.
  - 왜 이 동물들은 같은 곳에 놓았니?

내가 만든 아이스크림

생활주제 여름

수학개념 자료분석 : 분류(복합분류)

활동목표 두 가지 기준에 따른 복합분류를 경험한다.

활동대상 유아

활동준비

- 큰 뿅뿅이 : 아이스크림 색깔과 같은 것으로 준비한다.
- 아이스크림 컵 : 재활용품을 이용하거나 종이컵을 사용한다.
- 아이스크림 콘 : 종이로 고깔 모양을 만들어 놓는다.
- 배경 : 친근한 아이스크림 가게(예 Baskin Robbins)로 배경을 꾸민다.

활동과정

- 아이스크림 가게를 차릴 계획을 세운다.
  - 아이스크림은 무엇에 담아서 팔아야 할까?(콘, 컵)
  - 어떤 맛의 아이스크림을 준비해야 잘 팔릴까?
- 3～4가지 색깔의 아이스크림 모형을 보관통에 분류한다.
- 컵과 콘을 이용해서 각자가 좋아하는 아이스크림을 만들어 본다.
- 서로의 아이스크림을 보고 같은 점과 다른 점을 이야기한다.
  - 혜진이는 나랑 같은 초코 맛인데 콘이 아니라 컵이네요.
- 아이스크림 맛과 용기에 따라 주문하면서 가게 놀이를 한다.

참 고

유아들이 좋아하는 아이스크림을 조사하는 통계 활동으로 확장할 수 있다.

배고픈 애벌레와 간식 정하기

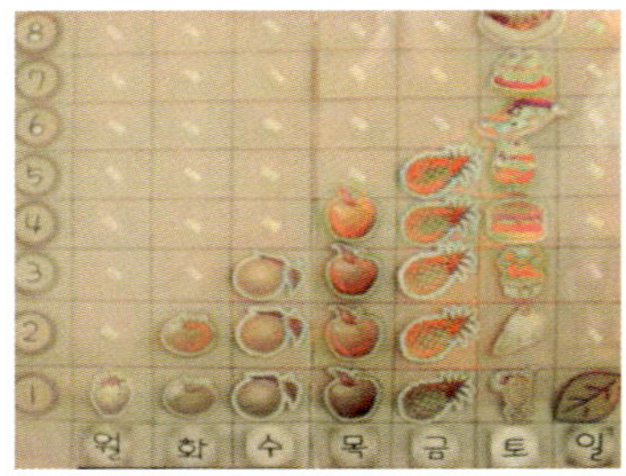

생활주제 동물

수학개념 자료분석 : 그래프

활동목표
- 그래프로 표현하는 방법을 이해한다.
- 통계의 의미과 활용을 경험한다.

활동대상 유아

활동준비
- 「배고픈 애벌레」 융판동화
- 애벌레가 먹은 음식 그림, 요일(월~일) 카드, 숫자(1~9) 카드
- 유아의 사진:그래프 한 칸 정도의 크기로 코팅하고 뒷면에 까실이를 붙인다.
- 그래프 판:칸마다 보슬이를 붙인다.

활동과정
- 동화 「배고픈 애벌레」를 듣고 그래프로 만든다.
  - 그래프 판을 살펴보자. 밑에는 무엇이 있니?(요일)
  - 애벌레가 먹은 음식 그림을 요일별로 붙여보자.
- 그래프 결과를 보고 이야기 나눈다.
  - 애벌레가 가장 많이/적게 먹은 날은 언제니?
  - 금요일에는 몇 개를 먹었니?
- 어린이날 행사에 어떤 간식을 사용하면 좋을지 그래프를 만든다.
  - 애벌레 그래프 활동에서 사용했던 음식 들 중에서 골라보자.
  - 그래프 판 맨 아랫줄에서 요일 카드를 떼고 음식 카드를 붙인다.
  - 원하는 음식 위에 자신의 사진을 붙인다.
- 그래프를 보고 이야기를 나눈다.
  - 어떤 음식이 가장 많이 나왔니? 그 다음은?

나는 이런 그림이 좋아요

수학개념 자료분석 : 그래프

활동목표
- 다양한 화풍의 명화를 감상하고 맘에 드는 것을 고른다.
- 학급 전체 유아의 선호도를 조사하고 그래프를 만든다.

활동대상 유아

활동준비
- 명화(인물화):화풍이 각기 다른 것으로 준비한다.
- 명찰
- 손거울
- 종이, 그림 도구
- 계란판:그래프 판
- 색 뽕뽕이:색 접시와 같은 색을 준비한다.
- 색 접시:명화 밑에 각기 다른 색의 접시를 놓는다.

활동과정
- 작품을 감상한다.
  - 어떤 작품이 좋으니, 그 이유는?
- 마음에 드는 작품 앞에 있는 색 접시에 명찰을 놓는다.
- 색 접시를 한데 모으고 각 접시에 있는 명찰의 개수를 각기 센다.
- 명찰 개수대로 그래프 판(계란판)에 같은 색의 뽕뽕이를 넣는다.
- 그래프 판을 보고 이야기를 나눈다.
  - 그림을 좋아하는 친구는 몇 명일까?
  - 우리 친구들이 가장 좋아하는 그림은 어떤 것일까?

참 고
- 확장 활동으로 손거울을 보며 자신의 얼굴을 관찰하고 자화상을 그린다. 이 때 '눈은 어디 있나' 노래를 율동과 함께 할 수 있다.

참고문헌

고문숙, 임영심, 유향선, 황정숙, 김은심(2002). 유아교과교육론. 서울: 창지사.

교육과학부(2007). 유치원 교육과정. 교육과학부.

교육과학기술부(2012). 유치원 교육과정. 교육과학기술부.

교육부(1998). 유치원 교육과정 해설. 교육부.

교육부 (2015). 소프트웨어 교육 운영 지침. 서울: 교육부.

교육부, 복지부(2019a). 2019 개정 누리과정 실행자료. 세종: 교육부, 보건복지부.

교육부, 복지부(2019b). 2019 개정 누리과정 놀이이해자료. 세종: 교육부, 보건복지부.

교육부, 보건복지부(2019c). 2019 개정 누리과정 해설서. 세종: 교육부, 보건복지부.

교육인적자원부(2004). 유치원 급식·간식 및 요리 활동자료. 교육인적자원부.

교육인적자원부(2005a). 유아를 위한 명화감상 활동자료.

교육인적자원부(2005b). 유아를 위한 수학 교육 활동자료.

곽향림, 허미화, 김선영 역(2007). 구성주의 유아교육교수법. 창지사. De Vries, R., Zan, B., & Hilderbrandt, C., Edmiaston, R., & Sales, C.(2002). *Developing Constructivist Early Childhood Curriculum: Practical Principles and Activities*. NY: Teachers College Press.

권영례(1997). 유아 수학 교육. 서울: 창지사.

권영례(2003). 유아 수학 교육. 서울: 양서원.

김병욱 역(2002). 신비로운 수의 역사. 김병욱 역, 조르쥬 미프라 저, 서울: 예하.

김보연(2005). 버들 유치원 만 5세 유아가 역할놀이영역에서 경험하는 수학활동에 관한 문화기술적 연구. 이화여자대학교 석사학위 논문.

김보현, 이홍재(2021). 유아코딩교육에 관한 원장의 지지, 보육교사의 학습공동체 참여 및 코딩교육 실행 의도 간의 구조적 관계. 한국보육지원학회지, 17(5). 25-41.

김상윤(2004). 유아의 공간개념발달을 위한 칠교놀이의 효과. 아동연구, 13, 87-111.

김성순(2000). 프뢰벨 은물교육이 유아의 창의성에 미치는 효과 : 소그룹지도를 중심으로. 성균관대학교 교육대학원 석사학위논문.

김소향(2004). 수학 게임을 통한 유아의 수학적 지식, 수학적 과정기술, 수학적 태도에 대한 평가 도구 개발 연구. 덕성여자대학교 대학원 박사학위 논문.

김숙자(1995). 유아 수 놀이 경험과 교육. 서울: 양서원.

김숙자, 김현정(2005). 유아 수놀이 교육. 서울: 문음사.

김숙령(2000). 유아 수학 교육. 서울: 학지사.

김용운, 김용국(2007). 재미있는 수학여행: 1 수의 세계. 서울: 김영사.

김영선(2002). 유아 수학 교육의 이론과 실제. 서울: 교육과학사.

김영선, 김영옥, 박미라(1997). 수·과학지도. 서울: 양서원.

김영실, 김지영(2002). 유아의 수세기 능력에 관한 연구. 한국교육, 29(2), 247-265.

김영희(1988). Distar 산수 프로그램과 구성주의 프로그램에서의 수교육 활동비교 연구. 이화여자대학교 교육대학원 석사학위논문.

김정자(2014). 자연물을 활용한 몬테소리 교구의 변형 및 응용활동이 유아의 수학적 능력, 수학적 태도,창의성에 미치는 효과-수학,감각,우주교구를 중심으로-. 대구카톨릭대학교 대학원 박사학위논문.

김판수, 박성택 역(1996). 초등수학 교육. Skemp, R.R. 저. *Mathematics in the primary school*. 서울: 교우사.

김필현(2021). 그림책을 활용한 언플러그드 교육이 유아의 컴퓨팅 사고력에 미치는 영향. 부산대학교 교육대학원 석사학위논문.

김현정(2006). 유아 대수적 사고능력 검사도구의 개발. 전남대학교 대학원 박사학위 논문.

김혜리, 조경자(1993). 위계적인 유목 포함관계를 부분-전체 관계로 잘못 이해하는 아동의 오류. 한국심리학회지: 발달, 120-130.

나귀옥(2002). 만 4,5세 유아의 수학적 표상활동이 비형식적 더하기 및 빼기에 미치는 영향. 미래유아교육학회지, 9(3), 39-57.

나귀옥(2006). 유아 기하교육의 내용체계 개발을 위한 미국과 한국의 교육과정 분석. 미래유아교육학회지, 13(3), 163-184.

문연심·이화영(2006). 통합적 접근에 기초한 영유아 수과학 교육. 서울: 양서원.

박재규 역(1987). 삐아제 이론에 따른 유아의 수지도. 서울: 창지사.

박영아(2007). 아동의 기억책략 사용에서의 이용결여 현상과 메타기억의 영향. 성균관대학교 박사학위논문.

박혜경, 김영실, 김진영, 김소양(1999). 유아언어교육－이론과 실제－. 서울: 양서원.

보건복지부(2002). 영유아 보육시설 특별활동(과학·환경) 프로그램. 보건복지부.

류성림(1999). 수학 교육에서 피아제(Piaget)와 비고츠키(Vygotsky)의 사회적 상호작용의 역할에 관한 고찰. 과학 · 수학 교육연구, 22, 109－131.

삼성복지재단(1998). (삼성어린이집) 영아프로그램. 서울:교육과학사.

서동미, 윤은미, 문주형(2005). 유아의 수 세기 능력과 수 세기에 대한 인식. 유아교육학논집, 9(2), 169－187.

서지아(2006). 신체표현활동이 유아의 공간어휘능력에 미치는 영향. 중앙대학교 대학원 석사학위 논문.

서효원(2022). 한국과 프랑스의 유아수학교육과정 비교 연구영유아교육: 이론과 실천, 7(1). 35－59.

송의성, 임화경(2021). 해외 SW·AI 교육 현황 분석을 통한 초등학교정보교과의 필요성. 정보교육학회논문지, 25(2). 301－308.

신은수(1995). 3, 4, 5세 유아의 비형식적 더하기와 빼기의 수학능력 및 인지적 전략의 발달에 관한 연구. 유아교육연구, 15(1), 101－121.

심정화(2004). 유아의 기하학적 도형 모사에 관한 연구. 한국유아교육연구, 6. 165－185.

안진경(2006). 유아 기하교육 프로그램의 개발 및 적용. 원광대학교 대학원 박사학위 논문.

응우엔 티 빙 투이(2008). 베트남 유치원에서의 프로젝트 활동이 유아의 수학 개념과 수학적 태도에 미치는 영향. 계명대학교 대학원 박사학위 논문.

이경우(1997). 수학 교육을 위한 문학적 접근. 서울: 다음세대.

이경우, 곽향림, 성경진, 이윤희(2019). 그룹게임; 코딩과 컴퓨팅 사고놀이. 서울: 창지사.

이경우, 이정환(1992). 유아를 위한 과학교육. 서울: 창지사.

이경우, 조부경, 김정준(2003). 구성주의 과학교육. 서울: 양서원

이경우, 홍혜경, 신은수, 진명희(1997). 유아 수학 교육의 이론과 실제. 서울: 창지사.

이공우(1988). 지식의 구조 Bruner. 서울: 교육과학사.

이동일(2000). Dewey의 수학 교육론에 대한 분석. 서울교육대학교 교육대학원 석사학위 논문.

이문은(1990). 수학 교육에서 부라운웰(Brownell, W.A.)의 의미 학습 이론에 대한 새로운 해석. 한국수학 교육학회지, 29(1), 17－19.

이미진(2008). 지도 만들기 활동이 유아의 좌표 인식능력과 지리적 공간 관계 표상에 미치는 영향. 한국교원대학교 대학원 석사학위 논문.

이순희, 윤복희, 박혜경, 최일선(1998). 유아를 위한 과학 및 수학활동. 서울: 양서원.

이영석, 박영충, 김미경, 최나영, 임명희, 나귀옥(1997). 유치원교육 수행평가의 이론과 실제. 국립교육평가원.

이영자(1979). Froebel과 Montessori의 유아 수학 교육론의 비교. 덕성여자대학교 논문집, 8, 109–130.

이유진, 이연승(2022). 코딩로봇을 활용한 유아 소프트웨어교육 프로그램 개발 및 효과. 유아교육연구, 42(3). 333–359.

이윤경, 이현순, 장영희, 정미라(1985). 피아제 이론에 따른 그룹게임. 서울: 고문사.

이은영, 이경민(2021). 은유 분석을 통해 본 2019 개정 누리과정 이후 유아수학교육에 대한 유치원 교사의 인식. 한국유아교육연구, 23(4). 161–184.

이정욱(2019). 누리과정 개정안의 주요 특징 및 쟁점 분석. 유아교육연구, 39(2). 255–277.

이정욱, 오애순(2002). 2, 4, 5세 유아의 크기비교 능력 및 전략. 아동학회지, 23(4), 21–34.

이정욱, 김은정, 이소정(2007). 유아의 공간 능력에 관한 연구 동향 –1985년부터 2006년까지. 열린유아교육연구, 247–273.

이종희(2017). 인류의 처음 수학: 수 개념 및 수 상징화의 기원에 관한 역사·인지적 탐구. 유아교육연구, 37(50). 105–128.

이지영(1994). 듀이의 교육과정론에 나타난 사회와 아동의 통합. 이화여자대학교 대학원 석사학위논문.

이지현(1999). 유아 수교육 내용 및 방법에 관한 문화 심리학적 고찰. 유아교육연구, 19(1), 111–131.

이현미(2001). 5와 10을 기준으로 한 수 이해 활동이 유아의 부분과 전체 관계 이해에 미치는 영향. 덕성여자대학교 대학원 석사학위 논문.

이혜경(2007). 유아의 포괄적 공간 능력 증진 프로그램 구성 및 적용. 중앙대학교 대학원 박사학위논문.

임원신·민성혜·김영애(2006). 보육과정에 기초한 영유아 수과학 지도. 서울: 양서원.

임현주(2022). 유아코딩교육 실제와 미래에 대한 고찰: 레고 놀이를 중심으로. 학습자중심교과교육연구, 22(14). 785-802.

전희영(2001). 유아의 측정능력에 관한 연구. 덕성여자대학교 대학원 석사학위논문.

정미경, 김덕건(2005). Froeble 이론에 나타난 유아수학교육에 대한 이론적 고찰. 열린유아교육연구, 10(2). 399-420.

정연희(2006). 요리활동에서의 요리재료의 변화에 대한 유아의 이해구축과정. 중앙대학교 대학원 박사학위 논문.

조복희(2006). 아동발달. 서울: 교육과학사.

조복희, 곽혜경, 김암이, 양연숙, 장미자, 한유미(1999). 과정이 살아 있는 창의성 프로그램. 서울: 다음세대.

조윤동(2002). 비고츠키 이론의 수학 교육적 적용에 관한 연구. 한국교원대학교 대학원 석사학위 논문.

채현주(2006). 수학과 통합된 미술활동이 유아의 패턴 이해능력에 미치는 영향. 덕성여자대학교 대학원 석사학위 논문.

최재온(2005). Bruner 발견학습의 측면에서 본 수업의 실제-기하교육을 중심으로-. 아주대학교 교육대학원.

한국교육개발원(1989). 기초학습기능검사.

한순미(1999). 비고츠키와 교육. 서울: 교육과학사.

한유미(2021). (창의력을 키우는) 유아 교과 논리 논술. 파워북.

한유미(2002). 미술을 통한 수학 교육이 유아의 수학적 지식과 태도에 미치는 영향. 유아교육연구. 22(2), 271-287.

한유미(2021). AI 시대의 아동, 아동을 위한 AI 교육, 박현식, 고인석, 김홍근, 박성원, 박창훈, 염창선, 이중만, 조상섭, 최예정, 한유미 저, 인문사회학으로 보는 AI. 자유아카데미.

한유미, 오연주 역(2002). 단계별 포트폴리오 활동의 이론과 실제. 서울: 다음세대.

한유미 · 김혜선 · 권희경 · 양연숙 · 백은정(2013). 유아언어교육. 서울: 학지사.

한지원(2022). 코딩놀이 과정에서 나타난 유아의 메타인지 경험. 유아교육연구 42(5). 249-270.

홍혜경(1992). 유치원 수학 교육과정의 분석과 개선방향 모색. 유아교육연구, 13(2), 5-30.

홍혜경(2007). 유아의 기하도형 합성과 분할의 발달적 수준. *유아교육연구, 27*(6), 165-185.

홍혜경, 김세루(2008). 유아의 기하능력과 도형의 합성 분할 능력에 관한 연구. *유아교육연구*, 143-158.

황혜익, 최혜진(2007). *유아그림수학능력검사*. 서울: 양서원.

Anderson, A. (1997). Families and mathematics: A study of parent-child interaction.

Anderson, A. (1997). Families and mathematics: A study of parent-child interaction. *Journal for Research in Mathematics Education, 28*(4).

Ann, A. (1997). Families and mathematics: A study of parent-child interaction. *Journal for Research in Mathematics Education, 28*(4).

Anne, S. D. R. (1999). Learning mathematical language in the zone of proximal development. *Teaching Children Mathematics, 6*(1).

Baroody, A. J. (1987). *Children's Mathematical Thinking*. NY: Teachers College Press.

Baroody, A. J. & Coslick, R. T.(1998). Fostering Children's Mathematical Power: *An Investigative Approach to K-8 Mathematics Instruction*. Lawence Elbaum Associates.

Baroody, A. J.(2003). The development of adaptive expertise and flexibility: The integration of conceptual and procedural knowledge. In Baroody, A. J. & Dowker, A.(Eds). *The Development of Arithmetic Concepts and Skills: Constructing Adaptive Expertise*. 100001111b Lawrence Erlbaum Associates, 2003.

Eliason, C. F. & Jenkins, L. T. (1990). *A Practical Guide to Early Childhood Curriculum* (4th Ed). Columbus, Ohio : Merrill Publishing Company.

Carle, E. (1972). *Rooster's Off to See the World. London* : Puffin Books.

Del Grande, J. J. (1990). *Spatial sense. Arithmetic Teacher, 37*(6). 14-20.

Forston, L. R. & Reiff, J. C. (1995). *Early Childhood Curriculum: Open Structure for Integrative Learning*. Needham Heights, MA : Allyn & Bacon.

Hiebert, J. & Lindquist, M. (1990). Developing mathematical knowledge in the young child. In J. Payne (ed.), *Mathematics for the Young Child* (pp.7-38). Reston, VA : National Council of Teachers of Mathematics.

Huse, V., Bluemel, N., & Taylor, R. H. (1994). Making connections: from paper to pop-up books. *Teaching Children Mathematics, 1*, 14-17.

Irwin, D. M. & Bushnell, M. M. (1980). *Observational Strategies for Child Study*. NY: Holt, Rinehart and Winston.

Kennedy, L. M. (1984). *Guiding Children's Learning of Mathematics* (4th Ed.). Belomont, CA : Wadsworth Publishing Company.

Martin, D. J.(2001). *Constructing Early Childhood Science*. NY: Delmar.

National Council of Teachers of Mathematics (1989). *Curriculum and Evaluation Standard for School Mathematics*. Washington, D.C. : NCTM.

National Council of Teachers of Mathematics (1991). *Professional Standards for Teaching Mathematics*. Reston, VA : NCTM.

National Council of Teachers of Mathematics (1995). *Assessment Standards for School Mathematics*. Reston, VA : NCTM

Nelson, D. & Kirkpatirck, J. (1975). Problem solving, Mathematics Learning in Early Childhood In Payne, J. M. (Ed.), *The National Council of Teachers of Mathematics Inc*. Reston, Virginia.

Pettig, K. L. (2002). The influence of children's literature on instructional practice for mathematics. Doctoral Dissertation of the University of Rochester.

Reys, R. E., Sydam, M., & Lnquist, M. M. (1995). *Helping Children Learn mathematics* (4th ed.). Boston : Allyn & Bacon.

Richardson, L, Goodman, K. L., Hartman, N. H., & LePique, H. C.(1980). *A Mathematics Activities Curriculum for Early Childhood and Special Education*. NY: McMillan.

O'Shaughnessy, D. M., Gibson, E., & Piantadosi, S. T.(2022). The Cultural Origins of Symbolic Number. *Psychological Review, 129*(6), 1442 - 1456.

Siegler, R.S.(1998). Children's thinking(3rd Ed.). *Upper Saddle River*. NJ: Prentice-Hall.

Smith, S. P. (1997). *Early Childhood Mathematics*. Needham Heights, MA : Allyn and Bacon.

Troutman, A. P. & Lichtenberg, B. K. (1972). *Mathematics: A Good Beginning. -Strategies for Teaching Children-* (2nd Ed.). Monterey, CA : Brooks/Cole Publishing Company.

Tucker, Singleton, & Weaver(2006). *Teaching Mathematics to All Children: Designing and Adapting Instruction to Meet the Needs of Diverse Learners* (2nd Ed.). Upper Saddle, River: New Jersey: Pearson.

Van De Walle, J. A.(2007). *Elementary and Middle School Mathematics: Teaching Developmentally*. Boston: Pearson.

Vygotsky, L. (1962). *Thought and Language*. Cambridge, MA : MIT Press.

Whitebread, D. (1996). *Teaching and Learning in the Early Years*. London: Routledge.

Zanger, V. V. (1998). Math storybooks. *Teaching Children Mathematics, 5*(2), 98–102.

한유미

호서대학교 유아교육과 교수

주요 저서 및 논문

「과정이 살아있는 창의성 프로그램」(다음세대)

「인문사회학으로 보는 AI」(자유아카데미)

「AI의 과학적 길라잡이」(자유아카데미)

「유아 과학 교육」

'미술을 통한 유아 수학 교육이 유아의 수학적 지식과 태도에 미치는 영향'

'AR콘텐츠를 활용한 기후위기그림책 패키지의 개발 사례'

'증강현실 그림책 현황과 유아의 몰입도'

'전자그림책의 활용실태와 인식'외 다수

프로그램 개발

「유아를 위한 명화감상 활동자료」(교육인적자원부)

「보육시설 과학, 환경 특별활동 프로그램」(보건복지부)

제4판

AI 시대, 개정 누리과정에 입각한

유아 수학 교육

초 판 1쇄 발행 2003년 8월 8일
초 판 9쇄 발행 2008년 7월 5일
개 정 6쇄 발행 2012년 3월 5일
개정증보 10쇄 발행 2018년 1월 11일
제 3 판 2쇄 발행 2021년 7월 15일
제 4 판 3쇄 발행 2025년 8월 18일

지 은 이 | 한유미
펴 낸 이 | 김기섭
책임편집 | 이현남
펴 낸 곳 | www.changjisa.com
08589 서울시 금천구 가산디지털 1로 83 파트너스타워1차 9층
전화 (02) 719-2211~3
팩스 (02) 701-9386
등 록 | 1977년 4월 28일 · 제1-421호

ISBN 978-89-426-1800-2 (93370)

값 22,000원

KOMCA 승인필